教育部2023年度高校思想政治理论课
教师研究专项资助（23JDSZK162）

伟大建党精神的
内涵阐释

谢群 著

天津出版传媒集团

天津人民出版社

图书在版编目（CIP）数据

伟大建党精神的内涵阐释 / 谢群著. -- 天津 ： 天津人民出版社，2025. 7. -- ISBN 978-7-201-21299-9

Ⅰ．D26

中国国家版本馆CIP数据核字第20251FP397号

伟大建党精神的内涵阐释

WEIDA JIANDANG JINGSHEN DE NEIHAN CHANSHI

出　　版　天津人民出版社
出 版 人　刘锦泉
地　　址　天津市和平区西康路35号康岳大厦
邮政编码　300051
邮购电话　(022)23332469
电子信箱　reader@tjrmcbs.com

策划编辑　韩玉霞
责任编辑　李佩俊
装帧设计　汤　磊

印　　刷　天津新华印务有限公司
经　　销　新华书店
开　　本　710毫米×1000毫米　1/16
印　　张　19.5
字　　数　250千字
版次印次　2025年7月第1版　　2025年7月第1次印刷
定　　价　78.00元

目 录

绪　论

一、研究缘起及意义

人无精神则不立,国无精神则不强。一个政党亦是如此。政党在历史发展过程中,一定会铸造彰显政党组织和成员理想信念、价值追求、意志品质、政治品格等方面特质的精神风貌,并在政党所处的不同历史时期有不同的具体表现形态。政党精神是政党自身薪火相传、继往开来的不竭动力。中国共产党已经走过了百余年的光辉历程,从秘密拓荒到公开革命、从局部执政到全国执政再到长期执政,创造了伟大成就,书写了恢宏史诗,绘就了壮美画卷。一代代中国共产党人在践行党的宗旨、实现党的政治理想和政治抱负的过程中孕育凝结的精神力量,是支撑其主体生存发展和日益壮大的内在动力和丰厚滋养。也就是说,中国共产党为什么能,在很大程度上是伟大精神赋能的结果。正如习近平总书记所说:"党的伟大精神和光荣传统是我们的宝贵精神财富,是激励我们奋勇前进的强大精神动力。"①

中国共产党从孕育诞生到发展壮大的历史进程,实际上是政党实践与政党精神的互动过程。探寻中国共产党人的精神世界,有助于从精神上认识党,看清楚过去中国共产党为什么能够成功;有助于从党的精神塑造与精神成长中汲取智慧和力量,弄明白在向全面建成社会主义现代化强国的第二个百年奋斗目标迈进的新征程中如何能创造新的辉煌。这是本书选择以中国共产党的伟大精神为言说对象的一个重要考量。

在百余年的非凡历程中,一代又一代中国共产党人顽强拼搏、矢志奋

---

① 习近平:《党的伟大精神永远是党和国家的宝贵精神财富》,《求是》2021年第17期。

斗,构筑起内涵丰富、枝繁叶茂的中国共产党人精神谱系。2021年,中共中央批准将建党精神、井冈山精神、抗美援朝精神、改革开放精神、脱贫攻坚精神等46种伟大精神第一批纳入中国共产党人精神谱系。其中,伟大建党精神居于首位。伟大建党精神是习近平总书记在庆祝中国共产党成立100周年大会上,对中国共产党的先驱们在创建中国共产党的过程中所彰显的精神状态的高度凝练和生动概括。他指出:"一百年前,中国共产党的先驱们创建了中国共产党,形成了坚持真理、坚守理想,践行初心、担当使命,不怕牺牲、英勇斗争,对党忠诚、不负人民的伟大建党精神,这是中国共产党的精神之源。"同时,他又指出:"一百年来,中国共产党弘扬伟大建党精神,在长期奋斗中构建起中国共产党人的精神谱系,锤炼出鲜明的政治品格。"①这就对伟大建党精神的历史地位进行了深刻论述,即伟大建党精神是中国共产党人精神谱系的源泉和逻辑起点,是贯穿与统领整个精神谱系的一条红线。

靡不有初,鲜克有终。中国共产党的先驱们在建党时期所笃定的理想、担负的使命、磨砺的意志、秉持的立场,是一代又一代中国共产党人矢志奋斗的重要遵循,且在百余年的奋斗实践中得以不断巩固与传承,深刻融入党的全部实践过程,深刻嵌入党的整体和党员个体,积淀为中国共产党人精神风貌的最初样态和底色。这就是说,不同于党在某一历史时期形成的井冈山精神、苏区精神等具体的精神形态,伟大建党精神既彰显了中国共产党创建时期的个性意义,又贯穿党的全部历史与实践,具有共性意义。伟大建党精神是中国共产党政党特质的生动写照,深刻影响着中国共产党人的政治信仰和政治品格,集中体现着中国共产党的政党形象。因此,本书选择伟大建党精神作为研究对象,以期从源头上深刻认识中国共产党人的精神特质。

那么,从哪里入手以深化对伟大建党精神的研究呢?伟大建党精神虽是建党百年之际提出,但其并不是人为地、凭空提炼出来的,而是客观的历史存在,是百余年前中国共产党先驱们在创建中国共产党的历史进

---

① 习近平:《在庆祝中国共产党成立100周年大会上的讲话》,人民出版社2021年版,第8页。

程中熔铸与淬炼的精神风貌。因此,恢复历史性、增进其历史厚重感,是本书研究的切入点。这对增强伟大建党精神的话语力量,全面认识和准确把握中国共产党为什么能,意义重大。

其一,深化伟大建党精神研究,增进其历史厚重感,是把握伟大建党精神话语建构精准性、形成强大话语势能的题中之义。自建党百年之际正式提出这一命题,习近平总书记在2022年春节团拜会、十九届七中全会等重要场合、重要会议发表的讲话中,十九届六中全会通过的《中共中央关于党的百年奋斗重大成就和历史经验的决议》等党的重要文献中,又多次提及伟大建党精神,党的二十大大会主题又突出强调了弘扬伟大建党精神。伟大建党精神的提出,是马克思主义政党理论的新发展,是中国共产党构建自身话语体系、争取话语权的重要步骤。要想增强话语力量、取得话语优势,合乎事实性是构筑有效话语体系的基础和前提。而这种精准性、合乎事实性有待阐释,只有持续反复地阐释,才能使话语存之有据,才能为人们所接受与认可。否则,话语即便提出,也是空中楼阁、行之不远。

伟大建党精神这一话语提出的依据,是百年前中国共产党的先驱们的建党实践,是20世纪20年代中国社会、历史和文化的产物。只有回到中国共产党成立时的历史现场、进入历史情境,在中国共产党的先驱们的思想与实践中去体悟、去感知、去求解,才能深刻领悟伟大建党精神话语内容与意义呈现的合法性依据。"没有叙述也就没有话语体系"①,以历史性叙述与理论性叙述相结合的方式,呈现、解释百年前中国共产党的先驱们坚守理想信仰、践行初心使命、锤炼斗争品格、砥砺政治风骨的奋斗历程,是建构丰富、系统、完善的伟大建党精神话语体系,在传承与赓续伟大建党精神中提升话语传播有效性的重要内容。

其二,深化伟大建党精神研究,增进其历史厚重感,是反对历史虚无主义、形成稳固建党历史记忆的有效进路。习近平总书记指出:"我们党的全部历史都是从中共一大开启的,我们走得再远都不能忘记来时的

---

① 吴汉全:《话语体系初论》,人民出版社2020年版,第42页。

路。"①这就是说，中国共产党的创建，是百余年来党的一切奋斗、牺牲、创造的开端与原点。强化对建党历史事实的记忆与认知，具有彰显党的历史经纬、增进历史自信的作用，更有赓续党的血脉基因、增进政治认同的功能。

然而，记忆并非会永久保存，随着时间流逝、代际传递，有关建党历史的事实记忆有可能会逐渐变得模糊，甚至是遗忘。更需要关注的是，历史虚无主义以攻击建党先驱、否认中国共产党创建的必然性等方式，有意抹去、消解人们对建党史实的正确认知。对此，如若不及时延续、稳固建党历史记忆，会引发中国共产党创建的合法性危机，进而引起人们对当下坚持党的领导的认同性危机。

因此，增进伟大建党精神研究的历史厚重，将这一概念性、抽象性的命题转化为与中国共产党创建历程紧密关联的具象之物，厚植伟大建党精神意义建构的史实性基础，这对于增进人们对建党历史的体认与感知，唤醒建党历史的事实记忆意义重大。更为重要的是，在伟大建党精神丰富内涵的阐释中言说中国共产党成立史，这是理解"历史和人民选择了中国共产党"②"中国共产党是中国特色社会主义事业的领导核心"③等重要论断的历史文化渊源，有助于新时代新征程凝聚价值共识、增进政治认同，集聚团结奋进的磅礴伟力。

其三，深化伟大建党精神研究，增进其历史厚重感，是建构中国共产党光辉政党形象，引导人们树立"坚持中国共产党的领导"坚定信心的必然选择。政党形象是政党在政治参与过程中所呈现出来的客观镜像以及社会和公众对政党模样主观感知的综合结果。任何一个政党都会建构、维护、再塑自身政党形象。这是因为，良好的政党形象是政党的软资源，有利于增进组织成员的认同感与信任感，厚植政党的阶级基础和社会基础，提升政党的政治影响力。

精神是形象的内核，是代表政党形象的鲜明旗帜。如前所述，伟大建

---

① 习近平：《论中国共产党历史》，中央文献出版社2021年版，第184页。
② 习近平：《在庆祝中国共产党成立100周年大会上的讲话》，人民出版社2021年版，第11页。
③ 习近平：《论坚持党对一切工作的领导》，中央文献出版社2019年版，第8页。

党精神兼具个性意义与共性意义，是对中国共产党人信仰信念、行为指向、实践风貌、政治归宿的集中凝练与概括，其丰富内涵是党的形象塑造的标识性符号。因此，增进伟大建党精神研究的历史厚重，对其丰富内涵的历史性诠释能够促使党的形象更为具体、可视，这对于从源头上认识中国共产党的光辉形象具有决定意义。在建构党的形象的同时，能够引导人们认识到，中国共产党的坚强领导是近代以后中国人民和中华民族扭转历史命运、取得伟大成就的根本保障，进而激发人们在以中国式现代化全面推进中华民族伟大复兴，实现第二个百年奋斗目标的新征程中与党同心、同向同行、同频共振。

二、概念界定及阐释

(一)中国共产党创建时期

中国共产党创建时期，或简称建党时期，是伟大建党精神孕育生成的主要时间场域，有必要对这一概念予以界定。也就是说，需要阐明中国共产党创建的上下时限问题。马克思主义认为，工人阶级政党的产生是"工人运动和社会主义的结合"①，即要有马克思列宁主义的广泛传播、一定规模的工人运动以及两者的紧密结合。五四运动"促进了马克思主义在中国的传播，促进了马克思主义同中国工人运动的结合，为中国共产党成立做了思想上干部上的准备"②。对于时间上限问题，中国共产党的创建从1919年五四运动开始已成为共识。

至于时间下限问题，则存在一定分歧，有中共一大、中共二大、中共三大、中共四大的召开等不同意见。那么，到底将建党任务完成的标志定在何时为宜？这就需要了解无产阶级政党组织完型的要素构成。马克思主义认为，无产阶级政党有"新的科学的世界观作为理论的基础"③，"有一个明确的积极的纲领，这个纲领在细节上可以因环境的改变和党本身的

---

① 《列宁选集》第一卷，人民出版社2012年版，第284页。
② 习近平：《在纪念五四运动100周年大会上的讲话》，人民出版社2019年版，第2页。
③ 《马克思恩格斯文集》第二卷，人民出版社2009年版，第599页。

发展而改动"①,且作为"正在行动的政治团体",要有"对当前政治形势的估计为基础的、能够确切回答当前的'该死的问题'的策略路线"②以及严密的纪律和组织原则,在斗争过程中可以使力量"集中在同一个攻击点上"③。基于马克思主义的建党思想,无产阶级政党的组织完型需要涵盖科学理论、革命纲领、斗争策略以及组织纪律等诸多要素在内。这就意味着,中共一大只是宣告了形式上的无产阶级政党组织的诞生,未能实现完全意义上的政党创建。及至中共二大,民主革命纲领制定、首部党章对党的各级组织以及党的纪律作出明确规定等,标志着党的创建工作的完成。

伟大实践孕育伟大精神。从五四运动至中共二大召开,这是本书考察的主要时间范畴。当然,对于这一时间范畴本书也会适当地向上追溯和向下延伸。向上追溯是因为,中国共产党人对救国真理的追寻、救国道路的探索是一个过程,并不是五四运动之后才发生的;向下延伸是因为,工人运动是建党时期尤其是建党初期党的中心工作。在投身工人运动的过程中,中国共产党人表现出坚定的理想信念、强烈的使命担当、彻底的斗争精神、坚固的群众基础,积淀着伟大建党精神的丰富内容。中共二大召开后,中国共产党人继续推动工人运动发展,形成第一次工人运动高潮。故此,本书探讨的时间阈作一适当延伸,延伸至第一次工人运动高潮结束。

(二)中国共产党的先驱们

中国共产党的先驱们是中国共产党的创建者,是伟大建党精神的孕育者和锻造者,需要对这一群体的范畴进行界定。中共一大召开前,各地共产党早期组织成员50多人,至中共二大召开前发展至195人,这部分群体自然属于"中国共产党的先驱们"这一范畴。但需要指出的是,还有一批先进分子虽在中国共产党创建时期没有加入党组织,但已开始从事马克思主义传播、工人运动组织等实际建党活动,对中国共产党的创建起到了重要推动作用。从广义上来讲,这些先进分子亦应纳入"中国共产党的

---

① 《马克思恩格斯文集》第四卷,人民出版社2009年版,第318页。
② 《列宁全集》第20卷,人民出版社2017年版,第357页。
③ 《马克思恩格斯文集》第十卷,人民出版社2009年版,第375页。

先驱们"的范畴。因此,伟大建党精神的孕育与生成不是一个人或十几个人、几十个人建党实践活动的结果,而是中国共产党创建时期一批从事共产主义运动的先进分子共同作用的结果。故此,无论是建党时期即已入党,还是中共创建之后入党,只要是在这一时期从事实际建党活动的都是本书要追溯与探讨的行为主体,统一称之为中国共产党的先驱们或是中国共产党人。

这些中国共产党人大多忠实于党和人民的事业,甚至以生命赴使命,矢志为中华民族的伟大复兴奋斗不渝。但仍有部分信仰不坚定者、意志动摇者背弃人民立场,脱离革命队伍,甚至走向反动,如张国焘1938年投靠国民党,从事反共特务活动;陈公博、周佛海在日本侵华期间沦为大汉奸。这部分人丧失理想信念、投敌叛国的行径为历史和人民所唾弃,但我们需要历史地看待历史中人,具体地审视他们在中国共产党创建时期的思想和行为选择。

三、研究综述与展望

(一)伟大建党精神的研究前奏

在中国共产党人的精神谱系中,井冈山精神、苏区精神、长征精神、延安精神、西柏坡精神,这五种精神形态在很长一段时间内被视为党在新民主主义革命时期形成的主要革命精神。但有学者认为,"'五种革命精神说'还是没有完整反映中共建党以后整个大革命时期的精神状态史"①。历史从哪里开始,精神就从哪里产生。作为反映中国共产党创建时期中国共产党人精神风貌的建党精神生成最早,但研究起步较晚。有学者在研究新民学会时已开始涉及对建党精神的探讨,②但并未引起足够关注。

---

① 邱小云:《中国共产党革命精神的历史坐标》,《光明日报》2013年4月21日。
② 新民学会为中国共产党的创建作出理论贡献,提供实践经验,被誉为"建党先声"。因此,新民学会精神也是中国共产党建党精神的重要组成部分。详见莫志斌:《新民学会研究综述》,《湖南师范大学社会科学学报》1988年第5期;肖巧平、王龙彪:《论新民学会奋斗向上的精神》,《湘潭大学学报(社会科学版)》,1991年第3期。

"对建党精神的研究肇始于21世纪初红船精神的提出"①,特别是在中共十八大之后,逐渐成为研究热点。从学术发展脉络来看,在"伟大建党精神"提出之前,建党精神研究主要围绕红船精神、先驱精神、渔阳里精神等具体精神形态研究以及创党精神、建党精神等整体性视角展开。这些研究成果拉长了伟大建党精神形成的时间轴、拓展了伟大建党精神生成的空间域,对伟大建党精神的提出和研究具有奠基作用,有必要予以梳理。

1.关于红船精神的研究

2005年6月,习近平总书记首次概括红船精神的科学内涵和历史地位。红船精神开始进入理论研究视野。中共十九大闭幕后,习近平总书记带领中央政治局常委瞻仰上海中共一大会址和南湖红船,特别强调"要结合时代特点大力弘扬'红船精神'"②。从生成逻辑、科学内涵、历史地位等理论性阐释到当代价值与弘扬路径等实践性探索,学界对红船精神的研究再掀高潮。

一是红船精神的生成逻辑。学者们认为,红船精神虽指向南湖会议,但并不是在南湖红船上开一次会就形成的,而是有着深厚的社会历史条件。对此,学者从历史、理论、文化、阶级、实践等多维度探讨了红船精神的生成逻辑。具体来说,近代中国救亡图存的历史任务是历史依据,马克思主义是理论来源,中华优秀传统文化是文化根基,有着优秀精神品质的中国工人阶级是阶级基础,早期马克思主义者的建党实践是实践基础。③

二是红船精神的科学内涵。学界的研究与探讨主要聚焦两个维度:其一,红船精神的精神指向到底是什么? 党的十九大召开后,王沪宁在中宣部举办的弘扬"红船精神"座谈会上强调,"'红船精神'集中体现了中国

① 花勇、王方字:《中国共产党建党精神研究:现有基础和未来进路》,《中共南京市委党校学报》2021年第3期。

②《习近平谈治国理政》第三卷,外文出版社2020年版,第498页。

③ 持这些观点的论著有吕延勤、赵金飞主编:《红船精神》,中共党史出版社2017年版,第1、13、24、30、40页;陈水林:《红船精神是中华民族精神与马克思主义革命精神相结合的产物》,《党史文苑》2012年第6期;史晴:《红船精神的文化渊源探析》,《嘉兴学院学报》2011年第3期;陈水林:《论红船精神的重大意义》,《嘉兴学院学报》2015年第4期。

共产党的建党精神"①。这一论断成为诸多研究者言说红船精神内涵指向的重要依据,认为红船精神就是中国共产党建党精神,这一观点成为理论界的主流认识。②对此,也有学者提出不同看法,红船精神在"体现建党活动的全面性和广泛性上是不尽全面的","是有所不足的",但为进一步凝练、阐发总体性建党精神"打开了大门"。③其二,从内在关系、核心特征以及本质属性等维度对红船精神的三层内涵作进一步地阐释与解读。红船精神的核心是首创精神,支柱是奋斗精神,本质是奉献精神。④走在时代前列是红船精神的核心特征,其中首创精神是关键,奋斗精神是保证,奉献精神是基础。⑤红船精神内涵的首创精神、奋斗精神、奉献精神是走在时代前列的关键体现、根本体现和价值体现。⑥尽管表述各有不同,但共识是三层内涵是一个有机统一体,它们相互支撑、交互作用。

三是红船精神的历史地位。红船精神与中国共产党革命精神之间的关系是探讨的重要方向。习近平总书记指出,红船精神是中国革命精神之源。这一论断成为学者们论述红船精神历史地位的主要依据,认为红船精神在中国共产党的革命精神历史序列中占有开篇和奠基的重要历史地位,⑦是"源"与"流"的关系。⑧学者们还深入探讨了红船精神何以成为中国革命精神之源。其一,从中国共产党革命精神形成的时间序列来讲,

---

①《认真贯彻习近平总书记重要指示 大力学习弘扬"红船精神" 用伟大精神推动伟大实践》,《人民日报》2017年12月5日。

② 代表性论著主要有胡建成等:《红船精神及其当代价值》,浙江人民出版社2011年版;"浙江省红船精神研究"课题组:《红船精神:历史地位、当代意义及永恒价值》,浙江人民出版社2016年版;邵维正、刘晓宝:《红船映初心》,人民出版社2018年版;陈水林:《论"红船精神"》,《红旗文稿》2011年第11期;杨晓伟:《基于意象思维的"红船精神"命名中共建党精神的合理性》,《毛泽东思想研究》2017年第6期;严爱云:《从建党精神看中国共产党永葆年轻的红色基因》,《上海党史与党建》2018年第4期。

③ 刘建军:《伟大建党精神的理论解读》,《思想理论教育》2021年第8期。

④ 陈水林:《论"红船精神"》,《红旗文稿》2011年第11期。

⑤ 高永中:《继承弘扬"红船精神"协调推进"四个全面"》,《光明日报》2015年6月23日。

⑥ 彭冰冰:《红船精神:深刻内涵、精神实质与新时代意义》,人民出版社2020年版,第149、168、187页。

⑦ 李捷:《弘扬"红船精神"是实现"中国梦"的必然要求》,《嘉兴学院学报》2013年第4期。

⑧ 金延锋:《新时期大力弘扬"红船精神"的几点思考》,《观察与思考》2015年第6期。

红船精神形成最早,是中国共产党革命精神的历史起点。①红船精神的提出,填补了中国共产党从创建到大革命之间的革命精神空白,实现了党的革命精神史与发展奋斗史在时间序列上的高度一致。②其二,从中国共产党革命精神的内核特质来讲,红船精神所承载的首创精神、奋斗精神、奉献精神,构成了中国共产党革命精神的基因内核与精神底色,是中国共产党优良传统和革命精神之基。③这就是说,红船精神既彰显了党建立时期的个性意义,又贯穿党的全部历史与实践,具有共性意义。这为继续探讨红船精神与伟大建党精神之间的关系以及审视伟大建党精神的历史地位奠定了基础。

四是红船精神的当代价值。学者们认为,红船精神的当代价值突出体现在党建价值、民族复兴实现、思想政治教育功能以及社会主义核心价值培育等方面。习近平总书记指出,红船精神是"党的先进性之源"④。王沪宁用精神动力、精神财富、精神支撑等关键词阐发了红船精神在立党兴党、执政兴国中的价值意蕴。⑤这是对红船精神党建价值的深刻总结与高度概括。中国共产党百年奋斗的主题是实现中华民族伟大复兴,红船精神是实现中华民族伟大复兴的精神根脉和动力之源,⑥其中首创精神、奋斗精神、奉献精神使党始终担当历史重任、保持革命斗志、凝聚磅礴力量。⑦同时,红船精神有着丰富的思想政治教育功能,其内涵的首创精神、奋斗精神以及奉献精神具有品质养成、目标导向、意志培养、宗旨教化价值,⑧有助于引领青年学子敢于担当、勇于创新、乐于奉献。⑨

---

① 吕延勤、张鹤竞:《论红船精神的历史地位》,《嘉兴学院学报》2018年第2期。

② "浙江省红船精神研究"课题组:《红船精神:历史地位、当代意义及永恒价值》,浙江人民出版社2016年版,第3页。

③ 吕延勤、张鹤竞:《论红船精神的历史地位》,《嘉兴学院学报》2018年第2期。

④ 习近平:《弘扬"红船精神" 走在时代前列》,《光明日报》2005年6月21日。

⑤ 《认真贯彻习近平总书记重要指示 大力学习弘扬"红船精神" 用伟大精神推动伟大实践》,《人民日报》2017年12月5日。

⑥ 赵耀宏:《"红船精神"是实现中华民族伟大复兴的动力之源》,《红旗文稿》2018年第15期。

⑦ 王友明:《红船精神:民族复兴伟业的强大精神力量》,《人民论坛》2020年第32期。

⑧ 黄文秀:《红船精神的育人价值》,《中国高等教育》2018年第5期。

⑨ 彭冰冰:《"红船精神"的思想政治教育价值探析》,《思想教育研究》2016年第7期。

　　五是红船精神的弘扬路径。学者们从党员干部群体、校园学生群体等层面着手探讨这一问题。在党员干部中的传承弘扬,要武装思想,特别是与党开展的教育实践活动相结合;①要以制度创新、思想建设和作风建设守住开拓创新、艰苦奋斗、奉献为民的建党初心;②要强化担当、做干事创业的先锋。③在校园的传承弘扬,要发挥思想政治理论课理论主渠道作用以及第二课堂的延伸作用,强化研究、宣传和阐释工作,营造浓厚校园文化氛围,把握校园网络传播主动权,积极推进服务群众的实践教育等。④此外,还有学者论及红船精神的社会传承机制。

　　综上,红船精神虽不足以完全指代中国共产党建党精神,但它的提出进一步完整了中国共产党的精神链条。自2005年提出,十余年来学界对其进行了系统地理论性阐释与弘扬路径探索,为当前伟大建党精神话语体系建构的路径与范式提供了有益借鉴。

2.关于建党精神其他具体形态的研究

　　2013年,教育部与中共中央党史研究室合作共建高等学校中国共产党革命精神与文化资源研究中心。在研究中心组编的《中国共产党革命精神史读本》《中国共产党革命精神系列读本》中,红楼精神、先驱精神、红船精神等作为代表性精神被选入其中。此外,学界还提出渔阳里精神、石库门精神、《共产党宣言》精神等,这些都是对建党群体精神气质的凝练,是对建党精神研究的进一步拓展。

　　红楼精神是以北大红楼这一红色地标命名的。北大红楼,是新文化运动的主阵地,发起文化启蒙;是五四运动的策源地,唤起民族觉醒;是马克思主义的传播基地,高扬真理旗帜;亦是北京共产党早期组织的创建之

　　① 金延锋:《"红船精神"昭示我们什么》,《党建》2015年第10期。
　　② 陆明:《不忘初心:弘扬红船精神的时代要求》,《人民论坛·学术前沿》2020年第5期。
　　③ 冯启玲:《让"红船精神"永立时代潮头》,《人民论坛》2018年第26期。
　　④ 这类成果有李海凤:《"红船精神"融入高校思想政治教育探究》,《学校党建与思想教育》2018年第18期;南大伟、裴晓涛:《红船精神融入高校思政教育的路径选择》,《中国高等教育》2021年第Z1期。这一研究视角在硕士论文中亦进行了较为充分的探讨,如王月:《红船精神的大学生思想政治教育价值及其实现路径研究》,东北师范大学硕士论文,2021年。此处不再逐一列出。

所,在中国共产党创建时期发挥了独特作用。杨河主编的《中国共产党革命精神史读本(新民主主义篇)》在对北大红楼的独特价值进行论证的基础上,凝练了红楼精神的深刻内涵,即爱国主义精神、民主与科学精神、追求客观真理的精神。①

"南陈北李,相约建党。"红楼精神的提出是对北京在中国共产党创建时期地位与作用的肯定,那么,上海作为中国共产党的"产床",自然在建党精神的孕育生发过程中占有极为重要的地位。先驱精神、渔阳里精神、石库门精神、《共产党宣言》精神的提出,都是对早期中共在上海开展革命活动过程中所展现出来的精神风貌的生动概括。杜艳华、刘学礼主编的《先驱精神》,坚持论从史出,深入挖掘20世纪20年代初,早期中共在上海开展工人运动和进行文化传播的历史进程,阐释先驱精神的主要内容为:"先进思想的'盗火者'精神、工人运动的'领头羊'精神、改写历史的首创精神、忠于信仰的献身精神和文化堡垒的坚守精神"②。不过有学者指出,相较于红楼精神、红船精神,先驱精神的命名方式"不符合大众的思维习惯","个性特征并不明显"。③在此基础上,部分学者基于渔阳里在中国共产党创建时期的重要历史地位和影响,阐述了渔阳里与建党精神之间的历史关联性,形成了比较普遍的观点,即渔阳里是建党精神的孕育之地,是中国共产党人革命精神的起源之地;渔阳里精神是建党精神的重要组成,以渔阳里精神为核心的建党精神是中国共产党人精神谱系的开篇之首。④不过也有学者认为,以渔阳里精神概括上海建党精神还不准确完整,因为中共一大和中共二大都不是在渔阳里召开的。要科学命名上海建党精神,需要把以中共一大为核心的"红色源头"历史文化区域均囊

---

① 杨河主编:《中国共产党革命精神史读本(新民主主义篇)》,人民出版社2014年版,第15—28、30—31页。

② 杜艳华、刘学礼主编:《先驱精神》,中共党史出版社2017年版,第8、34、76、143、188页。

③ 郭国祥、覃雅兰:《上海建党精神命名新探》,《学习月刊》2021年第6期。

④ 这类研究成果有李瑊:《"上海渔阳里与中国共产党的创建"学术论坛综述》,《党政论坛》2020年第2期;李瑊:《"跨越百年的初心传承":第四届渔阳里文化论坛综述》,《党政论坛》2020年第11期;徐光寿:《全面研究中国共产党创建史的若干维度》,《毛泽东邓小平理论研究》2021年第1期。

括进来。基于上海建党前后发生的重大历史事件所在地都是石库门建筑，提出以石库门精神命名上海建党精神符合上海建党的时空场域。①还有学者认为，历经翻译、出版，《共产党宣言》首个中文全译本的面世催生了《共产党宣言》精神。勇于探索、追求真理的求真精神是这一精神样态的根本特征。②

此外，还有一些学者对中国共产党人在为传播马克思主义、创建中国共产党而矢志奋斗的过程中所体现的精神品格、道德风范等进行了研究与探讨。有的学者基于蔡和森领导成立新民学会并推动其发展成为共产主义组织、组织协调留法勤工俭学运动等，阐发建党时期蔡和森的精神风范。③有的学者探讨王尽美精神与红船精神之历史关联，论证第一代中国共产党人的初心。④还有学者对沈泽民、缪伯英等中国共产党人的革命精神进行挖掘与提炼。⑤

以上这些建党精神的凝练与阐发和党的创建史紧密联系在一起，是对中国共产党建党精神的丰富与发展，使得对建党精神的追溯在时空上得以延伸和延展。不过这些精神表达都有一个共同的特点，即是对局部地域或部分群体建党实践的精神凝练，而不是整体意义上的中国共产党的建党精神。

3.关于建党精神整体性概括的研究

中国共产党自酝酿准备到组织完型，经历了一个复杂的过程。凝练并集中阐释一种精神，从整体上全面准确地反映中国共产党人在建党过程中积淀与生发的精神风貌，逐渐成为学者们的学术自觉。这种基于整体性视角的研究与探讨主要表现为两种维度：

---

① 郭国祥、覃雅兰:《上海建党精神命名新探》,《学习月刊》2021年第6期。

② 徐光寿:《全面研究中国共产党创建史的若干维度》,《毛泽东邓小平理论研究》2021年第1期。

③ 金民卿:《建党时期蔡和森的精神风范及其当代启示》,《广东社会科学》2021年第4期。

④ 臧运祜:《王尽美精神与红船精神——兼论第一代中国共产党人的初心》,《嘉兴学院学报》2019年第3期。

⑤ 唐颖华、杜力:《浙江籍共产党早期组织成员沈泽民革命精神探析》,《中国纪念馆研究》2016年第1期;郭国祥、肖昭:《中共第一位女党员缪伯英的精神风范及当代价值》,《武汉理工大学学报(社会科学版)》2021年第3期。

伟大建党精神的内涵阐释

一是建党精神是由若干具体形态组成的精神体系。徐光寿认为,中国共产党的建党精神不是哪一种精神所能替代的,"红楼精神""渔阳里精神""《共产党宣言》精神""红船精神"组成中国共产党建党精神谱系。①花勇等也表达了相似观点,提出建党精神的组成体系包括红船精神、《共产党宣言》精神和渔阳里精神,要将上述三种精神作为一个整体去理解,要对这些具体精神形态进行概括与凝练。②郭国祥认为,建党精神是红楼精神、石库门精神和红船精神的有机集合体。③尽管构成建党精神的具体精神形态不同,但共识是产生于中国共产党创建时期不同发展阶段的具体精神形态,相辅相成、辩证统一,共同构成完整的建党精神内涵。

二是直接提出创党精神、建党精神等整体性意涵。早在2006年,余伯流就提出"创党精神",并将其作为新民主主义革命时期中国共产党创造和培育的精神总链条中的第一环;④2008年,又称为"建党精神"。⑤尽管表述不同,也未对精神内涵进行深入阐释,但其精神指向是相同的,都是对中国共产党人开展创建党实践活动的精神表征。在此基础上,李小三对创党精神的内涵进行概括,并对其在中国共产党人精神中的源头地位予以明确。⑥尽管这些概念随着红船精神的提出而未能成为指代建党精神的主流话语表达,但表明人们已经开始意识到要建构与中国共产党的成立是"开天辟地的大事变"这一重大论断相匹配的精神话语,具有重要的学术意义。需要说明的是,此时也有部分学者论及建党精神,其内涵指向主要聚焦上海,认为中国共产党创建的主要任务是在上海完成的,建党精神受上海文化基因的影响,主要也是在上海形成的。⑦这自然不同

---

① 徐光寿:《全面研究中国共产党创建史的若干维度》,《毛泽东邓小平理论研究》2021年第1期。

② 花勇、王方宇:《中国共产党建党精神研究:现有基础和未来进路》,《中共南京市委党校学报》2021年第3期。

③ 郭国祥、覃雅兰:《建党精神内涵新探》,《湖北社会科学》2021年第6期。

④ 余伯流:《关于苏区精神研究中几个问题的思考》,《党史文苑》2006年第2期。

⑤ 余伯流:《苏区精神新解读》,《党史研究与教学》2008年第4期。

⑥ 李小三:《中国共产党人精神研究》,中央文献出版社2008年版。

⑦ 代表性文章有张云:《中国共产党的上海建党精神》,《上海党史与党建》2017年第9期;梅丽红:《建党精神与上海文化基因的内在关联》,《上海党史与党建》2018年第4期。

于完整意义上的"伟大建党精神",关于建党精神的研究有待进一步拓展。

近年来,特别是在庆祝建党百年之际,从宏观层面凝练与诠释中国共产党建党精神,再次成为理论界关注的焦点。因为它不仅是党百年辉煌的逻辑必然,也是党继续成功的内在要求与精神支柱。核心问题是,提炼一个什么样的精神内涵才能更具科学性与完整性,才能更有说服力?学者高福进将其概括为大无畏精神、创新求变思维、爱国爱民情怀以及追求真理理想等。[1]张云从理想信念、责任担当、探索创新、价值立场、路线策略、制度建设等方面提出建党精神六大本质要素。[2]齐卫平提出,以"开天辟地"这个关键词作为建党精神的本质内涵。[3]忻平等从担当精神、求是精神、忠诚精神、创新精神、斗争精神等维度概括其丰富内涵。[4]尽管内涵提炼的角度略有差异,但这些观点表明,建党精神已经作为一个独立明确的概念进入学者视野,且已经蕴含了伟大建党精神的部分内涵要素。这是对中国共产党创建精神研究的一个有力拓展。

同时,如何审视建党精神与红船精神的关系是研究过程中绕不开的一个重要话题。不同于将红船精神与建党精神完全等同的观点,学者高福进提出,建党精神与红船精神是总体性与个体性、长期性与阶段性的关系,两者存在隶属关系。[5]齐卫平也指出,不能将两者完全等同,建党精神包含"红船精神","红船精神"体现建党精神。[6]这就对两个概念之间的区别进行了厘定。建党精神是宏观层面的总体性精神,是局部与整体的辩证统一,即建党精神既是特定时空背景下实践的产物,又对党整个奋斗实践及实践中所表现出来的各种精神具有决定意义。而红船精神是建党精神的组成部分、集中体现,是从属于建党精神的个性化精神形态。这

---

① 高福进:《红船精神与建党精神的内在逻辑关联》,《人民论坛》2019年第36期。
② 陈挥、李明明:《建党精神与红色文化基因》,《党政论坛》2020年第1期。
③ 齐卫平:《中国共产党建党精神研究的若干问题思考》,《中国浦东干部学院学报》2020年第6期。
④ 赵凤欣、忻平:《建党精神的生成逻辑与时代意蕴》,《思想理论教育》2021年第4期。
⑤ 高福进:《红船精神与建党精神的内在逻辑关联》,《人民论坛》2019年第36期。
⑥ 齐卫平:《中国共产党建党精神研究的若干问题思考》,《中国浦东干部学院学报》2020年第6期。

些认识为人们当前把握伟大建党精神与红船精神的关系作好了铺垫。此外,部分学者还从理论、历史、实践维度探讨建党精神在近代中国社会演进中孕育形成的深厚基础。①

创党精神亦或是建党精神概念的提出与探讨,表明学界已经开始从整体上对中国共产党建党精神予以考量,而不是局限于对一时、一地、一事或是某一群体的论述。其内涵与外延与"伟大建党精神"十分接近,开启了建党精神研究的新阶段。

(二)关于伟大建党精神的研究

习近平总书记在"七一"重要讲话中提出"伟大建党精神"这个新范畴、新概念,一定程度上是对当下学术争鸣的一个回应,是对中国共产党创建过程中不同时期催生的精神形态的集中凝练与概括。当然,习近平总书记还对伟大建党精神的深刻内涵、历史地位以及传承赓续进行了总体阐述,这为深入研究伟大建党精神以及中国共产党人精神谱系提供了指导思想。目前,已有王永昌等的《马克思主义政党理论新发展》、吴德刚主编的《伟大建党精神:孕育与形成》和《伟大建党精神:弘扬与发展》、邵维正的《谱系之源:伟大建党精神》等著作,以及周敬青的《不负人民:解码伟大建党精神》等理论读物出版。总体上,当前研究主要围绕伟大建党精神的价值意蕴、生成逻辑、科学内涵、历史地位以及传承弘扬等方面展开。为进一步优化研究方向,有必要对现有研究成果进行梳理与评析。

1.关于伟大建党精神价值功能的研究

对于在党的百年诞辰重大庆祝活动上,由党的总书记提出并突出强调的伟大建党精神,具有极为重要的理论与实践意义、历史与现实价值。学者主要从"伟大建党精神"和"伟大建党精神的提出"两个向度诠释其价值功能。

第一,探讨"伟大建党精神"这一范畴提出的理论意义。有学者认为,

---

① 主要研究成果有田凯华、齐卫平:《中国共产党建党精神生成的三重逻辑》,《当代世界社会主义问题》2020年第4期;赵凤欣、忻平:《建党精神的生成逻辑与时代意蕴》,《思想理论教育》2021年第4期。

这是一个重大的理论创新,标志着党对自身历史发展、对自身精神谱系、对自身性质宗旨的认识和把握达到新的高度。①具体来讲,伟大建党精神的提出,立足伟大建党实践,其概括和阐释有利于深刻认识和理解中国共产党的先驱们探寻国家前途与出路、努力创建马克思主义政党的历史过程。②同时,这也为深化对建党时期中国共产党人的研究提供了理论依据和遵循。③伟大建党精神的提出,改变了过去碎片化的状态,是对建党时期多重精神表述的整合升华,丰富了中国共产党人的精神图谱,同时也为中国共产党人精神谱系找到活水源头,是对精神谱系之根、魂、源、脉的再抽象与再提炼。④伟大建党精神的提出,从精神文化层面回答了中国共产党"是什么、要干什么""从哪里来、往哪里去""为什么能"等基本问题,标志着党对自身的政治品质和政治优势有了更为全面而深刻的认识。⑤除了关注到伟大建党精神的提出实现了党对自身认识的创新发展,学者们还探讨了其对推动马克思主义理论丰富完善的重要意义。伟大建党精神的概括,从精神层面清晰呈现了无产阶级政党的党建要求,这是对马克思主义建党学说以及马克思主义政党理论的新发展,是习近平总书记关于革命精神重要论述的最新成果,集中体现了这一中国化时代化马克思主义与时俱进的品质。⑥

第二,探讨"伟大建党精神"在党的百年奋斗中的实践意义与新时代

① 钟华论:《伟大的精神之源,奋进的磅礴力量——论伟大建党精神》,《人民日报》2021年7月19日。

② 谈思嘉、陈挥:《伟大建党精神的丰富内涵和重要意义》,《党的文献》2021年第5期。

③ 刘建军:《伟大建党精神的理论解读》,《思想理论教育》2021年第8期。

④ 这类成果有忻平、姜楠:《伟大建党精神与中华民族伟大复兴》,《上海党史与党建》2021年第4期;李征、刘建军:《新时代弘扬伟大建党精神的逻辑前提、内在根据与实践要求》,《中共中央党校(国家行政学院)学报》2021年第6期;康晓强:《伟大建党精神的基本品格》,《科学社会主义》2021年第4期。

⑤ 王永昌、李佳威、李学敏:《马克思主义政党理论新发展》,中国社会科学出版社2022年版,第57页。

⑥ 这类论著有靳方华:《弘扬伟大建党精神 筑牢人民红色江山》,《天津日报》2021年7月6日;王永昌、李佳威、李学敏:《马克思主义政党理论新发展》,中国社会科学出版社2022年版,第57页;郭国祥、覃雅兰:《伟大建党精神研究的回顾与思考》,《毛泽东思想研究》2022年第2期;陈一新:《学深悟透 践行伟大建党精神》,《学习时报》2021年7月26日。

新征程中的现实意义。在百年实践的历史意义方面，一方面，从伟大建党精神之于党的建设的视角展开论述。学者认为，伟大建党精神是建党、立党、兴党、强党背后深层的精神力量。①其为党的作风建设奠定主基调和发展方向，是党内政治文化建设的精神始基和逻辑起源，影响着党的政治信仰、政治追求、政治立场和政治规矩，塑造着党的光辉形象。②同时，伟大建党精神在中国共产党人政治品格的全面塑造中发挥着重要作用，前者为后者规定根本向度、开拓实践途径、淬炼强大韧性、厚植价值底蕴，锤炼了中国共产党人鲜明的政治品格。③也就是说，伟大建党精神是建党强党的精神之基，是党的先进性、纯洁性之源。④另一方面，从伟大建党精神之于党和国家事业发展的维度进行探讨。在这一精神的引领下，中国共产党带领中国人民完成救国、兴国、富国、强国大业。⑤伟大建党精神是指引中国共产党人推进革命、建设、改革以及复兴伟业的不竭动力。⑥此外，还有学者指出，伟大建党精神引领各族人民不断铸牢中华民族共同体意识，为中华民族、中国人民实现精神上由被动到主动的转换提供了关键性思想引领，并成为支撑党的百年思想政治教育的重要资源。⑦总体来讲，伟大建党精神是中国共产党百年奋斗的精神指引，是实

① 任仲平：《恢宏史诗的力量之源——论弘扬伟大建党精神》，《人民日报》2021年7月20日。
② 持这一观点的有唐皇凤、王珣：《伟大建党精神：新时代新征程党的作风建设之魂》，《湖北大学学报(哲学社会科学版)》，2023年第1期；徐龙建：《论伟大建党精神与党内政治文化的内在逻辑》，《湖湘论坛》2022年第6期；徐国亮、史倩：《伟大建党精神引领新时代党内政治文化建设探析》，《东岳论丛》2022年第6期；饶武元、罗邹贤、刘健光：《互构·相融·共强：伟大建党精神与中国共产党大党形象的关联逻辑》，《江西师范大学学校(哲学社会科学版)》，2024年第1期。
③ 这类论文有唐皇凤、郭世军：《伟大建党精神对共产党人政治品格的塑造及优化路径》，《广西大学学报(哲学社会科学版)》2022年第1期；邓纯东：《在弘扬伟大建党精神实践中锤炼鲜明政治品格》，《人民论坛·学术前沿》2021年第22期。
④ 代表性论文有颜晓峰：《弘扬伟大建党精神》，《红旗文稿》2021年第18期；王树荫、马二杰：《伟大建党精神是党的先进性纯洁性之源》，《思想理论教育》2022年第4期。
⑤ 张浩：《让伟大建党精神绽放时代光芒》，《人民论坛》2021年第28期。
⑥ 王树荫、耿鹏丽：《论伟大建党精神的历史定位、科学内涵与时代价值》，《人民教育》2021年第Z3期。
⑦ 这类论文有欧阳奇：《以伟大建党精神引领铸牢中华民族共同体意识的理论思考》，《中州学刊》2025年第1期；欧阳康：《新时代中国共产党人的精神升华——学习习近平总书记"七一"重要讲话，弘扬伟大建党精神》，《学校党建与思想教育》2021年第13期；王俊涛、高晓林：《伟大建党精神的百年贡献与时代价值彰显理路》，《思想理论教育》2022年第1期。

现历史性主动、创造历史性成就、取得历史性飞跃的精神支撑。

　　新时代新征程上,伟大建党精神是强党、强国、育人的精神武器与精神动能。①其一,伟大建党精神的弘扬有助于建构政党形象、生成政党话语、培育政党文化、强化政党认同、实践政党规范,是巩固党的长期执政地位,跳出治乱兴衰历史周期率、解决大党独有难题的题中之义。②赓续弘扬伟大建党精神,是抵制各种错误思潮、党内错误观念的思想武器,能够为推进党的自我革命提供精神动力。③同时,弘扬伟大建党精神,将其转化为中国共产党人的制度化身份,有助于增信铸魂、激励共产党人接续奋斗。④也就是说,伟大建党精神是推动新时期党的建设新的伟大工程的力量源泉。其二,伟大建党精神是第二个百年再创辉煌的思想密码、政治密码、精神密码和价值密码。⑤它能够为实现中华民族伟大复兴提供方向指引、根本遵循、动力之源和道德准则,是推进中国式现代化、应对国内外风险挑战和世界百年未有之大变局的强大精神动力,能够为推进"四个伟大"提供价值引领、动力支撑、精神支柱和品格保障。⑥其三,伟大建党精神涵养与建构新时代中国人的精神世界,是中国人民精神塑造的灯塔,是新时代增进文化自信的底气,有助于推动社会主义精神文明建设,培育

---

①　蒲清平、何丽玲:《伟大建党精神的内涵特征、时代价值与弘扬路径》,《重庆大学学报(社会科学版)》2022年第1期。

②　研究成果有柴宝勇、黎田:《伟大建党精神政治功能研究——基于政党理论视角的分析》,《政治学研究》2022年第3期;齐卫平:《新时代新征程弘扬伟大建党精神的使命任务》,《思想理论教育》2023年第1期。

③　代表性成果有李征、刘建军:《新时代弘扬伟大建党精神的逻辑前提、内在根据与实践要求》,《中共中央党校(国家行政学院)学报》2021年第6期;赵振辉:《中国共产党伟大建党精神的生成逻辑、内在特征及历史启示》,《理论导刊》2021年第11期。

④　这类论文有代玉启:《中国共产党伟大建党精神的三重逻辑》,《求索》2021年第5期;耿磊:《伟大建党精神的基本内涵、生成逻辑与时代价值》,《毛泽东研究》2021年第5期;高娟:《新时代继承发扬伟大建党精神的科学内涵、时代价值及实践路径》,《学习与实践》2022年第3期。

⑤　雷厚礼:《伟大建党精神:第二个百年再创辉煌的四重密码》,《理论探索》2021年第6期。

⑥　这类论文有王晓丽、徐鑫钰:《中国共产党伟大建党精神的价值意蕴》,《广东社会科学》2022年第1期;王炳林、马雪梅:《伟大建党精神与中国式现代化》,《山东大学学报(哲学社会科学版)》2023年第3期;曲青山:《弘扬伟大建党精神》,《人民日报》2021年7月8日;刘卫琴:《伟大建党精神的内涵、特征及时代价值》,《理论导刊》2022年第11期。

时代新人。①总体而言,伟大建党精神具有永葆先进的党建价值、行动指南的实践价值、思想引领的社会价值。②

2.关于伟大建党精神形成逻辑的研究

伟大建党精神从哪里来？探讨伟大建党精神的生成逻辑成为学者着力颇多的一个论题。历史根基、理论来源、文化土壤以及实践基础等成为研究者阐发伟大建党精神形成逻辑的主要视角。

第一,历史依据。时代是思想之母,精神是时代的映照,精神的生成源于历史的积淀。伟大建党精神是近代以来历史发展的必然产物,具有深厚的历史根基。有学者从国内历史依据与世界历史依据出发,认为伟大建党精神是救亡图存不懈探索、民族复兴历史演进与国际共产主义运动经验教训交互融合的产物。③具体来讲,不同社会力量为救国救民砥砺前行,探索救国良方,在历史呼唤新思想、新组织的时代期待中,中国共产党的先驱们接过实现民族复兴的接力棒、艰辛创党,伟大建党精神随之孕育形成。④也就是说,实现中华民族的伟大复兴是孕育伟大建党精神的深刻历史背景。⑤不能忽视的是,中国共产党的创建离不开世界社会主义运动与共产国际的推动。国际共产主义运动的伟大实践,特别是共产国际的宝贵经验为中国共产党的创建及现实革命活动的开展提供重要遵循,也为伟大建党精神的生成明标定向。⑥

第二,理论来源。学者普遍认为,马克思主义理论是伟大建党精神的

---

① 持这一观点的有白显良:《基于四重逻辑深刻把握中国共产党伟大建党精神》,《学校党建与思想教育》2021年第13期;黄鑫权、王琴:《中国共产党伟大建党精神的三重逻辑》,《贵州师范大学学报(社会科学版)》2022年第5期;张志丹:《伟大建党精神的多维诠释》,《马克思主义理论学科研究》2021年第7期;李学勇:《弘扬伟大建党精神培养担当民族复兴大任的时代新人》,《党建》2021年第8期。

② 齐卫平:《伟大建党精神研究的四个视角》,《理论与改革》2021年第6期。

③ 张士海、张宏旭:《中国共产党建党精神生成逻辑的三维考察》,《陕西师范大学学报(哲学社会科学版)》2021年第5期。

④ 曹景文:《历史·理论·阶级·实践:伟大建党精神形成的四重逻辑》,《思想政治课研究》2022年第4期。

⑤ 郭国祥、覃雅兰:《论伟大建党精神的生成逻辑》,《江汉论坛》2022年第4期。

⑥ 张士海、张宏旭:《中国共产党建党精神生成逻辑的三维考察》,《陕西师范大学学报(哲学社会科学版)》2021年第5期。

直接来源。艾四林指出,伟大建党精神四个层面的内涵集中体现了马克思主义的科学性、实践性、斗争性以及人民性。①马克思主义理论的科学性、人民性、实践性以及开放性,为伟大建党精神的形成提供真理基础、价值坐标、行动指南与动力源泉。②也就是说,马克思主义的内在规定性天然预设了伟大建党精神的理论起点。同时,部分研究聚焦马克思主义的政党理论,认为伟大建党精神源自无产阶级政党的先进性性质。无产阶级政党在明确政党性质、革命纲领、理论指导的过程中,彰显了其坚持真理、坚守理想、敢于斗争、为民服务的伟大精神品格。③无产阶级政党的历史使命,共产党人所具有的斗争精神与忠诚品质为中国共产党的先驱们所继承和发扬,为伟大建党精神提供理论来源。④尽管阐述角度各有不同,但研究者认识到,之所以形成如此内涵的伟大建党精神,归根结底是由中国共产党是马克思主义使命型政党这一特质决定的。⑤

第三,文化土壤。研究者普遍认为,中国共产党的先驱们深受中国传统文化的熏陶与感染,中华优秀传统文化是伟大建党精神的深厚文化基因。中华民族上下求索的坚定信念、舍我其谁的使命担当、视死如归的英勇气概、心系苍生的为民情怀,融入中国共产党人的精神世界,也融入伟大建党精神之中。⑥中华优秀传统文化所崇尚的"大同"思想、"家国同构"伦理思想、"知行合一"以及"民本"政治思想等,为伟大建党精神的形成提供了文化沃土。⑦虽然学者表述各有差异,但都认为伟大建党精神与中华优秀传统文化的基因内核与特质禀赋一脉相承,传承与

① 艾四林:《伟大建党精神集中体现了马克思主义世界观和方法论》,《光明日报》2021年7月9日。
② 周丹:《伟大建党精神的科学内涵与生成逻辑》,《哲学研究》2021年第9期。
③ 陈胜锦:《生成逻辑·内涵解析·实践理路:中国共产党伟大建党精神的三维探赜》,《西北民族大学学报(哲学社会科学版)》2021年第6期。
④ 李思学:《伟大建党精神的价值意蕴和时代薪传》,《探索》2021年第5期。
⑤ 李海青:《马克思主义使命型政党的伟大建党精神——基于中国共产党特质的分析视角》,《马克思主义理论学科研究》2021年第7期。
⑥ 颜晓峰:《伟大建党精神与党的精神历程》,《马克思主义理论学科研究》2021年第8期。
⑦ 许金华:《中国共产党伟大建党精神的生成逻辑及其现实启示》,《南昌大学学报(人文社会科学版)》2021年第5期。

升华了中华民族的精神血脉。不仅如此,还有学者对伟大建党精神形成之时的时代精神风貌予以关注,[1]指出伟大建党精神是对五四精神的凝练与升华;[2]五四运动所彰显的精神气质为中国共产党所弘扬,为中国共产党指明精神方向。[3]但两者之间关联如何,如何承继与升华有待进一步论述。

第四,实践基础。实践是理论之源。"伟大的革命实践产生伟大的革命精神。"[4]研究者普遍认为,伟大建党实践孕育催生了伟大建党精神。伟大建党精神的核心元素在中国共产党成立之际就已经历史性出场,贯穿在党的先驱们的建党过程中。[5]有学者从纵向上探讨了伟大建党精神萌芽与形成的过程,即萌芽于党的酝酿过程,形成于党的创建过程,精神生成与建党实践在时间上是同步发生的。[6]同时,部分学者厘清了建党时期哪些重大革命活动推动了伟大建党精神的萌发与形成。伟大建党实践是一个系统、动态的实践过程,主要包括思想启蒙、探求真理、发动民众以及建立组织等重大革命活动。[7]也就是说,马克思主义的广泛传播、中国共产党人创建党的实践、工农运动的兴起等一系列建党活动催生、滋养了伟大建党精神。[8]以上研究主要聚焦伟大建党精神孕育的真实而具体的建党历史性实践,这是其生成的最主要的时空场域。在此基础上,还有学者提出,伟大建党精神是建党与党建自觉活动的产物,[9]要结合中国共

① 白显良:《基于四重逻辑深刻把握中国共产党伟大建党精神》,《学校党建与思想教育》2021年第13期。
② 吴潜涛:《永远继承发扬伟大建党精神》,《中国教育报》2021年7月8日。
③ 陈丹:《五四运动与中国共产党建党的精神方向》,《广西社会科学》2021年第8期。
④ 习近平:《干在实处 走在前列——推进浙江新发展的思考与实践》,中共中央党校出版社2006年版,第455页。
⑤ 金民卿:《伟大建党精神的发生逻辑及历史展开》,《中共中央党校(国家行政学院)学报》,2024年第6期。
⑥ 徐光寿:《论伟大建党精神的形成历程与内在构成》,《思想理论教育》2022年第1期。
⑦ 张瑞芬:《论伟大建党精神的实践基础》,《党政研究》2022年第2期。
⑧"伟大建党精神研究"课题组、吴德刚:《中国共产党的精神之源——学习习近平总书记关于伟大建党精神的重要论述》,《中共党史研究》2021年第4期;孙珊:《马克思主义早期传播与伟大建党精神话语体系建构》,《思想理论教育》2024年第12期。
⑨ 李斌雄、魏心凝:《伟大建党精神的内涵特质、形成机理与实践理路》,《新疆师范大学学报(哲学社会科学版)》2022年第1期。

产党成立时历史现场和中国共产党百年历史发展实践理解建党精神的内涵。也就是说,要在两个"实践"中深化对建党精神实践逻辑的认识。①在此基础上,刘建军提出,要辩证地看待伟大建党精神的实践来源,严格意义上其是对中国共产党先驱者创党实践直接的精神升华,同时也要考虑与党的百年历史相呼应,与新时代新征程党的建设和事业发展需要相呼应,从而使得这一精神的概括既具有历史回顾价值,又具有现实指导意义。②

当然,学者们也并不是孤立地探讨影响伟大建党精神生成的历史、理论、文化与实践诸多因素,还关注到它们之间的耦合与关联。有学者指出,伟大建党精神的实践渊源是马克思主义同中国具体实际相结合的产物,文化渊源是马克思主义同中华优秀传统文化相结合的产物。③应该说,目前学界已建构起言说伟大建党精神逻辑生成的基本架构,这为本书的研究与探讨提供了重要遵循。

3.关于伟大建党精神科学内涵的研究

习近平总书记在"七一"讲话中用四句话三十二个字概括了伟大建党精神的深刻内涵。要想使这一话语表达形成强大的传播力和影响力,增进话语受众的辨识度和接受程度,就需要强化对话语内涵的阐释。学界围绕伟大建党精神的概念边界、内涵所指以及内在逻辑、基本特征等进行了深入研究。

第一,基于伟大建党精神生成的时空场域进行概念界定。一种观点认为,伟大建党精神中的"建党"应包含百年前"党的创建"和百年进程中"党的建设",伟大建党精神这一意涵是对"创建党"以及"建设党"展现出的精神的总概括。④对这一精神意涵的理解,不应局限于具体的历史时

① 鲍金:《赓续红色血脉 深入阐释伟大建党精神——首届高校中国共产党伟大建党精神学术研讨会综述》,《思想理论教育导刊》2021年第12期。
② 刘建军:《深化理解伟大建党精神的几点哲学思考》,《思想理论教育导刊》2022年第3期。
③ 燕连福、周祎:《中国共产党建党精神的形成基础、核心要义与鲜明特征》,《陕西师范大学学报(哲学社会科学版)》2021年第5期。
④ 代表性成果有段治文:《"红船精神"与伟大建党精神关系探析》,《国家治理》2021年第40期;齐卫平:《论伟大建党精神与"红船精神"的逻辑关系》,《国家治理》2022年第5期。

间节点、具体的历史事件,而应从整体性视角出发,将其置于党的百年发展历史中。①与前述不同,中共中央党史和文献研究院、高福进、刘红凛、郭国祥、彭正德等学者持另一种观点,认为伟大建党精神形成于中国共产党创建时期,是党在创建时期的文化意识、迸发出来的"精气神",并不是抽象的"概念演绎"与"理论演绎",因此不能泛化为党的建设全过程,建党精神与建党实践同在。②还有学者在明确政党创建具体实践是伟大建党精神生成的时空场域,是表征党的奋斗起点的具体精神样态的基础上,进一步指出,这一概念提出与话语表达是集合中国共产党诸多特质的抽象精神本体,是对百年中国共产党历史与经验的深刻总结。③

第二,基于伟大建党精神四个层面内涵指向的阐释。对于习近平总书记在"七一"讲话中概括的四个基本方面,研究者达成了思想共识:坚持真理、坚守理想,就是坚持马克思主义真理,坚守共产主义、社会主义理想;践行初心、担当使命,就是坚持为中国人民谋幸福、为中华民族谋复兴的初心和使命;不怕牺牲、英勇斗争,就是保持斗争精神、顽强意志;对党忠诚、不负人民,就是无条件地对党的信仰、党组织以及党的理论和路线方针政策的忠诚,坚持全心全意为人民服务的根本宗旨。④基于这一思想共识,学者言说角度略有差异,主要有:

其一,从无产阶级政党品质的角度上予以解读。伟大建党精神的四重内涵体现了党的旗帜与灵魂、党奋斗的主题主线、党的顽强意志和英雄

---

① 张明:《伟大建党精神与中国共产党人的精神谱系关系研究》,《新疆师范大学学报(哲学社会科学版)》2022年第1期。

② 研究成果有中共中央党史和文献研究院:《伟大建党精神:中国共产党的精神之源》,《求是》2021年第14期;高福进:《"建党精神":内涵界定与外延拓展》,《湘湖论坛》2021年第4期;刘红凛:《伟大建党精神的形成过程、科学内涵与赓续发展》,《马克思主义研究》2021年第12期;郭国祥、覃雅兰:《伟大建党精神研究的回顾与思考》,《毛泽东思想研究》2022年第2期;彭正德:《深刻理解"建党精神"的内涵》,《湖南师范大学社会科学学报》2022年第4期。

③ 代表性论文有潘男:《伟大建党精神的话语构建与现实转化》,《湘湖论坛》2021年第6期;何虎生、张林:《论伟大建党精神与中国共产党人精神谱系的内在逻辑关系》,《思想理论教育导刊》2022年第2期。

④ 研究成果有中共中央党史和文献研究院:《伟大建党精神:中国共产党的精神之源》,《求是》2021年第14期;耿磊:《伟大建党精神的基本内涵、生成逻辑与时代价值》,《毛泽东研究》2021年第5期。

本色、党的政治品格和崇高情怀；①体现了党的思想优势、政治优势、精神优势以及道德优势；②体现了马克思主义使命型政党的理论品格、实践要求、精神力量和政治品格。③也就是说，伟大建党精神是中国共产党政党气质的生动写照。其二，从中国共产党人精神品格的角度予以解读。伟大建党精神集中体现了中国共产党人的政治品格，④彰显了中国共产党人的思想品质、政治品质、意志品质以及道德品质等；⑤表达了中国共产党人的真理追求、实践担当、斗争精神以及人民属性；⑥是中国共产党人世界观、价值观、方法论以及作风论的集中展现。⑦还有学者从道德伦理层面进行论述，认为伟大建党精神体现了中国共产党人明大德、守公德、严私德的道德伦理，并最终凝结于为"对党忠诚、不负人民"的终极追求。⑧总之，伟大建党精神揭示了中国共产党是一个什么样的政党，中国共产党人内涵什么样的精神特质。

这些研究多从百年奋斗的历史叙事、民族复兴的宏大叙事中，去理解、剖析伟大建党精神的深刻内涵。而要想彰显伟大建党精神这一话语的强大力量感，增进其历史厚重感是有力支撑。值得关注的是，已有部分学者将研究视阈聚焦于具体建党实践，探源早期创建党活动是如何孕育与形成了伟大建党精神。其中，较有代表性的是吴德刚主编的《伟大建党精神：孕育与形成》，其主要聚焦上海、北京、湖南、湖北、山东以及广东等地建党活动，透过中国共产党人建党实践审视其所彰显的伟大建党精

---

① 研究成果有王炳林、张雨：《伟大建党精神是中国共产党的精神之源》，《中国高等教育》2021年第Z3期；李殿仁：《永远把伟大建党精神继承下去发扬光大》，《当代中国史研究》2021年第5期；王树荫、耿鹏丽：《论伟大建党精神的历史定位、科学内涵与时代价值》，《人民教育》2021年第Z3期。

② 曲青山：《弘扬伟大建党精神》，《人民日报》2021年7月8日。

③ 李海青：《马克思主义使命型政党的伟大建党精神——基于中国共产党特质的分析视角》，《马克思主义理论学科研究》2021年第7期。

④ 汤俊峰：《弘扬伟大建党精神 激发强大奋进力量》，《党建》2021年第8期。

⑤ 王永昌：《深刻领悟和把握伟大建党精神的丰富内涵》，《人民论坛》2021年第34期。

⑥ 蒋红：《理解伟大建党精神的三个重要维度》，《思想战线》2022年第1期。

⑦ 燕连福、周祎：《中国共产党建党精神的形成基础、核心要义与鲜明特征》，《陕西师范大学学报（哲学社会科学版）》2021年第5期。

⑧ 靳凤林：《中国共产党建党精神的道德底蕴》，《道德与文明》2021年第5期。

神。①邵维正的《谱系之源：伟大建党精神》选取建党初期部分革命英烈和历史史实，解读伟大建党精神的孕育过程和深刻内涵。②还有学者从早期报刊这一建党时期党的重要活动载体、红色家书这一历史见证的物质载体等小切口，参透其中内蕴的伟大建党精神特质。或是聚焦李大钊、毛泽东、陈望道等中国共产党人革命实践，理解伟大建党精神。③基于中国共产党先驱们的建党实践审视伟大建党精神内涵的孕育与形成，这亦是本书将继续着力的方向。

第三，基于伟大建党精神内涵四个层面之间逻辑关系的阐释。这是科学认识伟大建党精神丰富内涵及其概念提出全面性的重要维度。一是探讨伟大建党精神的内在结构。伟大建党精神四个层面的内涵各有其特定指向，但又是一个彼此联系的有机统一的整体。④有学者从"知、行、意、情"维度进行归纳，认为"知"是前提基础，"行"是逻辑后承，"意"是重要支撑，"情"是落脚点，各部分是相辅相成、相互融合的有机整体。⑤其内涵可分为"认知、目标、特质、主体"四个层面，其中认知的科学性指向目标的坚定性，实现目标必然使得主体的身体、精神乃至生命面临严峻挑战，这就要求主体的无私性，四方面内容层层递进、相互融合。⑥还有学者认为，伟大建党精神是围绕中国共产党"信什么、干什么、怎么干、为谁干"四个问题的回答而构建的丰富话语。⑦学者刘建军进行了动态逻辑

---

① 吴德刚主编：《伟大建党精神：孕育与形成》，中共党史出版社2023年版。

② 代表性成果有任苒、陈殿林：《中国共产党早期报刊中内蕴的伟大建党精神探源——基于历史与文本的考察》，《理论导刊》2022年第11期；万昭迎、郭永虎：《以红色家书涵养伟大建党精神初探》，《长白学刊》2022年第5期。

③ 研究成果有杨梓楠：《李大钊与伟大建党精神》，《中国档案》2022年第4期；王炳林、胡一凡：《毛泽东对伟大建党精神形成和传承弘扬的杰出贡献》，《北京师范大学学报（社会科学版）》2023年第6期；邵雍：《毛泽东与伟大建党精神》，《上海党史与党建》2022年第3期；李捷：《毛泽东对伟大建党精神的开创性贡献》，《毛泽东思想研究》2022年第1期；谈思嘉：《从陈望道早期革命实践理解伟大建党精神》，《红色文化学刊》2021年第3期。

④ 丁俊萍：《伟大建党精神的内在逻辑》，《思想理论教育导刊》2021年第7期。

⑤ 研究成果有马报、王建华：《中国共产党伟大建党精神的生成逻辑、结构维度及实现路径》，《新疆师范大学学报（哲学社会科学版）》2022年第1期；曲值：《伟大建党精神的理论渊源、层次特征与重要意义》，《理论月刊》2022年第1期。

⑥ 代玉启：《中国共产党伟大建党精神的三重逻辑》，《求索》2021年第5期。

⑦ 齐卫平、陈冬冬：《伟大建党精神：中国共产党建设话语的创新表达》，《中国浦东干部学院学报》2021年第6期。

分析,认为四个基本方面是一个从宏观到微观、从抽象到具体的过程。①虽然阐述归纳角度各有不同,但都指向伟大建党精神完成了自身的整体性建构,体现了逻辑自洽性。二是探讨伟大建党精神四个基本方面在系统中的功能地位。学者丁俊萍认为,四个基本方面在伟大建党精神中的地位与作用分别是灵魂、根本、核心和底色。②欧阳奇等人也有类似阐释,指出四个方面基本内容分别是伟大建党精神的魂、本、基、根。③也就是说,每一方面内容都不可或缺。还有学者凸显了某一方面内涵的价值功能,如认为第一层面内涵处于首要地位,构成了党的理论武装、理想信念的基础,价值追求以及自我革命的源头。④

此外,还有学者从伟大建党精神的内在特征和本质展开论述。伟大建党精神具有鲜明的"时代性、开创性、源头性、先进性和实践性"⑤,"延续性、本源性、实践性、整体性"⑥,在建党过程中体现了理论性与实践性的统一,在精神谱系构建中体现了抽象性与具体性的统一,在意义价值上实现了先进性与时代性的统一。⑦

4.关于伟大建党精神历史地位的研究

习近平总书记在"七一"讲话中对伟大建党精神是"精神之源"的历史地位予以阐述之后,研究者在其与红船精神的关系把握中、在其与中国共产党精神谱系之间的关系厘定中,综合锚定其何以能够成为"精神之源"。

首先,从伟大建党精神与红船精神的关系探究中凸显前者的历史地位。如前所述,在"七一"讲话之前,红船精神被视为是对建党精神的集中

---

① 刘建军:《深化理解伟大建党精神的几点哲学思考》,《思想理论教育导刊》2022年第3期。

② 丁俊萍:《伟大建党精神的内在逻辑》,《思想理论教育导刊》2021年第7期。

③ 持这些观点的论文有欧阳奇:《坚持真理、坚守理想是伟大建党精神之魂》,《思想教育研究》2021年第7期;车宗凯:《践行初心、担当使命是伟大建党精神之本》,《思想教育研究》2021年第7期;陈洪玲:《不怕牺牲、英勇斗争是伟大建党精神之基》,《思想教育研究》2021年第7期;仝华:《对党忠诚、不负人民是伟大建党精神之根》,《思想教育研究》2021年第7期。

④ 论文有齐卫平、田凯华:《坚持真理、坚守理想:伟大建党精神探微》,《上海党史与党建》2021年第6期;谢晓娟、李井琦:《深刻理解"坚持真理、坚守理想"的丰富内涵》,《人民论坛·学术前沿》2022年第4期。

⑤ 沈传亮、张成乐:《伟大建党精神:特质、内涵与传承》,《教学与研究》2021年第10期。

⑥ 高正礼:《论伟大建党精神的内在特质》,《中国特色社会主义研究》2021年第5期。

⑦ 刘卫琴:《伟大建党精神的内涵、特征及时代价值》,《理论导刊》2022年第11期。

概括,抑或是直接将其等同于建党精神。而在"七一"讲话之后,随着伟大建党精神这一新论断的提出,如何界定红船精神与其之间的关系成为学界绕不开的重要话题。

一是在红船精神是否还有其存在必要性问题上,研究者认为,红船精神不可随意取消,有历史事实为依据,且经过多年的宣传教育已为人们所接受和认可,具有独特的形象性意义表征。①

二是在红船精神基础上再提伟大建党精神的必然性问题上,研究者认为,这是深化党史研究的理论创新成果。李捷指出,建党精神的提出,是对红船精神的升华与创新,是中国共产党对自身精神的认识提升到了一个新的高度。②郭国祥也表达了同样的观点,基于习近平总书记提炼建党精神的心路历程,揭示这一概念出场的历史逻辑,认为其是对红船精神更高意义上的抽象和发展。

三是在红船精神与伟大建党精神的关联性问题上,有学者指出,红船精神是对党的创建活动中特定地域、特定活动的意义表征,而伟大建党精神是对党的所有创建活动的综合表达。红船精神是伟大建党精神的一部分,是伟大建党精神的重要体现甚至集中体现。从内容范围和概括程度上来说,前者是大概念,后者是小概念。③也就是说,红船精神与伟大建党精神统一于党的伟大实践,前者体现后者,后者涵盖前者。④由于伟大建党精神的范畴更具科学性与全面性,因此,谈及精神之源时使用伟大建党精神更为妥当。⑤

其次,从伟大建党精神在中国共产党人精神谱系中的作用探究前者的历史地位。

---

① 刘建军:《伟大建党精神的理论解读》,《思想理论教育》2021年第8期。
② 李捷:《继承党的光荣传统 赓续伟大建党精神——兼论伟大建党精神与红船精神的关系》,《四川师范大学学报(社会科学版)》2021年第6期。
③ 刘建军:《伟大建党精神的理论解读》,《思想理论教育》2021年第8期。
④ 齐卫平:《论伟大建党精神与"红船精神"的逻辑关系》,《国家治理》2022年第5期。
⑤ 持这一观点的成果有李捷:《继承党的光荣传统 赓续伟大建党精神——兼论伟大建党精神与红船精神的关系》,《四川师范大学学报(社会科学版)》2021年第6期;郭国祥、覃雅兰:《伟大建党精神研究的回顾与思考》,《毛泽东思想研究》2022年第2期。

一是关于伟大建党精神是否内含于精神谱系的问题,一种观点认为,伟大建党精神是一种总精神,是脱离于中国共产党人精神谱系之外的。中国共产党人的精神谱系是伟大建党精神在不同历史时期的具体化表现和体系化构建。而红船精神则是这一谱系的源头、开端、第一个环节。①这就意味着,伟大建党精神是精神谱系之外的独立存在。另一种观点认为,伟大建党精神内含于中国共产党人的精神谱系之中。伟大建党精神形成于建党之际,有着特定内涵指向,而精神谱系是由系列精神形态构建的历时性的、开放的精神集合体。②伟大建党精神是精神谱系的重要组成部分。③后一观点在学界成为较为普遍的思想共识。

二是关于伟大建党精神何以能够成为中国共产党的精神之源。一方面,在时间序列上,伟大建党精神是中国共产党人精神世界的历史起点,是精神谱系的源头。这是因为,中国共产党人精神的孕育成长与丰富发展"与党的历史实践是完全一致的,与五四运动以后民族复兴事业的进程是完全一致的"④。伟大建党精神是对中国共产党人创建党的实践活动的反映。因此,伟大建党精神是中国共产党人精神谱系的历史开篇。⑤在党的百年奋斗历程中,伟大建党精神一以贯之,从"一"到"多",具象化为党的系列精神形态;后又从"多"到"一",整合构建起中国共产党人的精神谱系。⑥陈金龙、雷厚礼、康来云等学者认为,伟大建党精神与精神谱系的衍生关系是"源"与"流"的关系。⑦这就是说,在时间序列上,伟大建党精神成为中国共产党人精神谱系的原点。此外,在2021年第一批纳入中国共产党人精

① 段治文:《"红船精神"与伟大建党精神关系探析》,《国家治理》2021年第40期。

② 何虎生、张林:《论伟大建党精神与中国共产党人精神谱系的内在逻辑关系》,《思想理论教育导刊》2022年第2期。

③ 王炳林、张雨:《伟大建党精神和中国共产党精神谱系的关系探析》,《中国高校社会科学》2021年第5期。

④ 杨河主编:《中国共产党革命精神史读本(新民主主义篇)》,人民出版社2014年版,第8页。

⑤ 曹景文:《伟大建党精神是中国共产党的精神之源》,《思想理论教育》2021年第8期。

⑥ 何虎生、张林:《论伟大建党精神与中国共产党人精神谱系的内在逻辑关系》,《思想理论教育导刊》2022年第2期。

⑦ 雷厚礼:《伟大建党精神百年三个维度的延伸和展开》,《贵州社会科学》2022年第4期;康来云:《从建党精神到精神谱系:中国共产党伟大精神的源与流》,《学习论坛》2022年第1期。

伟大建党精神的内涵阐释

神谱系的伟大精神中,伟大建党精神不归入任何一个历史阶段,而是单独置于精神谱系的首位。基于此,有学者认为,伟大建党精神在整个精神谱系中是居于"上位"的,具有源头性、首位性、贯穿性、统领性。①另一方面,从精神特质看,伟大建党精神奠定中国共产党人精神世界的基因与内核。伟大建党精神的科学内涵犹如一条红线贯穿精神谱系始终,是精神谱系孕育生成的理论之源、宗旨之源、意志之源和品德之源,实践之源、理论之源、品质之源、价值之源。②中国共产党人的精神谱系是对伟大建党精神基因的延展与传承。③比如,伟大建党精神内涵的马克思主义的思想根基、共产主义的远大理想、人民至上的价值取向、实现民族复兴的使命担当是中国共产党精神的"源之本"。④也就是说,伟大建党精神发挥了"母体机制"的作用,在不同历史阶段与实践主题下衍生出不同的具体精神样态。⑤尽管这些具体精神内涵不同,但都与伟大建党精神的内涵精髓、核心理念相贯通。⑥换言之,伟大建党精神蕴含着中国共产党人精神风貌的初始样态和鲜明底色,是本体性精神、基因性精神,在精神谱系中是生成性精神、发展性精神。⑦研究者达成这样一个共识,即从精神特质上,伟大建党精神贯通中国共产党所有精神成果,是中国共产党人精神谱系的灵魂和底蕴。还有学者从党的历史性成就维度进行审视,认为伟大建

---

① 代表性论文有齐卫平:《伟大建党精神研究的四个视角》,《理论与改革》2021年第6期;齐卫平:《把认识党的百年历史与感悟伟大建党精神相结合》,《中国井冈山干部学院学报》2022年第3期。

② 代表性论文有王炳林、张雨:《伟大建党精神和中国共产党精神谱系的关系探析》,《中国高校社会科学》2021年第5期;侯智:《正确理解和发扬伟大建党精神》,《思想政治教育研究》2022年第4期。

③ 赵凤欣:《伟大建党精神与中国共产党人精神谱系的逻辑关系研究》,《思想理论教育》2021年第8期。

④ 齐卫平:《伟大建党精神是中国共产党的精神之源》,《新华日报》2021年7月13日。

⑤ 张明:《伟大建党精神与中国共产党人的精神谱系关系研究》,《新疆师范大学学报(哲学社会科学版)》2022年第1期。

⑥ "伟大建党精神研究"课题组、吴德刚:《中国共产党的精神之源——学习习近平总书记关于伟大建党精神的重要论述》,《中共党史研究》2021年第4期。

⑦ 持这一观点的论文有沈壮海、刘灿:《传承弘扬伟大建党精神》,《中国高等教育》2021年第Z2期;韩庆祥:《以大历史观理解和把握伟大建党精神与精神谱系》,《中国社会科学报》2021年7月29日。

党精神是中国共产党组织建党、思想建党以及红色血脉的源头。①

5.关于伟大建党精神赓续弘扬的研究

伟大建党精神的提出，既是对历史的回溯，彰显厚重的历史情怀；又是对现实的需求，凸显强烈的现实关照意识。学者们在研究探讨伟大建党精神以及其提出的价值意蕴基础上，进一步对其如何进行赓续弘扬进行了阐释。

第一，从伟大建党精神基本内涵出发。伟大建党精神32个字内涵真理与理想、初心与使命、斗争与牺牲、忠诚与人民等核心词汇，这是赓续弘扬的核心要素。一是加强马克思主义的理论武装，筑牢真理性根基，是弘扬伟大建党精神的首要与核心。②特别是要以鲜活生动的当代中国实践推进理论创新，推动马克思主义中国化，以习近平新时代中国特色社会主义思想武装头脑、指导工作、推动实践。③二是要以初心使命时刻检视自身，及时纠偏背离初心使命的言行，在政治、经济、文化、社会以及生态文明建设中笃行实干、强化使命担当。④三是面对世界百年未有之大变局带来的新风险、新挑战以及国家进入发展新阶段后出现的新矛盾、新问题，要始终发扬敢于斗争、善于斗争的斗争精神，锤炼意志品格的钢筋铁骨。⑤四是要厚植忠党为民大情怀，始终坚持以人民为中心的发展思想，站稳人民至上的政治立场，与人民同甘共苦、团结奋斗，保持血肉联系。⑥总体来讲，要在认知上坚定理想信念，在行动上强化担当作为，在

① 肖纯柏：《伟大建党精神是中国共产党的精神之源》，《光明日报》2021年7月23日。
② 宋友文、黄文燕：《伟大建党精神的提出背景、内涵意蕴及弘扬路径》，《北京航空航天大学学报(社会科学版)》2021年第6期。
③ 马报、王建华：《中国共产党伟大建党精神的生成逻辑、结构维度及实现路径》，《新疆师范大学学报(哲学社会科学版)》2022年第1期。
④ 这一视角的成果有穆鹏程、高福进：《论伟大建党精神的生成基础、深刻内涵与弘扬路径》，《理论月刊》2021年第12期；陈胜锦：《生成逻辑·内涵解析·实践理路：中国共产党伟大建党精神的三维探赜》，《西北民族大学学报(哲学社会科学版)》2021年第6期。
⑤ 这类论文有中共天津市委党校课题组、安培、韩文婷：《论伟大建党精神》，《中共天津市委党校学报》2021年第5期；陈妮：《新时代伟大建党精神转化为党性修养资源的逻辑进路》，《世界社会主义研究》2021年第12期。
⑥ 廉毅敏：《弘扬伟大建党精神 推进新的伟大工程》，《党建》2021年第9期；陈安杰、黄宇：《伟大建党精神的形成背景、科学内涵与时代价值》，《观察与思考》2021年第7期。

意志上锤炼政治风骨和政治品质,在情感上涵养爱党爱民情怀。①

第二,从伟大建党精神弘扬主体审视。承载与实践伟大建党精神的主体,自然是作为组织整体的中国共产党以及作为个体化的、现实的中国共产党人。有学者提出,要毫不动摇地坚持党的领导,把党建设成为始终走在时代前列、更加强大的马克思主义执政党。②要在推进自我革命中永葆本色、保持定力、增强勇气、砥砺能力,做理想信念、初心使命、伟大事业、人民利益的坚定信仰者、带头践行者、不懈奋斗者以及忠实维护者。③同时,也有学者提出,要注重对社会大众思想观念合理有效的引导,拓展伟大建党精神的社会基础。④总体来讲,要构建协同落实机制,发挥好党员干部领导性主体的带头作用和人民群众参与性主体的协助作用。⑤

第三,从伟大建党精神传承路径剖析。中国共产党作为主体,通过唤醒、建构、融入、创造、讲述等方式构筑精神传承赓续的内在要素与环节。循此机制,要强化研究阐释、宣传普及、教育引导、行为示范和环境营造等。⑥具体来讲,深化理论研究,要以扎实史料为基础,讲清楚什么是伟大建党精神;同时,要将其置于党的百年奋斗实践以及时代需求中讲清楚为什么要发扬光大。⑦也就是说,要从理论、历史、现实维度阐释好伟大建党精神,彰显伟大建党精神的理论底蕴与思想伟力,增强弘扬的理论自

① 蒲清平、何丽玲:《伟大建党精神的内涵特征、时代价值与弘扬路径》,《重庆大学学报(社会科学版)》2022年第1期。
② 研究成果有孙道壮、赵付科:《伟大建党精神论析》,《理论探索》2021年第6期;中共中央党史和文献研究院:《伟大建党精神:中国共产党的精神之源》,《求是》2021年第14期。
③ 党评文:《弘扬伟大建党精神 推进自我革命》,《学校党建与思想教育》2022年第14期。
④ 熊治东:《伟大建党精神的生成逻辑、科学内涵与弘扬路径》,《南通大学学报(社会科学版)》2021年第6期。
⑤ 李征、刘建军:《新时代弘扬伟大建党精神的逻辑前提、内在根据与实践要求》,《中共中央党校(国家行政学院)学报》2021年第6期。
⑥ 佘双好、王惠:《伟大建党精神传承赓续的内在机制与路径探析》,《新疆师范大学学报(哲学社会科学版)》2022年第6期。
⑦ 王炳林、马雪梅:《弘扬以伟大建党精神为源头的中国共产党人精神谱系》,《中国青年社会科学》2022年第6期。

党。①在宣传普及方面,伟大建党精神将会出现在政治、学术以及日常生活等不同场域,因此在话语宣传过程中要不失政治话语的严肃性、学术话语的学理性、生活用语的通俗性。②教育引导方面,要注重运用党的红色资源,在"四史"学习教育特别是党史学习教育中用好历史教科书,厚植赓续弘扬的历史基础。③且要注意党的重大庆祝、纪念活动等时间节点的把握,依托新媒体技术以及符号体系传递伟大建党精神。④还有学者将目光聚焦学校思想政治教育,提出不仅要发挥好思政课主渠道的作用,还要深化课程思政协同育人、构建大思政课程体系,在实践育人、文化育人中融入伟大建党精神。⑤在行为示范方面,既要运用历史资源,讲好革命先驱的故事;又要利用现实资源,挖掘身边人、身边事,选树先进典型。⑥此外,还有学者提出要强化顶层设计,制定兼顾科学性与实践性的弘扬制度,并从阵地、队伍建设入手建立支撑机制。⑦总体而言,要在唤醒、阐释、复现以及赓续红色历史记忆与价值记忆过程中,厚植人们对伟大建党精神的历史认同,夯实理论认同,提升情感认同,推动行为转化。⑧

综上,现有研究从伟大建党精神的价值意蕴、生成逻辑、丰富内涵、历史地位以及传承弘扬等角度,初步建构起了这一精神标识的言说范式与话语体系,为人们理解、认同、弘扬伟大建党精神奠定了学理支撑。伟大建党精神作为政党精神的创新话语表达,旨在向社会传达隐藏在背后深

---

① 研究成果有王锐、杨栋:《论弘扬伟大建党精神的时代价值、逻辑关系和实践进路》,《长白学刊》2023年第2期;曾梦芳:《弘扬伟大建党精神的价值意蕴与路径遵循》,《湖南社会科学》2022年第4期。

② 潘男:《伟大建党精神的话语构建与现实转化》,《湘湘论坛》2021年第6期。

③ 这一视角的论文有宋友文、黄文燕:《伟大建党精神的提出背景、内涵意蕴及弘扬路径》,《北京航空航天大学学报(社会科学版)》2021年第6期;熊治东:《伟大建党精神的生成逻辑、科学内涵与弘扬路径》,《南通大学学报(社会科学版)》2021年第6期。

④ 杨婷:《论伟大建党精神传承的红色记忆机制与实践图景》,《湖南社会科学》2022年第6期。

⑤ 王永志:《"三全育人"视域下伟大建党精神的培育与弘扬》,《学校党建与思想教育》2022年第16期;梅萍、杨浩英:《伟大建党精神融入高校思想政治教育的理论逻辑、现实审视与优化路径》,《黑龙江高教研究》2024年第8期。

⑥ 齐卫平:《推进伟大建党精神理论传播的大众化》,《中共福建省委党校(福建行政学院)学报》2022年第2期。

⑦ 任丹丹:《伟大建党精神的科学内涵、演进脉络和实践路径》,《理论导刊》2023年第2期。

⑧ 杨婷:《论伟大建党精神传承的红色记忆机制与实践图景》,《湖南社会科学》2022年第6期。

处的思想观念和行为逻辑,从而成为党内外的精神引领和行为主导力量。而要想增进话语力量与影响效度,就需要对其进行具象化转译,完整呈现其意义建构和内涵所指。否则,这种话语表达就是空洞无力的。那么,如何进行具象化转译呢?就是要回到中国共产党的创建史,将伟大建党精神与中国共产党的先驱们、与鲜活的建党实践紧密结合,在"历史现场"审视伟大建党精神的萌发及其丰富内涵的淬炼生成。而这些恰恰是现有研究尚未深入触及的领域。具体来讲,一是对建党时期中国共产党人关注不足、阐释不够,而这一群体恰恰是中国共产党的创建主体、伟大建党精神的孕育者与锻造者。伟大建党精神说到底是人的精神,是中国共产党人的历史考量与思想观念、文化底蕴与情感归属、政治站位与人格风范等在建党这一实践活动中能动的反映。忽视中国共产党人这一活动主体,对伟大建党精神的阐释就失去了主体灵魂。当然,已有部分研究者开始关注于此,但主要集中于李大钊、陈独秀等主要建党人物,群体镜像呈现较为薄弱。二是对伟大建党精神与建党实践之间具体的、历史的关联挖掘不深。伟大建党精神归附于建党实践活动并从中铺叙展开,建党实践为伟大建党精神的高阶指向进行标定。忽视两者之间的关联,缺少必要的史料论证,就会让当前对伟大建党精神的概括性总结失去话语基础,有碍于精神的广泛传播与有效理解。

基于此,本书拟通过中国共产党人的建党实践,呈现伟大建党精神的形成逻辑及丰富内涵的形成,从而增进这一精神标识的历史厚重感和强大力量感,做到言之有物。进一步讲,本书在探讨伟大建党精神形成逻辑时,注重呈现中国共产党人的历史回应。如面对在中国恣意妄为、攫取特权的西方列强,卖国无能、沦为工具的清政府,中国共产党的先驱们的态度与情感为何?面对各阶级力量的救国探索,他们的认识与评价如何?中华优秀传统文化因子在他们身上是否有体现?体现在何处?只有厘清这些问题,才能理解为何中国共产党人重新选择救国道路、重新塑造价值信仰。探讨伟大建党精神丰富内涵的孕育积淀,以史料为支撑,在中国共产党人的思想文稿以及承载他们思想和行动的报刊资料、党的重要文献等史料中,呈现中国共产党人的实践活动是如何淬炼与熔铸伟大建党精神的。例如,在他们如何找寻、如何传播以及如何捍卫真理的历史实践中探寻其承载、孕育的坚持真理、坚守理想的伟大建党精神。也就是说,要构建中国共产党人开展建党实践活动与伟大建党精神丰富内涵之间的逻辑关联。

(三)关于中国共产党的先驱们的研究

中国共产党的先驱们作为党的创建者、伟大建党精神的孕育主体,其生平、思想以及在建党时期的主要活动,是伟大建党精神丰富内涵的重要来源。因此,有必要对这一群体的学术研究状况予以梳理。

第一,探讨这一群体的对象与范围。前文在作概念界定时,已明确提出中国共产党的先驱们是在中国共产党创建时期实际从事建党活动的一批先进分子。之所以这样界定,既是出于对历史的尊重,亦是理论界研究推动的结果。长期以来,对这一群体的研究主要集中在对中国共产党的创建以及对后来中国革命实践产生重要影响、发挥重要作用的少数人物身上,如"南陈北李"以及毛泽东、周恩来、董必武、蔡和森等人,而且对这一群体的研究呈现一种倾向,即以他们的政治归宿对其在中共创建史上的作用进行衡量与评判。[1]对此,有学者提出,中国共产党的创建不是少数人思想与实践的结果,而是"群英结党救中华"[2]。这就是说,在中国共产党的创建者中,中共一大代表、党的早期组织成员自然在列,他们背后还有着广泛的社会基础,是以相当数量的爱国志士和具有初步共产主义思想的知识分子群体为支撑。[3]

改革开放以来,对这一群体的研究范围不断拓展。1979年,由胡华主编的大型丛书《中共党史人物传》开始陆续出版,这是一部关于中共党史人物的大型列传。[4]其中在1—50卷的索引中"传记内容专题分类索

① 张会芳:《新世纪以来中共创建史研究综述(续)》,《中共党史研究》2021年第4期。
② 李良明:《略论中国共产党创建史的若干问题》,《江汉论坛》2006年第7期。
③ 持这一观点的论文有郭国祥、彭岩松:《中国共产党创始人问题研究的回顾与思考》,《云梦学刊》2019年第5期;杨凯:《中共创建史研究中的"小人物"——论建党前后的谢觉哉》,《上海党史与党建》2016年第1期;杨凯:《一名普通中共早期党员的革命经历——论建党前后的朱舜华》,《北京党史》2018年第1期。
④ 这套丛书由胡华主编,开始于1979年,1—50卷于1991年建党70周年之前出齐。

引"部分,按照中国共产党创建时期主要建党活动对建党群体进行了分类。①1997年,由郑惠、张静如主编的"中共一大代表丛书"首次为13位国内代表撰写专题性传记。与此同时,毛泽东、周恩来、李大钊等人物传记,周恩来、李大钊、杨匏安、张闻天、谭平山、瞿秋白等人物文集,以及毛泽东、周恩来、刘少奇、邓小平、朱德、任弼时、董必武、陈毅、聂荣臻、李大钊等人物年谱问世。通过这些传记、文集和年谱,我们可以知晓老一辈革命家的生平思想以及业绩风范。

进入21世纪,中国中共党史人物研究会又对《中共党史人物传》一百卷本进行了精选精编,分为领袖卷、先驱卷、民运卷、英烈卷等共16册。2013年,嘉兴学者对中国共产党早期组织成员人数进行了梳理和考证,提出党的8个早期组织共有成员58名,且全景展现了早期组织建设情况及成员情况。②这些研究极大地丰富了建党群体人物谱系。同时,赵世炎、陈独秀等人的选集、文集以及《中共一大代表早期文稿选编》得以出版;恽代英、蔡和森、瞿秋白等人物年谱也编辑出版。特别是自2011年起,人民出版社启动了"中国共产党先驱领袖文库"编辑出版工程,对陈独秀、李大钊、陈潭秋、王尽美、邓恩铭、蔡和森、恽代英、邓中夏、高君宇、瞿秋白、张太雷、赵世炎、罗亦农、向警予、苏兆征、彭湃、林育南、方志敏、刘志丹、王若飞等20位在新中国成立前就义或逝世的早期革命运动领袖的著作集中整理并系统出版。这是新中国成立以来的第一次,对于推动、拓展建党时期中国共产党人群体的研究意义重大。此外,以纪念活动为契机,学术界围绕李大钊、陈独秀、李达、杨匏安、袁振英等人召开研讨会,其中既有"大人物",也有"小人物",促进了对这一群体的研究进一步拓展与深化。

第二,关于建党时期中国共产党人群体特征的研究。首先,中共一大代表的群体特征是学者关注的重点。有学者认为,他们都有着参加五四运动的政治斗争经历,是初步具有马克思主义理论的知识分子且大多处

---

① 《索引》编辑组编:《〈中共党史人物传〉1—50卷索引》,陕西人民出版社1992年版。
② 中共嘉兴市委宣传部等:《中国共产党早期组织及其成员研究》,中共党史出版社2013年版。

于社会边缘地位,都来自深受"欧风美雨"浸润且社会矛盾激烈的大城市。①还有学者勾勒了中共一大代表群体的思想转变轨迹,认为他们在接受马克思主义之前,深受各种非马克思主义思潮的影响,思想结构复杂。在爱国主义的情感驱动和躬亲实践中、在俄国十月革命的引领示范和马克思主义自身的真理魅力影响下,中共一大代表群体完成了思想转变。②这一群体的思想转变轨迹,是当时中国的先进分子上下求索救国真理的一个缩影。其次,研究中国共产党早期组织成员的群体特征。有学者认为,早期组织成员有着相似的出身、相同的社会地理环境熏染、普遍理论水平不高、注重在实际中改造锻炼以及受到陈独秀的指导帮助。③有学者运用知识谱系学从地域特征、人际网络等方面进行分类剖析;运用实证分析追及党的早期组织成员与北京的渊源;以武汉为样本,指出各地党的早期组织成员开展的马克思主义理论学习和理论教育活动直接推动了中国共产党的创建。④这些观点角度不同,但都指向党的早期组织成员具有同一性特征。再次,关注中共早期留学生群体⑤特征。有学者认为,中共第一代留日学生群体在教育背景、政治取向等方面存在相似性与趋同性。⑥中共留法勤工俭学群体在赴法前后呈现出从美好憧憬到迷惘彷徨,再到梦想破灭后淬炼重生这一复杂的心灵轨迹。⑦还有学者偏重地域性研究,探讨浙

---

① 蔡双全、杨秀林:《中共"一大"代表特点初探》,《湖北大学学报(哲学社会科学版)》2001年第4期。

② 这类论文有李亮:《中共"一大"代表群体思想结构研究》,《求索》2014年第3期;雷中华:《中共"一大"代表对马克思主义的探索(1917—1922)》,华东师范大学硕士论文,2018年。

③ 张静如、王峰:《中国共产党早期组织群体特征考察》,《史学月刊》2011年第7期。

④ 这类成果有伍小涛:《中共"一大"前党员的知识谱系学考察》,《中国井冈山干部学院学报》2015年第2期;王钦双:《中国共产党早期组织的北京渊源——基于中共早期组织成员与北京关系之实证分析》,《北京党史》2021年第2期;宋俭、刘力维:《中国共产党早期组织的理论学习和理论教育活动——以武汉早期党组织成员为中心的考察》,《华中农业大学学报(社会科学版)》2021年第4期。

⑤ 中共早期留学生群体指的是在留日、赴法、留苏等过程中产生的中国共产党人。

⑥ 张戈:《中共第一代留日学生群体探析》,《北京党史》2011年第1期。

⑦ 贾凯、殷娅娴:《从留法勤工俭学学生到中共留法勤工俭学群体的心灵轨迹——基于日记、书信和回忆录的考察》,《上海党史与党建》2023年第1期。

江籍①、湖南籍②共产主义知识分子群体的形成及其在传播马克思主义、开展工人运动以及党的创建过程中的作用与贡献。

第三,探源中国共产党人的初心使命。有学者聚焦李大钊、毛泽东、高君宇、蔡和森等人的生平及主要建党实践,对中国共产党人的初心来源及社会表达进行钩沉和解读。③进一步地,还有学者认为,中国优秀传统思想、近代西方优秀思想以及马克思主义是中国共产党人初心思想生成的来源谱系。④其中,马克思主义为中国共产党"初心"的实现提供思想武器;而中国共产党的使命与"社会主义"理想相契合。⑤中国共产党的先驱们为争取民族独立和人民解放、国家富强和人民幸福,为实现民族复兴而进行的诸多理论探索、提出的系列主张,成为中国共产党人初心使命的生动注脚。⑥

此外,还有学者对建党时期中国共产党人的文化观、民生观,⑦如何

① 这类成果有晏东:《浙江籍早期共产主义知识分子群体的形成研究》,湖北人民出版社2015年版;曾林平:《浙江籍先进分子对中国共产党创立的特殊贡献》,《中共党史研究》2000年第6期;金延锋:《浙江籍先进分子在马克思主义早期传播中的贡献》,《嘉兴学院学报》2018年第4期;张志松:《论浙籍先进分子在中国共产党创建过程中的历史贡献》,《嘉兴学院学报》2021年第2期;李云波:《浙籍先进分子群体与中共早期工人运动研究》,《嘉兴学院学报》2022年第2期。

② 这类成果有张霖、刘欢:《湘籍先进知识分子与早期马克思主义中国化》,《湖南省社会主义学院学报》2014年第2期;龙新民:《湘籍建党先驱的历史贡献光耀千秋》,《湘潮》2021年第12期;夏远生:《回望建党初期的湖南先驱》,《新湘评论》2021年第6期;周青青:《湘籍先进知识分子在马克思主义早期传播中的贡献(1917—1922)》,西南政法大学硕士论文,2019年。

③ 王相坤、黄亚楠:《中共创立时期共产党人的初心解读——李大钊篇》,《党史文苑》2018年第2期。关于毛泽东、何叔衡、董必武、陈潭秋、王尽美、邓恩铭、蔡和森等人的初心解读先后发表于《党史文苑》,此处不再一一赘述。

④ 鲁凤龙:《论中国共产党初心思想形成中的思想谱系结构——以早期共产党人初心思想形成为对象》,《楚雄师范学院学报》2021年第4期。

⑤ 李萍、张冠:《早期中国共产党人接受马克思主义的历史契合点及其当代启示——20世纪初"社会主义论战"的再审视》,《北京师范大学学报》(社会科学版)》2022年第2期。

⑥ 代表性论文有张登德:《早期中国共产党人的初心使命与中华民族伟大复兴(1921—1927)》,《山东社会科学》2019年第11期;俞祖华、王疆辉:《早期中国共产党人的民族复兴话语析论》,《河北学刊》2022年第6期。

⑦ 这类成果有周向军、张丽:《早期中国共产党人的文化观及其新时代启示》,《山东大学学报(哲学社会科学版)》2021年第5期;李娅茹:《中国共产党早期组织成员的民生观及其实践活动》,《中共合肥市委党校学报》2021年第3期。

认识知识分子、农民阶级等问题进行了探讨,①这些研究都为我们全面认识中国共产党人提供了重要理论参考。

综上,学术界对建党时期中国共产党人的范围界定不断扩大,言说对象亦随之不断扩展与延伸。这为本书的研究开阔了思路并提供了丰厚的史料支撑,为伟大建党精神的孕育生成与凝练提出提供了丰富的话语资源。当然,现有研究成果呈现出一种趋向和特点,即对建党时期中国共产党人的历史贡献研究多、精神世界探讨少。也就是说,多探讨中国共产党的先驱们在建党实践中的历史作用,如他们与马克思主义的传播、与工农运动的发动等方面内容。不可否认,这些研究是十分必要且重要的,因为正是这些党的先驱们在建党实践中的突出贡献推动了政党的创建、革命的发展。但中国共产党的先驱们何以能够在各种思潮的碰撞中选择马克思主义、坚定共产主义理想信念,在社会复杂环境中上下求索、奋勇拼搏,这就涉及到中国共产党人的精神状态问题。而现有研究对此关注不多、论及不深。对此,本书尝试在中国共产党人的思想认知与行为选择中探源伟大建党精神的丰富内涵。

(四)国外相关研究

伟大建党精神提出时间不长,国内尚处于研究起步阶段,国外鲜有对此的专题研究。但对中国共产党创建史以及建党时期中国共产党人的研究一直是海外学者关注的热点,这与本书的研究存在一定相关性。在中共创建史研究中,日本学者石川祯浩的《中国共产党成立史》②影响较大,这是国外较早一部对中国共产党的创建进行全面透视的专著。其中,对中国共产党创建时期马列主义的传播渠道进行了探讨,在一定程度上丰富了对中国共产党人接受马克思主义途径的认识。同时,费正清编的《剑桥中华民国史(1912—1949)》③也谈及五四运动及之后马克思列宁主义

---

① 周思源:《世界革命与中国特殊国情下的知识分子——早期中国共产党人的思考》,《社会科学战线》2005年第3期。

② [日]石川祯浩:《中国共产党成立史》,袁广泉译,中国社会科学出版社2006年版。

③ [美]费正清编:《剑桥中华民国史(1912—1949)》上,杨品泉等译,中国社会科学出版社1994年版。

的传入以及先进分子改信马克思主义的转变过程。在建党时期中国共产党人研究中，主要集中于李大钊、陈独秀以及后来成为党和国家领导人的毛泽东、周恩来等人。其中，对毛泽东的研究已经成为具有长久意义的学术场域。斯诺的《毛泽东口述传》①、施拉姆的《毛泽东的思想》②、史华慈的《中国的共产主义与毛泽东的崛起》③、特里尔的《毛泽东传》④、威尔逊的《毛泽东》⑤等都是影响较大的著作成果，成为整体毛泽东研究的重要组成部分。此外，威尔逊的《周恩来传》⑥、迈斯纳的《李大钊与中国马克思主义的起源》⑦等也对其他中共早期领袖进行了研究。

　　尽管国外研究与我们的学术观点、学术立场以及分析方式等不尽一致，但这些成果为我们提供了认识中国共产党人思想、情感、行为、精神等方面内容的他者视角。例如，特里尔论及毛泽东"为何求知"时指出，他有着更新中国的责任感，有"一种坚持不懈的精神"。在"北京和上海的广阔世界"中，他开始信仰一种世界革命的学说，实现信仰转变。⑧史华慈阐述了五四时期马克思—列宁主义在中国的兴起，回顾了陈独秀、李大钊转向马克思主义阵营的过程及其对毛泽东、瞿秋白等人的影响。⑨又如，日本学者较多关注李大钊在日期间的思想变化，以及李大钊的马克思主义观与日本社会主义思潮之间的渊源。他们多认为李大钊深受河上肇、幸

---

①[美]埃德加·斯诺录：《毛泽东口述传》，翟象俊译，复旦大学出版社2003年版。

②[美]斯图尔特·R·施拉姆：《毛泽东的思想》，田松年、杨德等译，中国人民大学出版社2013年版。

③[美]本杰明·I·史华慈：《中国的共产主义与毛泽东的崛起》，陈玮译，中国人民大学出版社2006年版。

④[美]罗斯·特里尔：《毛泽东传》，何宇光、刘加英译，中国人民大学出版社2010年版。

⑤[英]迪克·威尔逊：《毛泽东传》，中共中央文献研究室《国外研究毛泽东思想资料选辑》编辑组编译，中央文献出版社2008年版。

⑥[英]迪克·威尔逊：《周恩来传》，封长虹译，国际文化出版公司2011年版。

⑦[美]莫里斯·迈斯纳：《李大钊与中国马克思主义的起源》，中共北京市委党史研究室编译组译，中共党史资料出版社1989年版。

⑧参见[美]罗斯·特里尔：《毛泽东传》，何宇光、刘加英译，中国人民大学2010年版，第36、40、42—70页。

⑨参见[美]本杰明·I·史华慈：《中国的共产主义与毛泽东的崛起》，陈玮译，中国人民大学出版社2006年版，第1—21页。

德秋水、安部矶雄等人的影响。①这些观点有助于我们认识伟大建党精神丰富内涵形成的厚重性以及凝练的合理性。

四、研究方法与创新

(一)研究方法

一是文本分析的研究方法。本书研究的主要内容是伟大建党精神丰富内涵的孕育与生成,是对中国共产党创建这一特定历史时期、中国共产党人这一特定人物群体的历史考察。基于建党时期中国共产党人的相关史料,本书拟通过归纳、演绎、类推、比较等方式对相关史料进行考订并加以分析运用,进而审视中国共产党的先驱们在伟大建党实践中是如何孕育生成了伟大建党精神。

二是学科交叉的研究方法。本书的研究对象——伟大建党精神是一种政党精神,是中国共产党本质属性精神层面的表达;是中国共产党的先驱们群体和个体心理特征、思想情感、精神境界、信仰追求、意志品格、行为方式等方面的综合反映。因此,本书在研究过程中将借鉴运用政治学、心理学等学科理论,以期从不同学科的视角更加全面、更加清晰地呈现中国共产党的先驱们孕育伟大建党精神的历史过程。

(二)创新之处

一是研究视角的创新。对伟大建党精神的研究,不能回避的一个问题就是政党精神的发生学,即对政党精神源于何处、如何生成的探讨,这是一个重大的课题。伟大建党精神是对中国共产党的先驱们建党实践的能动反映与生动概括,它不是抽象的,而是具体体现在中国共产党人的思想行为与实践品格之中,具体体现在一次次重要会议凝练的理论文献中,

---

① 持这些观点的成果有[日]后藤延子:《李大钊思想研究》,王青等编译,中国社会出版社1999年版;[日]森正夫:《李大钊在早稻田大学》,韩一德、刘多田译,《齐鲁学刊》1987第1期;[日]石川祯浩:《李大钊早期思想中的日本因素——以茅原华山为例》,《社会科学研究》2007年第3期;[日]川尻文彦、何志勇、王好好:《李大钊〈青春〉考》,《日本研究》2021年第3期。

具体体现在整个中国共产党创建的实践过程之中。因此,必须将其置于产生它的社会历史环境中进行具体的分析、历史的审视。基于前述,当前对伟大建党精神的研究存在对建党时期中国共产党人关注不足、阐释不够以及对伟大精神与伟大实践之间历史关联性挖掘不深的问题,这在一定程度上会削弱人们对伟大建党精神话语来源正当性与合法性的认同。为此,本书尝试立足史实,通过呈现、剖析中国共产党人的成长背景、生活环境、文稿论著、革命经历等,从思想、情感、实践等多个维度阐释他们在建党实践中是如何淬炼孕育伟大建党精神的。以有人物、有事件的叙事体系,还原可知、可感的伟大建党精神,增强这一精神标识的话语力量与话语影响。

二是研究方法的创新。伟大建党精神的孕育者、锻造者是鲜活的实践个体抑或实践群体,他们在建党实践过程中必然会受到个体价值观念、情感心理等非理性层面因素的影响。因此,除了文本分析这一史学研究的基本方法外,本书注重学科交叉,尝试把情感因素纳入到对伟大建党精神孕育生成的历史研究之中,通过对建党时期中国共产党人日记、回忆录、书信、自传等这些能够反映个人或群体心理活动以及情绪波动的资料的呈现与剖析,关注文本的情感意义表达,在人、事、情、理中把握伟大建党精神的话语建构逻辑与意义建构过程。

第一章　伟大建党精神的形成前奏

精神是指人的意识、思维活动和一般的心理状态。任何一种精神都不是凭空产生的,而是由某一人或是某一群体在特定的历史条件与背景下、在从事一定活动中锻造与熔铸的。精神的淬炼生成由历史激荡、有理论培植、靠实践孕育、需文化滋养。伟大建党精神是对中国共产党创建时期中国共产党人精神风貌的凝练与概括。那么,其孕育的历史土壤是否仅局限于中国共产党创建这一历史时段内? 其淬炼的实践根基是否仅指向中国共产党的诞生这一特定的历史事件? 精神潜于内心,外显为人们从事实践活动时的精神风貌,而理论是对客观世界予以评判和改造的依据,两者之间又存在何种关系? 中国共产党是代表无产阶级利益的先锋组织,是不同于中国以往任何一种阶级或阶层的新的政治力量。那么,是否意味着伟大建党精神所涵养的内容是对原有文化体系的反叛与剥离呢? 因此,深入理解伟大建党精神的深刻内涵与价值意蕴,需要对其产生的时空背景及生成逻辑进行仔细考量。

第一节　伟大建党精神萌发的历史背景

探讨伟大建党精神的生成逻辑,需要将其置于特定的历史方位中去追溯。追溯至何处? 习近平总书记强调,"树立大历史观,从历史长河、时代大潮、全球风云中分析演变机理、探究历史规律"[1]。中国共产党的诞生是中国近代以来"大历史"的逻辑结果,是近代以来中国社会历史发展

---

[1] 习近平:《在党史学习教育动员大会上的讲话》,人民出版社2021年版,第14页。

43

的必然产物,是近代以来中国人民为实现中华民族伟大复兴上下求索、不懈奋斗的必然产物。伟大建党精神与建党实践相伴而生,因此,要从近代以来的中国历史中去探寻其孕育生成的历史逻辑。

一、屈辱与苦难:近代中国既倒之狂澜待挽

1840年后的中国,"国家蒙辱、人民蒙难、文明蒙尘"①,帝国主义列强加紧侵略、瓜分中国,恣意妄为,清政府孱弱无能、民族危机日益深重,中华民族遭受了前所未有的劫难。

国家沉沦、山河破碎是近代中国的真实镜像。随着资本—帝国主义的殖民扩张,中国成为西方列强争夺殖民地的焦点。进入近代后,世界上几乎所有帝国主义国家都侵略过中国,其中首先和主要的手段就是军事侵略。"中国人民从1840年至1905年的66年中,有1/5时间是在挨打中度过的"②。西方列强的侵略使中华民族遭受前所未有的劫难。据统计,从鸦片战争至第一次世界大战结束,中国被迫订立的不平等条约在270个左右。③这些不平等条约成为西方列强攫取在华权益的法律依据。一方面,侵占中国领土,破坏中国的领土和主权完整。英国连割带租占有香港地区1066平方公里的土地,沙皇俄国割去中国151万平方公里的领土,日本占有台湾及所有附属各岛屿(包括澎湖列岛),总面积达36,000平方公里。④此外,资本—帝国主义国家争相在中国划分势力范围、设立租界。另一方面,攫取巨额赔款,导致中国生产力遭到严重破坏。因战争、教案及其他纠纷,中国近代向帝国主义列强的赔款总数达126,000余万两白银。⑤这些赔款加速了中国的经济衰退,且借贷偿还的恶性循环,导致中国财政逐步落入西方列强之手。同时,西方列强还加紧对中国的政治控制与文化殖民,清政府成了"洋人的朝廷",封建的中国逐步变成半殖民地

① 习近平:《在庆祝中国共产党成立100周年大会上的讲话》,人民出版社2021年版,第2页。
② 邵维正、刘晓宝:《红船映初心》,人民出版社2018年版,第6页。
③ 参见冯玉军:《近代以来不平等条约的修废钩沉(上)》,《世界知识》2021年第15期。
④ 参见魏洛:《近代中国割地赔款情况简述》,《教学与研究》1990年第5期。
⑤ 参见魏洛:《近代中国割地赔款情况简述》,《教学与研究》1990年第5期。

半封建中国,中华民族成为"待宰的肥羊"。

及至辛亥革命推翻了"洋人的朝廷",建立了中华民国。人民翘首以盼,希望中国能够成为一个独立的、统一的、民主的、进步的、幸福的国家,不再受帝国主义欺侮、不再受封建专制的摧残。但事实是,帝国主义依然在中国扩张势力范围,国家未能实现统一与独立。瞿秋白在《饿乡纪程》中描述了当时中国主权沦丧的境况:"从天津到哈尔滨,走过三国的铁路,似乎经过了三国的边界:奉天的中日相混,长春哈尔滨又是中俄日三国的复版彩画。哈尔滨简直一大半是俄国化的生活了。"①另一事实是,革命果实落入袁世凯之手,建立北洋军阀反动政权,这是对辛亥革命全面的反攻倒算。袁世凯去世后,北洋军阀分裂,派系林立、矛盾重重,且在各地还存在诸多小军阀。这些军阀在帝国主义的支撑下,拥兵自重、争权夺利、割据称雄,"以致历年祸乱相寻,民不聊生"②,人们所希冀的民主、进步、幸福的国家未能建立。北洋军阀控制下的北京中央政府,从1912年袁世凯建立北洋军阀政府到1928年奉系军阀统治结束,十几年的时间,更换了13任总统。国将不国、战乱频仍、政局动荡,中华民族陷入内忧外患的黑暗境地,到了生死存亡的危急关头。

覆巢之下,焉有完卵。民不聊生、水深火热是中国人民的生活写照。清王朝"量中华之物力,结与国之欢心",对内剥削益甚,苛捐杂税层出不穷;帝国主义不断扩大在华利益,处于半殖民地半封建社会的中国人民生活困苦不堪。中国共产党的先驱们不仅亲眼目睹民不聊生之境况,更对这种水深火热的生活有着深刻的体认。例如,王尽美出身贫苦佃农家庭,与祖母与母亲靠租种地主山岭薄田维持生计,因家境贫寒两次到地主家作陪读,两次失学从事农业劳动,直至17岁才勉强读完小学。杨明斋幼年时家中尚有些许田产,但天灾人祸不断,特别是甲午战后封建势力、帝国主义的盘剥加剧,民多饥饿、十室九空。杨明斋走投无路之下出走海参崴,踏上"闯关东"之路。肖楚女出生于破产的木商家庭,12岁即到木行

---

① 瞿秋白:《饿乡纪程》,太白文艺出版社1995年版,第32页。
② 尚明轩主编:《孙中山全集》第八卷,人民出版社2015年版,第456页。

当学徒,白天要承担一个成年人的劳役,晚上还要到木行老板家从事仆人工作,过着非人的生活。自13岁起,肖楚女背井离乡,辗转鄂苏皖浙开始流浪生活。其间,他做过长江轮船杂工、镇江小贩、芜湖酱园学徒,还在街头卖报,当过排字工人,饱尝生活艰辛和资本家的剥削压迫。封建专制统治之下,人民过着悲惨而又艰难的生活。

及至北洋军阀统治时期,人民处境依旧没有改变。1915年,董必武奉孙中山之命回国开展反对袁世凯独裁、卖国、复辟的革命活动。这位曾经怀着热切的希冀投身革命的老同盟会员,此时内心充满失望与悲愤:"入民国以来,更觉有一惊心动魄之象,触于眼帘,即市井萧条,民气沮丧,沉郁惨淡,人以幸生苟免为心,而岌岌若不可终朝者是也。"①以湖南为例,1918年,张敬尧被北洋政府任命为湖南督军兼署省长后,大肆搜刮、横征暴敛,以致民怨沸腾。1920年湖南自治运动中,湖南学生痛陈《张敬尧之罪状》:"摧残教育",控制舆论;"亲日"卖国,"尽归私囊";"借公肥私","拍卖公产";"私卖矿山",出卖主权;"鱼肉湘民","勒种鸦片";"包办选举","营私树党";军队横行,"纵兵殃民";"勒买奖券","剥取之术,无微不至"。②这些陈述,揭露了张敬尧的反动统治以及湖南人民水深火热的生活境况。毛泽东还曾对当时湖南文化界受到张敬尧禁锢与摧残的状况进行了形象的比喻:"湖南人现在脑子饥荒实在过于肚子饥荒。青年人尤其嗷嗷待哺。"③此外,军阀统治下的农民所受剥削与压迫更深。四川省重庆共产主义组织给共产国际的报告中写道:"在和平时期,四川的农民必须向其统治者交纳重税,而在战争时期,则被迫拿起武器去打仗"④。彭湃亦曾谈及农民所受剥削压迫情况:"从前农民与地主发生争议,地主不过是禀官究办,现在新兴地主阶级用直接行动毫不客气的殴打,逮捕,

① 蔡寄鸥:《四十年来闻见录》,转引自胡传章、哈经雄:《董必武传记》,湖北长江出版集团、湖北人民出版社2006年版,第28—29页。
② 中国革命博物馆、湖南省博物馆编:《新民学会资料》,人民出版社1980年版,第197—206页。
③ 中国革命博物馆、湖南省博物馆编:《新民学会资料》,人民出版社1980年版,第251页。
④ 中央档案馆编:《中国共产党第一次代表大会档案资料(增订本)》,人民出版社1984年版,第27页。

或监禁这些农民了,也可以直接迫勒抵租和强派军饷了。"①经济上困顿窘迫,政治上毫无民主,文化上饱受禁锢,这是北洋军阀统治时期中国人民真实的生存境况。

伟大建党精神是中国共产党的先驱们在20世纪20年代前后,在探索救国救民道路的过程中创造的精神财富,但其孕育与生成不能与近代以来的中国历史相脱离。这一时期历史的真实状况即是国家积贫积弱、日渐沉沦,人民苦难深重、艰难度日。面对中国被"瓜分豆剖,蚕食鲸吞,岌岌乎不可终日"②,中国共产党的先驱们发出"莽莽神州,已倒之狂澜待挽"③的时代呐喊,希望中国睡狮能一吼而起。换句话说,正是在这一时空背景下,正是出于对国家兴盛衰亡、民族前途命运、人民利益福祉的深刻关切与忧虑,中国共产党的先驱们肩负历史重托,开始探索国家出路。

二、探索与抗争:各方力量中流之砥柱伊谁?

挽救民族危亡、探寻国家出路,实现中华民族的伟大复兴,成为近代以来中华民族不懈奋斗的主题。为此,农民阶级、地主阶级、资产阶级等不同社会力量轮番上台,立言发声、奔走国是,探索救国出路。

鸦片战争后近80年的时间里,中国各种社会力量先后从各自政治立场出发,提出诸多政治主张和救国方案,探索国家出路。其中,农民阶级最先作出反应。在全国各地百次以上的反清起义中,太平天国运动最为轰轰烈烈,历时14载、转战18省,强烈撼动了清王朝的统治根基。然而,农民阶级终究不是新的生产力与生产关系的代表,封建主义生产方式、封建主义意识形态深深印刻于农民阶级身上,他们无法摆脱与克服时代和阶级的局限。以宗教来动员和组织群众,所显现的短期聚合力并非来源于认同与臣服,当世人皆兄弟、共享富贵的允诺未予兑现,天国梦碎之后,

---

①《彭湃文集》,人民出版社2013年版,第114页。

② 中共中央文献研究室、南开大学编:《周恩来早期文集(1912.10—1924.6)》上卷,中央文献出版社、南开大学出版社1998年版,第72页。

③ 中共中央文献研究室、南开大学编:《周恩来早期文集(1912.10—1924.6)》上卷,中央文献出版社、南开大学出版社1998年版,第72页。

这些"虔诚"的教徒即作鸟兽散;所提出的政治纲领和社会改造方案无法超出小生产者的狭隘界限,其结果只能是改朝换代,别无其他。农民阶级虽具有伟大的革命潜力,但单纯的农民战争只能是速兴速亡,无法完成争取民族独立、人民解放的历史任务。

太平天国的席卷之势、捻军的风起云涌,使得清王朝的统治危机逐渐加深。加之对两次鸦片战争后严重外侮的忧虑,19世纪60年代至90年代,封建地主统治阶级内部的洋务派开展了自救运动,试图以技术理性、从器物层面挽救已处于风雨飘摇的清王朝。然而,在"中体西用"的指导思想下,新的生产力与封建主义生产关系及其上层建筑具有不可相容的矛盾性,地主阶级的自救运动不可能为中国找到摆脱贫弱的出路。

甲午战争的惨败,让人们看到器物救国之路走到了尽头,关键是要解决"制不如人"的问题。以康有为、梁启超为代表的先进分子将对国家出路的探寻推进到一个新的维度,即要学习西方的政治制度。于是,一场效法日本,以建立君主立宪制为目标的资产阶级改良运动——戊戌变法在中国发生了。变法的103天,各种诏令几乎每天颁布,甚至一日数令,似乎让人们看到中国正朝着资本主义的方向发展。然而,在慈禧太后的态度发生根本转变后,戊戌变法以光绪帝被囚禁于中南海瀛台、戊戌六君子喋血菜市口而宣告失败。维新派的软弱性与妥协性,让其不敢彻底反帝反封建,因而难以圆维新之梦。

改良的尝试失败,革命呼声开始高涨,19世纪末20世纪初,渐进改良让位于革命实践。正如孙中山在《建国方略》中所说,与1895年广州起义失败后人们诅咒谩骂的态度不同,1900年惠州起义失败后,时人多深感惋惜,"有志之士,多起救国之思,而革命风潮自此萌芽矣"[①]。以孙中山为代表的革命党人,广泛传播革命思想、接连发动武装起义,终在1911年发动的辛亥革命中推翻了清王朝的统治,在中国建立起第一个资产阶级共和国。但革命果实落入北洋军阀袁世凯之手,他建立起封建军阀统治,帝制自为、武人专政,种种恶象轮番上演,最终换来的是北洋军阀统治下

---

① 《孙中山选集》上,人民出版社2011年版,第208页。

的假共和,资产阶级革命派的抗争宣告失败,资产阶级共和国的方案在中国走不通。这是因为,资产阶级革命派虽有主义指导,但其指导思想三民主义具有局限性,未提出彻底的民主革命纲领。虽有政党领导,但同盟会只是在兴中会、华兴会、光复会等反清各派团体基础上组成的松散联盟。对此,孙中山曾言,辛亥革命的失败,"非袁氏兵力之强,实同党人心之涣"①。虽有一定的阶级基础,但其并没有真正组织和动员广大民众,革命根基单薄。这些弱点和错误,是中国民族资产阶级软弱性、妥协性的体现。

种种救国方案纷纷破产,在于没有形成科学理论以指引方向,没有彰显人民至上以汇聚力量,没有建立先进组织以引领航向。对此,中国共产党的先驱们有着较为清醒的认知。他们回顾反思这些救国尝试,特别是对辛亥革命的失败原因进行了较为深入的分析。例如,他们已经开始运用马克思主义的阶级分析理论与方法,剖析资产阶级革命派本身的弱点和错误。1921年,张太雷在出席共产国际第三次代表大会时指出,政权之所以未能保住,是因为中国资产阶级的力量以及组织能力还不够强大。②中共二大召开前发表的第一个对时局的主张也认为,革命失败是因为民主派屡次与封建的旧势力妥协。③蔡和森概括资产阶级革命派为"羽毛未丰",而革命阶级之所以如此是因为他们经济上强有力的地位尚未形成,所以只能依靠少数有觉悟的革命党以及外埠华侨势力的努力勉强完成革命。"羽毛未丰"就只能与封建的旧支配阶级势力调和妥协。④革命的领导力量尚且如此,又能依靠谁呢?陈独秀、毛泽东、恽代英等人已经认识到,辛亥革命并非是大众的联合斗争,它没有充分发动和依靠群众。1919年3月,朝鲜民众发起了反对日本殖民统治的独立万岁运动。陈独秀对运动中民众力量的发动给予肯定,认为这是有了"用民意不用武力"的正确观念。而反观中国,民国建立已经八年,国民与政治仍"隔离得

---

① 《孙中山选集》上,人民出版社2011年版,第114页。
② 参见《张太雷文集》,人民出版社2013年版,第6页。
③ 参见中共中央党史和文献研究院、中央档案馆编:《中国共产党重要文献汇编(1922)》第二卷,人民出版社2022年版,第151页。
④ 参见《蔡和森文集》上,人民出版社2013年版,第109—110页。

千百丈远",维护共和的护法运动也与国民"分做两截",老百姓噤口不言、政界名流公然取消自己的国民资格。①虽然此时陈独秀认为养兵是不必要的观点有失偏颇,但其强调辛亥革命与人民群众疏离,表明他已经意识到革命进程中民众动员的重要性。而辛亥革命宣传民治主义的工作没有做,就匆匆挂上了共和的招牌。②毛泽东也认为,"辛亥革命,似乎是一种民众的联合",但其实是"留学生的发踪指示,哥老会的摇旗唤呐,新军和巡防营一些丘八的张弩拔剑所造成的"③,与民众毫无关系。恽代英将这种民众动员的不充分称为"早熟的毛病",革命虽然打破了对皇帝的偶像崇拜,但人民并不清楚何为民治以及如何过民治的生活。④再有,对于指导革命的三民主义,陈独秀反问道:"同盟会底三民主义,后来变成了一民主义,好像三脚儿去了两只脚,焉有不倒的道理?"⑤这就是说,资产阶级革命派没有科学理论的指导,且对其所信奉和推崇的主义不能始终如一。此外,革命者"没有专政底毅力和远见,急于和反革命的帝制派携手遂致自杀"⑥。陈独秀的这一论述,内涵着革命需要坚定的意志品质,而这些是资产阶级革命派所欠缺的。

面对国家依然山河破碎、任人欺凌,人民依然屈辱忧惧、危难凶咎的现状,中国的先进分子在回顾反思中探索着新的救国方向与救国道路。再加之,"帝国主义的侵略打破了中国人学西方的迷梦"⑦。在怀疑产生、增长的心理机制作用下,俄国十月革命的爆发促使中国的先进分子在正反两方面的比较中开始转换方向与道路。换句话说,中国共产党的先驱们开始组党建党活动,正是在伟大复兴这一时代主题驱使下,在近代以来一系列出路探索皆失败后,先进知识分子的内生性思想觉醒与世界革命

---

①《陈独秀文集》第一卷,人民出版社2013年版,第429页。

②参见《陈独秀文集》第一卷,人民出版社2013年版,第554页。

③中共中央文献研究室、中共湖南省委《毛泽东早期文稿》编辑组编:《毛泽东早期文稿(1912—1920)》,湖南人民出版社2013年版,第355页。

④参见《恽代英全集》第五卷,人民出版社2014年版,第36—37页。

⑤《陈独秀文集》第一卷,人民出版社2013年版,第554页。

⑥《陈独秀文集》第二卷,人民出版社2013年版,第58页。

⑦《毛泽东选集》第四卷,人民出版社1991年版,第1470页。

大潮合力作用的必然选择。他们擎起民族复兴的大旗,手中握真理、心中驻信仰,明确宗旨价值、找准依靠力量,建立严密组织、明确斗争方向,回应历史呼唤与时代诉求。这是伟大建党精神孕育的原动力与历史发展逻辑。

第二节　伟大建党精神生成的理论之源

中国共产党的先驱们一经认定马克思主义,就坚持以马克思主义的世界观和方法论认识世界、改造世界,探索革命道路、指导革命斗争。正如习近平总书记所指出的,"中国共产党为什么能,中国特色社会主义为什么好,归根到底是马克思主义行,是中国化时代化的马克思主义行"[①]。

中国共产党的先驱们是孕育伟大建党精神的主体力量,这也就决定了,作为建党实践产物的伟大建党精神,必然蕴含着马克思主义的基本立场、价值追求和思想本质。马克思主义的科学性、实践性、革命性、人民性等特质,为伟大建党精神的生成提供了深厚的理论滋养。

一、马克思主义的科学性造就了"坚持真理、坚守理想"的建党精神

不同于空想社会主义者以悲天悯人的情怀提出对未来理想社会的设想,马克思、恩格斯等人立足于其所处的资本主义时代,即资本主义社会内部基本矛盾的激化、工人运动的风起云涌以及工人阶级在对抗旧世界的过程中所彰显的巨大力量这一事实,创建了唯物史观和剩余价值学说。这是对客观世界特别是对人类社会发展一般规律以及资本主义运行规律的创造性揭示。同时,马克思主义基本原理还为人类实现从必然王国向自由王国的飞跃、实现自由和解放指明了途径和道路。马克思主义的科学性不仅来源于这些深刻的理论阐释,更是在实践中得到充分彰显。

---

① 习近平:《高举中国特色社会主义伟大旗帜 为全面建设社会主义现代化国家而团结奋斗——在中国共产党第二十次全国代表大会上的报告》,人民出版社2022年版,第16页。

伟大建党精神的内涵阐释

1917年,列宁领导的布尔什维克党,带领工人、农民和士兵取得十月革命的伟大胜利,建立起世界上第一个劳农专政的社会主义国家,彰显了科学社会主义理论的实践伟力。科学社会主义从理论变为现实,它向世人宣示,谁掌握了马克思主义,就意味着掌握了真理,就意味着选择了共产主义理想。

在马克思主义传入中国以前,从鸦片战争到五四运动前夜,中国的先进分子一直瞩目西方,从"西方资产阶级革命时代的武器库中学来了进化论、天赋人权论和资产阶级共和国"等政治方案,但这些理论"软弱得很",①没能成为中国救亡图存、抵御资本—帝国主义侵略的强大思想武器。但中国先进分子矢志找到救国真理,俄国十月革命的胜利让中国人看到了实现民族独立、人民解放的新方向,五四运动的爆发让中国人看到不仅俄国的工人、农民、士兵等底层民众有力量,觉醒了的中国人民同样可以迸发磅礴伟力。基于国情相似的考量,中国的先进分子开始认识、接受、认同马克思主义。

一经选择,中国早期马克思主义者即以马克思主义作为改造中国与世界的思想武器,自觉担负起解放人类、实现共产主义的远大目标。他们开始"用无产阶级的宇宙观作为观察国家命运的工具,重新考虑自己的问题"②。1921年1月21日,毛泽东在写给蔡和森的信中指出:"唯物史观是吾党哲学的根据"③。1920年,在上海共产党早期组织起草的《中国共产党宣言》中提出:"共产主义者的目的是要按照共产主义者的理想,创造一个新的社会。"④1921年,中共一大通过的《中国共产党第一个纲领》《中国共产党第一个决议》均提出要推翻资产阶级政权、彻底消灭阶级区分,其实质就是要在中国最终实现共产主义。1922年,中共二大进一步阐释了共产主义理想。建党时期中国共产党人对共产主义理想的坚守、对解放

---

① 《毛泽东选集》第四卷,人民出版社1991年版,第1514页。
② 《毛泽东选集》第四卷,人民出版社1991年版,第1471页。
③ 《毛泽东文集》第一卷,人民出版社1993年版,第4页。
④ 中共中央文献研究室、中央档案馆编:《建党以来重要文献选编(1921—1949)》第一册,中央文献出版社2011年版,第486页。

全人类奋斗目标的追求,正是源自于马克思主义关于共产主义必将实现这一人类社会发展规律的科学认知,这些纲领处处闪耀着马克思主义的真理光芒和理想光辉。

二、马克思主义的实践性造就了"践行初心、担当使命"的建党精神

"全部社会生活在本质上是实践的。凡是把理论引向神秘主义的神秘东西,都能在人的实践中以及对这种实践的理解中得到合理的解决。""哲学家们只是用不同的方式解释世界,问题在于改变世界。"这种改变的"全部问题都在于使现存世界革命化,实际地反对并改变现存的事物"。[1]这些论断表明,马克思主义不是书斋学问,而是从未远离社会生活与社会实践的革命理论,它产生于实践并主张以实践来掌握世界、改变世界。实践的观点、生活的观点是马克思主义首要的、基本观点,是马克思主义与其他理论相区别的显著标志。

为人民谋幸福、为民族谋复兴、为世界谋大同是中国共产党的初心使命,其萌发于中国共产党创建时期。马克思主义的实践特质要求中国共产党人将这份庄严承诺转化为践诺履诺的实际行动。为此,中国共产党的先驱们把握历史主动、锚定奋斗目标,夙夜匪懈,践行初心使命。正如李大钊在自述中所谈到的:"钊自束发受书……实践其所信,励行其所知,为功为罪,所不暇计。"[2]在找寻真正能够救民于水火、扶大厦之将倾的革命道路进程中,中国共产党的先驱们曾东渡扶桑、远赴欧洲,曾于国内试验种种主义,探寻出路。"走俄国人的路",这是中国共产党的先驱们在"无可如何的山穷水尽诸路皆走不通"[3]的情况下作出的实践选择。在找寻中国革命依靠力量的过程中,中国共产党人开始跳出知识分子这一阶层,深入工农群体、开展革命活动。这是因为,马克思主义认为:"思想本身根本不能实现什么东西。思想要得到实现,就要有使用实践力量的人。"而

---

① 《马克思恩格斯文集》第一卷,人民出版社2009年版,第501—502、527页。

② 中国李大钊研究会编注:《李大钊全集》第五卷,人民出版社2013年版,第301页。

③ 中国革命博物馆、湖南省博物馆编:《新民学会资料》,人民出版社1980年版,第148页。

"理论一经掌握群众,也会变成物质力量"。①为此,中国共产党的先驱们在实现自身信仰转变与确立的基础上,积极推动马克思主义与工人阶级的结合,旨在促使工人阶级"个个得有明确的见解,个个觉得资本的罪恶,个个流于革命的状态"②,进而实现由自在阶级向自为阶级、由自发经济斗争到自觉政治斗争的转变。在马克思主义的理论关照下,中国共产党的先驱们,"踏着人生社会的实际说话"③,始终关照国家与人民,始终围绕伟大复兴与人民幸福开展创党建党实践活动。作为精神发生意义上的"践行初心、担当使命"的建党精神,即是在马克思主义的文本指引与实践理性的互动中逐渐生成的。

三、马克思主义的斗争性造就了"不怕牺牲、英勇斗争"的建党精神

历史唯物主义主张:"至今一切社会的历史都是阶级斗争的历史。……压迫者和被压迫者,始终处于相互对立的地位,进行不断的、有时隐蔽有时公开的斗争。"④据此,马克思主义对无产阶级的历史使命做了进一步阐释,指出:"被剥削被压迫的阶级(无产阶级),如果不同时使整个社会永远摆脱剥削、压迫和阶级斗争,就不再能使自己从剥削它压迫它的那个阶级(资产阶级)下解放出来"⑤。要完成这一历史使命,就需要敢于斗争。斗争性是马克思主义的重要理论特质:"无论哪一个社会形态,在它所能容纳的全部生产力发挥出来以前,是决不会灭亡的;而新的更高的生产关系,在它的物质存在条件在旧社会的胎胞里成熟以前,是决不会出现的。"⑥这一论断,科学预见了无产阶级要想实现全社会的解放,其斗争是残酷的、复杂的。

作为马克思主义的主要创立者,马克思一生都在为推翻资本主义社

---

① 《马克思恩格斯文集》第一卷,人民出版社 2009 年版,第 11、320 页。

② 《何孟雄文集》,人民出版社 1986 年版,第 18 页。

③ 中共中央文献研究室、中共湖南省委《毛泽东早期文稿》编辑组编:《毛泽东早期文稿(1912—1920)》,湖南人民出版社 2013 年版,第 334 页。

④ 《共产党宣言》,人民出版社 2018 年版,第 27 页。

⑤ 《共产党宣言》,人民出版社 2018 年版,第 7 页。

⑥ 《马克思恩格斯文集》第二卷,人民出版社 2009 年版,第 592 页。

会、实现无产阶级的解放事业而斗争。恰如恩格斯在马克思墓前的讲话中所说:"马克思首先是一个革命家","斗争是他的生命要素"。①中国共产党的先驱们选择了马克思主义,就意味着要与当时的统治阶层相对抗。这些先驱们大多出身知识分子和青年学生,为了伟大复兴、为了人民幸福,他们挺身而出,"在艰难的国运中建造国家"②,开展建党实践,展现出了不惧艰险、勇往直前的英雄气概。在生死考验面前,中国共产党的先驱们既有着"爱国不怕进狱门"③的坦然,又有着"准备的迎战! 准备的厮杀!"④的凛然;在艰难险阻面前,他们"拿出雄健的精神,高唱着进行的曲调"⑤,在崎岖险阻的道路上感受壮美的趣味、冒险的趣味;在惨烈牺牲面前,他们选择不忘"烈士未竟之志,未成之功"⑥,选择"从地下爬起来,揩干净身上的血迹,掩埋好同伴的尸首"⑦,继续战斗。这种革命加拼命的精神,正是中国共产党的先驱们对马克思主义斗争性的深刻理解与躬亲践行。

四、马克思主义的人民性造就了"对党忠诚、不负人民"的建党精神

"在整个欧洲和美洲,从西伯利亚矿井到加利福尼亚,千百万革命战友无不对他表示尊敬、爱戴和悼念,而我可以大胆地说:他可能有过许多敌人,但未必有一个私敌"⑧。恩格斯在马克思墓前的讲话,道出了马克思以及马克思主义坚定的人民立场、无与伦比的人民情怀。马克思主义深深根植于劳动人民之中,探求人类自由解放的道路。其关注的是现实中从事实际活动的人,出发点是整个人类社会或社会人类,追求的是每一个人自由而全面的发展。这就改变了"过去的一切运动都是少数人的,或

① 《马克思恩格斯文集》第三卷,人民出版社2009年版,第602页。
② 中国李大钊研究会编注:《李大钊全集》第四卷,人民出版社2013年版,第488页。
③ 萧三主编:《革命烈士诗抄续编》,中国青年出版社1982年版,第52页。
④ 《邓中夏全集》上,人民出版社2014年版,第460页。
⑤ 中国李大钊研究会编注:《李大钊全集》第四卷,人民出版社2013年版,第488页。
⑥ 《林育南文集》,人民出版社2014年版,第96页。
⑦ 《毛泽东选集》第三卷,人民出版社1991年版,第1036页。
⑧ 《马克思恩格斯文集》第三卷,人民出版社2009年版,第602—603页。

者为少数人谋利益的运动。无产阶级的运动是绝大多数人的,为绝大多数人谋利益的独立的运动"①。同时指出无产阶级政党"没有任何同整个无产阶级的利益不同的利益",就是要为解放全人类、实现共产主义而奋斗。马克思主义是人民的理论,马克思主义政党是没有任何私利的政党,这就要求党员对政党的价值追求高度认同并矢志不渝地遵循,要求对党绝对忠诚。

马克思主义的人民性为中国共产党人所认同、所继承,他们围绕党的性质展开探索的过程,亦是回答"为了谁"这个根本问题的过程。1920年,陈独秀在党的最早文献《中国共产党宣言》中提出:"共产党将要引导革命的无产阶级去向资本家争斗,并要从资本家手里获得政权……放在工人和农人的手里"②。1921年,李大钊在《团体的训练与革新的事业》一文中也指出,现在要组织的团体既"不是政客组织的政党,也不是中产阶级的民主党,乃是平民的劳动家的政党"③。这些论述表明,中国共产党自创建之时起,就是要成为无产阶级利益的忠实代表。中共二大对这一价值追求予以明确,指出中国共产党"应当是无产阶级中最有革命精神的大群众组织起来为无产阶级之利益而奋斗的政党,为无产阶级做革命运动的急先锋"④。同时,中共一大通过的《中国共产党第一个纲领》、中共二大通过的《关于共产党的组织章程决议案》等,都对党员的忠诚品格提出了明确要求,认为这是"一个做革命运动的并且一个大的群众党"⑤所要具备的。对党忠诚与不负人民是高度统一的,二者有机统一于马克思主义人民性的要求。

马克思主义内涵真理性、突出实践性、富于斗争性、彰显人民性,这些

---

① 《共产党宣言》,人民出版社2018年版,第39页。

② 中国社会科学院现代史研究室、中国革命博物馆党史研究室选编:《"一大"前后——中国共产党第一次代表大会前后资料选编》一,人民出版社1985年版,第3页。

③ 中国李大钊研究会编注:《李大钊全集》第三卷,人民出版社2013年版,第350页。

④ 中共中央文献研究室、中央档案馆编:《建党以来重要文献选编(1921—1949)》第一册,中央文献出版社2011年版,第162页。

⑤ 中共中央文献研究室、中央档案馆编:《建党以来重要文献选编(1921—1949)》第一册,中央文献出版社2011年版,第162页。

鲜明的理论特性为中国共产党人所信奉、所推崇。一方面,他们在思想层面重塑个体的世界观与价值观,运用马克思主义重新审视、分析、研判中国社会;另一方面,中国共产党的先驱们始于初心、见于行动,推动马克思主义在中国落地生根,使其成为改造社会的有力武器。马克思主义成为伟大建党精神形成的理论支撑。

第三节　伟大建党精神熔铸的实践根基

作为一种精神,伟大建党精神属于社会意识形态范畴。历史唯物主义认为,社会存在决定社会意识。也就是说,有什么样的社会实践,就会产生什么样的社会意识,塑造什么样的精神风貌。中国共产党的创建历程是伟大建党精神的实践之基,伟大建党精神立足于并全面反映这个完整的历史过程。需要特别关注的是,中国共产党的创建不是一时之功、一地之举、一人之力,是20世纪20年代前后,中国先进知识分子和青年学生聚合于马克思主义旗帜之下,在全国多地宣扬马克思主义、投身工人运动,开展的一系列建党实践活动的总和。从这个意义上讲,需要从时间、空间、主体三个维度探讨伟大建党精神熔铸的实践根基。

一、从时间维度看,伟大建党精神由历时多年的建党活动合力书写

中国共产党的创建绝非是一日之功,绝非是一蹴而就即可实现的,必然要经历一个从酝酿到组建、从雏形到完善的较长历史过程。如前所述,中国共产党的创建是历时三年多、不曾间断的建党活动。以时间为轴,梳理中国共产党先驱们的建党实践活动,有助于从纵向上宏观把握建党图景,审视伟大建党精神丰富内涵的实践之基。同时,党的创建过程具有阶段性,伟大建党精神不同维度内容的淬炼形成,与中国共产党人创党建党实践的逻辑展开过程密切相关。

第一个阶段是"党创建的酝酿准备阶段","从五四运动到早期党组织

的建立,即1919年5月到1920年夏秋"。①五四运动,先进青年知识分子、
工人、商人等"平民"奋起抗争,迫使北京政府罢免亲日派官僚、释放被捕
学生、拒签巴黎和约,让人们开始认识到民众的力量以及马克思主义的真
理性。五四运动后,越来越多的中国先进分子开始接受马克思主义,新文
化运动的精神领袖、五四运动的左翼骨干以及中国同盟会会员、辛亥革命
时期的活动家在探寻救国真理、对诸多主义与思潮鉴别比较并付诸实践
的基础上,最终确立马克思主义信仰,并成为中国早期的马克思主义者。
这一时期记录着中国的先进分子矢志不渝追求真理的历程,选择了马克
思主义,就意味着选择了共产主义的崇高理想。

第二个阶段是"早期组织的成立阶段","各地建党活动的展开,即从
1920年的夏秋到1921年一大的召开"。②一旦学到了马克思主义基本原
理,共产党早期组织的成员即意识到知识分子与劳动群众结合的必要性,
开始与工农由"隔离"到"不可扼抑的援应",③组建工人阶级政党被提上日
程。1920年8月至1921年春,在陈独秀以及上海共产党早期组织的指导和
推动下,各地共产党早期组织成立,自此对马克思主义的研究和宣传进入
了有计划、有组织的阶段。中国共产党的先驱们采取多种方式,开启了马
克思主义同中国工人运动相结合的伟大征程。这一征程,承载着中国共
产党的先驱们对真理的坚持、对理想的坚守,见证着党的先驱们对初心使
命的践行与担当,彰显着党的先驱们依水行舟、忠诚为民的深厚情怀。

第三个阶段是"中国共产党创建完成的阶段"④,即从1921年召开中
共一大至1922年召开中共二大。这一时期,中国共产党的先驱们在共产
国际的指导与帮助下,在自身对国内政治形势研判与分析愈发客观、理性
的基础上,制定出符合中国实际的民主革命纲领,不仅高扬共产主义远大
理想,更致力于解决近代中国存在的主要矛盾。这一历程,反映出中国共
产党人勇担使命的行动自觉。这一时期及至1923年2月,中国共产党人

① 邵维正:《中共早期组织在建党进程中的历史地位》,《北京党史》2010年第5期。
② 邵维正:《中共早期组织在建党进程中的历史地位》,《北京党史》2010年第5期。
③《高君宇文集》,人民出版社2011年版,第92页。
④ 邵维正:《中共早期组织在建党进程中的历史地位》,《北京党史》2010年第5期。

集中力量组织工人阶级,成立产业工会,开展工人运动。从1922年1月香港海员罢工到1923年2月京汉铁路工人罢工,中国共产党的先驱们掀起第一次工人运动高潮。这是与反动当局公开的、正面的交锋,必然充满艰险与斗争。这一历程,凝聚着中国共产党人在磨难挫折与风险挑战中舍生忘死的英雄气概与敢于斗争的意志品质。

与此同时,从与各种非马克思主义思潮的论战,坚守信仰选择,到在中国共产党早期组织创建过程中将掺杂进的无政府主义者清除出去,维护党的先进性和纯洁性;从中共一大对党的组织原则以及组织纪律作出较为具体的规定,保证党的团结统一,到中共二大通过首部党章以及关于党的组织章程的决议案,建构起严密的组织系统和严明的组织纪律,无论是对信仰的坚守还是对组织的忠诚,无论是文本阐述还是行为践履,都彰显出中国共产党人一心向党、对党忠诚的政治品格。

伟大建党精神是对中国共产党的先驱们开天辟地、敢为人先创党建党历程的反映。党的创建历程历时多年,在不同历史时段,由于中国共产党人的实践活动重点不同,建党精神某一维度的内容体现得较为突出。但这并不意味着伟大建党精神不同层次的内涵生成存在时间上的先后,而是与党的整个创建过程相伴相生、相映成辉。

二、从主观力量看,伟大建党精神由覆盖多人的群体活动共同缔造

对于中国共产党伟大精神孕育的主体力量,已有学者进行了探讨和阐述,认为其是"政党群体在实践中体现出的精神风貌",是"共产党人整体(集体)和个体在心理特征、思想情感、精神境界、信仰追求、品格意志、行为方式等方面的综合反映",①"是党的群体意识内在规定"②。党员群体是锻造伟大精神的主体力量已成为共识。因此,伟大建党精神不是某一个人或是某一部分人的精神写照,而是中国共产党创建时期因共同目的、共同理想投身于共产主义革命活动的中国共产党人共同锤炼的。

---

① 肖力、邢洪儒:《中国共产党精神建设研究》,光明日报出版社2011年版,第10、15页。
② 朱哲、邓超:《中国共产党政党精神及其时代价值》,《理论探讨》2017年第1期。

从中国共产党创建时期党员群体发展状况来看,党员数量不断增加、成分构成逐渐丰富。中共一大召开时,各地共产党早期组织成员50多人。中共二大召开时,党员规模增加至195人,其中上海50人,长沙30人,广东32人,湖北20人,北京20人,山东9人,郑州8人,四川3人,留俄8人,留日4人,留法2人,留德8人,留美1人。①对于党员成分构成,中共一大召开时"几乎完全由知识分子组成"②,仅有工人党员2名。中共二大召开时,工人党员已经达到21人,占当时党员总数的11%。③中共早期党员群体④是中国共产党创建的主体和骨干,是建党实践展开与推进的组织力量与领导力量,党员队伍的壮大,促使党的活动范围不断扩展;党员成分中工农出身的党员比重逐渐上升,使得党在推进工人运动的过程中有着坚实的依靠力量和革命骨干,组织动员能力不断增强。伟大建党精神的丰富内涵也正是在这一过程中逐渐孕育、积淀的。

如前所述,除了这些中国共产党创建时期即已入党的先进分子之外,还有相当大的一部分群体,虽未加入党组织,但已逐渐向党组织靠拢,实际承担了马克思主义传播以及工运组织等建党工作,推动了中国共产党的创建。现有史料虽难以准确考证这些群体的规模和具体情况,但同样亦是缔造伟大建党精神中不可忽视的重要力量。例如,吴玉章曾加入同盟会,追随孙中山开展革命活动,后于1925年加入中国共产党。这种组织身份的蜕变,背后深层动因是思想的转变与信仰的重塑。这种转变与重塑不是骤然发生的,而是在实际的革命实践中逐渐完成的。五四时期,吴玉章开始接受科学社会主义理论,在担任成都高等师范学校校长期间,积极传播新文化、新思想,组织马克思主义团体,事实上已经开始从事共产主义革命活动。宣中华是党在浙江的早期领导人,1924年加入党组

---

① 参见中共中央组织部、中共中央党史研究室、中央档案馆编:《中国共产党组织史资料(1921.7—1949.9)》第八卷,中共党史出版社2000年版,第5页。

② 中共中央文献研究室、中央档案馆编:《建党以来重要文献选编(1921—1949)》第一册,中央文献出版社2011年版,第24页。

③ 参见王建英编:《中国共产党组织史资料汇编——领导机构沿革和成员名录》,红旗出版社1983年版,第8页。

④ 中共早期党员群体特指在中国共产党创建时期加入党组织的先进分子。

织,之前他是五四时期杭州学生运动的杰出领袖,在浙江省立第一师范求学期间即投身工人群众之中,毕业后曾在上海马克思主义研究会从事工会组织工作,后又与杨之华等人赴浙江萧山衙前,组织领导农民协会,开展新型农民运动,在革命思想的宣传与工农运动的开展中躬身入局。舒传贤是五四时期安徽省学生联合会会长,在安庆组织创建社会主义青年团,成为安徽青年和学生运动的实际领导核心,为后来地方党组织的建立奠定了基础。后舒传贤留学日本,1926年回国后加入中国共产党。湖北党员蔡树藩,1923年加入社会主义青年团,1925年加入中国共产党。之前蔡树藩是在刘少奇与李立三的影响下成长起来的安源路矿工人运动的骨干,与父亲串联发动群众参加工人夜校,引荐李立三、刘少奇登门拜访红帮头目,在安源路矿工人大罢工中更是成为中共党员与工人之间沟通联系的纽带与桥梁。江西党员方志敏,早年积极投身反帝爱国运动,后在恽代英、向警予等先进分子的影响下,在南昌创办“文化书社”,出版《青年声》周报,进行马克思主义宣传。1923年初,方志敏与袁玉冰、赵醒侬等人创建中国社会主义青年团南昌地方组织、江西“民权运动大同盟”和“马克思学说研究会”。虽然方志敏1924年3月加入中国共产党,但其此前对江西党团组织的创建所起到的重要作用不容忽视。上述这一群体之前虽然在组织上尚未加入中国共产党,但其思想上、行动上已经开始表现出一个共产主义者的素养。他们是参与中国共产党创建的重要力量,他们的活动亦是建构伟大建党精神的重要实践支撑。

当然,这样一群早已心仪共产主义事业的先进分子,与中共早期党员群体的引领示范作用密切相关。中共早期党员群体的精神风貌和根本态度在很大程度上影响着其他先进分子的行为倾向。以陈独秀为例,1919年,其为宣传新思想而欣然入狱的献身精神影响和触动了一大批青年知识分子。陈独秀被捕后,李达发表《陈独秀与新思想》一文,对其“拼命‘鼓吹新思想’”“为了主义肯吃苦”①的精神表达由衷的敬意。这些先进分子已不限于革命理论的引导,更为这些中共早期党员群体的人格力量所熏

---

① 鹤:《陈独秀与新思想》,《民国日报》副刊《觉悟》1919年6月24日。

陶和感染,纷纷走上革命道路并坚定地走下去。正如李大钊在《欢迎仲甫出狱》这首诗中所写的一样:"我们现在有了很多的化身,同时奋起:好像花草的种子,被风吹散在遍地"①。越来越多的青年知识分子、工人、农民加入党组织,投身到无产阶级革命运动中,携手共进、协同合作,推进中国共产党的创建,共同缔造伟大建党精神。

三、从地理维度看,伟大建党精神由涉及多地的实践活动协同建构

中国共产党人的建党实践总是在一定的地域之内实施开展的。长期以来,上海、北京、长沙、武汉、济南、广州等地因其作为中国共产党早期组织的创建之处,较早从事共产主义革命活动,而颇受研究者重视,并为人们所熟稔。不可否认,这些地域无论是开展马克思主义的传播,还是从事工人运动,都是起步较早且进行较为深入的,对推动中国共产党的创建起到了重要作用。特别是上海和北京两地,在陈独秀和李大钊的影响下,对各地共产主义者的建党活动起到了引领示范作用。除了这些建党的核心地带,中国共产党的创建还涵盖国内与国外广阔的地理空间。伟大建党精神正是中国共产党人在多维的地理空间活动而不断凝练的伟大精神。中共一大召开后,中央局通告明确要求"建立与发展党团工会组织及宣传工作",马克思主义的研究与宣传、工人运动的开展以及党团组织的建立,成为中国共产党创建时期的主要活动。之所以选取上述内容加以陈说,是为了初步展现中国共产党人在党的创建时期的地理空间。

建党时期,对马克思主义开展多种形式的研究与宣传是中国共产党的先驱们集体的行动,其中报刊是主要的载体和媒介。考察中国共产党人创办报刊的区域,可以窥视其建党实践的地理范畴。"从创刊地的分布来看,中国共产党早期报刊以上海、北京、广州、武汉、长沙等地为中心。"②这些区域所办报刊成为当时研究、宣传马克思主义的典型代表。除此之

---

① 中国李大钊研究会编注:《李大钊全集》第五卷,人民出版社2013年版,第340页。
② 徐信华:《中国共产党早期报刊与马克思主义大众化》,人民出版社2013年版,第22页。

外,中国共产党早期报刊创刊地还向其他主要城市和地区辐射。例如,山东济南的《山东劳动周刊》、四川的《人声》报、海南海口的《琼崖旬报》、浙江杭州的《浙江新潮》,以及萧山的《责任》周刊、法国巴黎的《少年》等,中国共产党的先驱们传播马克思主义并不局限于某一区域,而早期刊物在各地的陆续创办成为其宣传共产主义理论的活动缩影。

　　成立工会组织,执行党的政治路线,是当时工人运动的重点。在中国共产党人的组织领导与中国劳动组合书记部及各分部的积极推动下,工会组织迅猛发展。北方分部派人到各地铁路、工矿中组建工会组织,成立了长辛店、京汉、陇海、正太、道清等铁路工会。1922年7月,武汉地区成立工会(或俱乐部)28个,并在此基础上成立武汉工团联合会,后改为湖北全省工团联合会。①李立三、郭亮、刘少奇等人先后在安源、粤汉以及株萍铁路成立工人俱乐部。1922年11月,湖南全省工团联合会宣告成立。1923年5月,以中国共产党人为主要领导人的广东工会联合会成立。"该会拥有200多个基层工会组织,占广东省工会组织的1/3。"②中国共产党人聚焦工人运动,在各地、各行业积极推动工会组织成立的过程,即是对无产阶级革命运动"依靠谁""为了谁"这一问题的最好回答。

　　党团组织,特别是党的基层组织是党的全部工作和战斗力的基础。中共一大召开时,8个共产党早期组织分布于上海、北京、长沙、武汉、广州、济南、巴黎、东京等地。中共二大召开时,除上述地域外,郑州、四川、俄国、德国、美国③等地开始建立党组织,党组织的分布范围进一步扩大。同时,党的基层组织也逐步建立。按照1921年11月中央局通知各地成立"区执行委员会"的通知要求,毛泽东等人在长沙共产党早期组织基础上成立中共"湘区工作委员会"(开始称"支部"),至中共三大召开前,已在湖

---

① 参见中共中央组织部、中共中央党史研究室、中央档案馆编:《中国共产党组织史资料(1921.7—1927.7)》第一卷,中共党史出版社2000年版,第539页。

② 中共中央组织部、中共中央党史研究室、中央档案馆编:《中国共产党组织史资料(1921.7—1927.7)》第一卷,中共党史出版社2000年版,第639页。

③ 参见中共中央组织部、中共中央党史研究室、中央档案馆编:《中国共产党组织史资料(1921.7—1949.9)》第八卷,中共党史出版社2000年版,第5页。

南省一师、衡阳新民中学、安源路矿、水山口矿等多地成立16个支部。①
谭平山等人成立中共广东区执行委员会(开始称"支部"),至中共三大召
开前,已在广九铁路、碾谷工会、酒米柴炭工会等不同行业建立党支
部。②罗章龙等人成立中共北京区执行委员会,在其领导下北京大学、北
京师大、中法大学、长辛店机厂、唐山交通大学、江苏陇海铁路徐州站、河
南开封车头厂等地成立支部。③陈望道等人成立中共上海区(兼地方)执
行委员会,在其领导下中共杭州支部于1923年初成立。与此同时,国内
外青年团组织亦不断建立。从1920年8月上海社会主义青年团成立,至
中共二大召开前,广东、湖南、北京、太原、南京、湖北、成都、天津等地均成
立了团的地方组织。中国旅欧少年共产党也于1922年6月在巴黎宣告成
立。各地党团组织的成立,既是建党时期建党活动顺利开展的坚强堡垒
和组织依托,又是中国共产党人在多个地域、不同行业领域开展建党活动
的最好见证。

马克思主义作为一种外来文化,从纷繁芜杂的各种学说思潮中脱颖
而出,再实现由思想到实践的质的飞跃,决定了建党实践是一个历时多年
的持续性活动。为国家谋出路的共同诉求,促使越来越多的中国先进分
子不断聚集于马克思主义旗帜之下,决定了建党实践是一个覆盖多人的
群体性活动。主义需要获得普遍认同,道路需要成为共同选择,决定了建
党实践是一个涉及多地的一致性活动。群体持续性的、一致性的活动构
成了伟大建党精神的实践根基。

① 参见中共中央组织部、中共中央党史研究室、中央档案馆:《中国共产党组织史资料
(1921.7—1927.7)》第一卷,中共党史出版社2000年版,第450页;王建英编:《中国共产党组织史
资料汇编——领导机构沿革和成员名录》,红旗出版社1983年版,第3页。
② 参见王建英编:《中国共产党组织史资料汇编——领导机构沿革和成员名录》,红旗出版
社1983年版,第3页。
③ 参见中共中央组织部、中共中央党史研究室、中央档案馆:《中国共产党组织史资料
(1921.7—1927.7)》第一卷,中共党史出版社2000年版,第166页;王建英编:《中国共产党组织史
资料汇编——领导机构沿革和成员名录》,红旗出版社1983年版,第3页。

第四节　伟大建党精神孕育的文化养分

伟大建党精神作为一种政党文化,是中国共产党人在接受阶级斗争、无产阶级专政的思想下,在对马克思主义坚定不移的信赖和始终不渝的践行中锻造熔铸的。但这并不意味着伟大建党精神脱离了中国地域文化的影响,其中一个关键因素,即中国共产党人这一孕育主体的作用不容忽视。1938年10月,毛泽东在党的六届六中全会上指出:"我们是马克思主义的历史主义者,我们不应当割断历史。从孔夫子到孙中山,我们应当给以总结,承继这一份珍贵的遗产"①。中国共产党人是中华优秀传统文化与民族精神的忠实传承者、自觉弘扬者、积极践行者。那么,深刻烙印于中国共产党人灵魂深处的传统文化要素、精神乳汁,必然会有机地渗入到中国共产党的创建这一实践活动之中,必然会凝结于伟大建党精神之中。中华优秀传统文化以及民族精神、时代精神成为伟大建党精神的文化滋养。

一、中华优秀传统文化是孕育伟大建党精神的文化沃土

在家庭文化的熏陶下、在地域文化的浸染下、在旧式学堂的培育下,赤诚的爱国情怀、朴素的民本思想、刚强的意志品质以及矢志不渝的忠诚品格等文化基因,在中国共产党人心中留下深刻烙印,成为孕育伟大建党精神的传统养分和先行文化铺垫。

(一)深沉的爱国情怀是孕育伟大建党精神的情感基石

千百年来,未曾断流的中华文明,培育了中华儿女内心深处赤诚的爱国情怀。俯拾万卷史书,字里行间处处可见,爱国主义成为坚挺在人们内

①《毛泽东选集》第二卷,人民出版社1991年版,第534页。

心深处坚强的精神脊梁，"去不掉，打不破，灭不了"①，成为中国人民和中华民族的强大精神动力。在维护民族独立与尊严、改造中国与世界的伟大征程中，只要高高举起爱国主义的伟大旗帜，中国人民和中华民族就能劈波斩浪、一路前行。从"修身齐家治国平天下"的崇高追求，到"愿得此身长报国，何须生入玉门关"的赤诚情怀，从"常思奋不顾身，以徇国家之急"的浩然正气，到"为天地立心，为生民立命，为往圣继绝学，为万世开太平"的博大胸襟，心怀国家的精神气韵充斥其间，为中国共产党人所赓续传承。耳闻目睹国家衰败之情势，周恩来13岁即立志"为中华之崛起"而读书，自此，"想去救国，尽力社会"，"作事于社会，服役于国家"，"受完全教育，成伟大人物，克负乎国家将来艰巨之责任耶"。②恽代英吸收传统文化中"修身""立志"之思想，"十三四岁的时候，所想象的只是'中流击楫'、'揽辔澄清'的人格"③。任弼时5岁"随父寄宿课读"，11岁在作文《爱国说》中即表达了爱国情怀："吾国四万万同胞本爱身之心以爱国，一则免受外人讥评，且不致为外人奴隶，则幸甚。"④正是这样浓厚的爱国情怀，激励着中国共产党人坚定不移追真理、举旗定向志不移。

（二）朴素的民本思想是孕育伟大建党精神的动力之源

在中华优秀传统文化中，对有关民本思想的关注从未缺席。其中有"人无于水监，当于民监"，"圣人无常心，以百姓心为心"的体察民情、尊重民意的思想，有"民惟邦本，本固邦宁""水则载舟，水则覆舟"的民本伦理思想，还有"夫霸王之所始也，以人为本"的一心为民的思想。在这些朴素民本思想的关照下，体恤民情、救民于水火的意识早已潜藏于中国共产党人的思想深处。毛泽东认识到，在"国家坏到了极处，人类苦到了极处，社会黑暗到了极处"的情况下，补救的根本的方法在于"民众的大联合"，因

---

① 习近平：《在纪念五四运动100周年大会上的讲话》，人民出版社2019年版，第3页。

② 中共中央文献研究室、南开大学编：《周恩来早期文集（1912.10—1924.6）》上卷，中央文献出版社、南开大学出版社1998年版，第2、9、328页。

③《恽代英全集》第九卷，人民出版社2014年版，第22页。

④ 中共中央文献研究室编：《任弼时年谱（1904—1950）》，中央文献出版社2014年版，第2、7页。

为"什么力量最强？民众联合的力量最强。"①农民运动领袖彭湃虽出身于封建地主家庭，但对饱受剥削与压迫的农民阶级怀有深刻的同情，在看到佃户们的穷苦生活后不忍收租，更是将分家后自己的田契送给佃户，佃户们不敢要，他便将佃户们召集至家门口把田契当众烧毁。在深入调查后，彭湃表示："湃也不愿和现在最有生机的农会及亲切可爱的农民离开了！"②从此，开始了他矢志为农民阶级立言发声、争取权益的革命之路。中国共产党人对初心使命的坚守、忠诚为民的价值遵循，是对古代朴素民本思想的继承与发展。

（三）不屈的坚毅品格是孕育伟大建党精神的意志支撑

志不求易者成，事不避难者进。这种"千磨万击还坚劲，任尔东西南北风"的坚毅品格，涵纳于中华优秀传统文化之中，影响着中国人民的意志与行动，成为中华民族历经劫难而生生不息的精神支撑。无论是孟子推崇的舍生取义观、提倡的大丈夫精神，还是屈原"与天地兮比寿，与日月兮齐光"的执着不悔；无论是王昌龄的"黄沙百战穿金甲，不破楼兰终不还"的壮志不灭，还是文天祥"人生自古谁无死，留取丹心照汗青"的慷慨赴死，刚毅果敢、不惧艰险、为国牺牲的精神风骨，早已扎根于中国人的血脉深处，跨越历史时空，经久不衰。李大钊作为中国无产阶级革命的先行者，1915年，面对日本帝国主义提出的灭亡中国的"二十一条"，李大钊在《警告全国父老书》中疾呼："凡有血气，莫不痛心，忠义之民，愿为国死。""首须认定中国者为吾四万万国民之中国，苟吾四万万国民不甘于亡者，任何强敌，亦不能亡吾中国于吾四万万国民未死以前。必欲亡之，惟有与国同尽耳。"③中共早期妇女运动领袖向警予在赴法勤工俭学之时写的家书中，表达了自己敢于献身的大无畏精神："总要不辱你老这块肉与这滴

---

① 中共中央文献研究室、中共湖南省委《毛泽东早期文稿》编辑组编：《毛泽东早期文稿（1912—1920）》，湖南人民出版社2013年版，第270、312页。

②《彭湃文集》，人民出版社2013年版，第13页。

③ 中国李大钊研究会编注：《李大钊全集》第一卷，人民出版社2013年版，第211、219页。

血,而且这块肉这滴血还要在世界上放一个特别光明。"①敢于斗争、不惧生死的革命风骨在中国共产党人身上展露无疑。正是秉持这种坚强的意志、"明知其不可为而为之"的勇气,中国共产党人为拯救风雨飘摇的旧中国披荆斩棘、一往无前,推动中国共产党这一新型的无产阶级政党在中国大地诞生、发展、壮大。

(四)矢志不渝的忠诚品格是孕育伟大建党精神的核心要义

何为忠诚?《左转》中言:"公家之利,知无不为,忠也。"这就是说,至公无私,是为忠诚。"石可破也,而不可夺坚;丹可磨也,而不可夺赤。"因此,慎终如始,亦为忠诚。岳飞悲愤中原重陷敌手,但依然怀有"驾长车,踏破贺兰山缺"的雄心壮志;诸葛亮为光复汉室,"竭股肱之力,效忠贞之节,继之以死"。忠诚品格与忠诚典范,为历代儒客敬仰尊崇。忠诚品格在中国共产党人身上有着鲜明印记。何叔衡深受父亲"一概要公""世间只有私心坏"朴素思想的影响,始终从国家与民族的大局出发,绝不为"一身一家谋升官发财以愚懦子孙",一句"此生合是忘家客",道尽他舍身忘家、许党报国的赤胆忠诚。②张昆弟在给叔父的信中表达了自己对家国之间的取舍,"本拟酬报家庭,以付诸叔送读之殷,但处此恶浊社会,倘不严加整刷,则人民永无幸福,吾决断从事改造社会之大业,社会解决,家庭亦随之解决也"③。"匡复有吾在,与人撑巨艰。忠诚印寸心,浩然充两间。"④蔡和森的这首《少年行》是对中国共产党人忠诚品格的生动写照。这份忠诚既是历史的传承,又是时代的超越,集中体现为对党、对国家、对人民忠诚的高度统一。

中华优秀传统文化在一代代中国人内心深处扎根,成为浸入骨髓、渗入灵魂的民族基因,对人们的思想观念和行为方式起着潜移默化的作用。一言以蔽之,中华优秀传统文化孕育了中国共产党人自强不息、奋勇前行

---

① 《向警予文集》,人民出版社2011年版,第304页。
② 李龙如主编:《为苏维埃流尽最后一滴血——忆何叔衡》,岳麓书社2000年版,第31、110、355页。
③ 郝铭鉴、胡惠强主编:《革命烈士遗文大典》,上海文化出版社2001年版,第221页。
④ 《蔡和森文集》上,人民出版社2013年版,第23页。

的伟大人格和奋斗精神,铺展了伟大建党精神生发的文化维度,展示了伟大建党精神的文化底蕴。

二、近代以来的时代精神是淬炼伟大建党精神的文化近因

精神的产生,总是和过往历史和所处时代相呼应,总是与已有文化体系和时代精神相联结。每个时代都有其独特的精神气质。中国共产党诞生于20世纪20年代,与其相伴而生的伟大建党精神不是抽象、孤立的存在,而是受到其所处时代,特别是20世纪20年代前后时代精神的培育。当然,需要指出的是,这里所说的时代,并不仅仅局限于中国共产党创建前后,而是基于大历史观,追溯到中国进入近代社会后的历史。如前所论,1840年后中国社会各阶级、阶层的救国尝试是伟大建党精神生成的实践根基,那么,这些先进分子为救国救民所进行的一系列探索与抗争中体现出的精神状态,必然会渗透到中国共产党人的精神深处,必然会融入中国共产党人的建党实践之中,从而涵养于伟大建党精神。

(一)近代以来仁人志士的探索与抗争精神浇筑伟大建党精神的底色

近代以来,儒学式微,中国的先进分子开始借道西方救中国。林则徐、洪秀全、康有为、严复和孙中山是中国共产党诞生以前向西方学习的代表性人物。从林则徐主张"睁眼看世界"到洪秀全从农民运动的实际需要出发,对西方的基督教进行改造,创立拜上帝会以聚合群众;从康有为、梁启超宣扬资产阶级改良主义思想到孙中山领导资产阶级民主革命,中国先进分子和中国人民在救国道路与救国方案的选择中始终找寻真理,在救亡图存与振兴中华的目标中始终不懈奋斗,在抗争与探索的过程中始终没有屈服,所蕴含的坚定执着的真理精神、勇于探索的担当精神、自强不息的意志品质、救国救民的家国情怀,为中国共产党人所继承,成为熔铸伟大建党精神的时代滋养。虽然中国共产党的先驱们多出生于19世纪末20世纪初,各种救国尝试骤兴骤起之时尚未出生或年龄尚幼,至辛亥革命时期也只有陈独秀、董必武、吴玉章等少数人参与过其间的活

动。但是这些探索史、奋斗史、牺牲史为历史所记忆,成为后世不断言说的对象。在私塾学堂学习期间,林育南的老师李卓侯①经常向学生讲授洪秀全等人的故事,立志救国、敢于向延续几千年的封建王朝吹响反抗号角的思想,在林育南的心里开始萌芽。沈雁冰、沈泽民的父亲曾拥护康、梁维新变法,在卧病在床、自知不起的情况下,还叮嘱沈雁冰要认真研读《新民丛报》《任学》等书刊;母亲通晓文史,经常为他们讲维新变法之事,使谭嗣同等"戊戌六君子""我自横刀向天笑,去留肝胆两昆仑"杀身成仁的悲壮铭刻于心。于方舟出生于天津市宁河县俵口村,在八国联军侵华期间家乡直接受到侵略者的祸害。幼年时,父母经常向其讲述林则徐、关天培等人的抗英故事、八国联军的侵华罪行以及义和团反帝的英勇事迹,使他的反帝爱国思想逐渐生发。

辛亥革命中革命党人英勇斗争的革命事迹与革命精神,带给中国共产党人极大的感染与触动。刘少奇的六哥曾参加长沙新军起义,在其支持与帮助下,刘少奇不仅对辛亥革命这一伟大壮举的历史过程有了深入了解,更为孙中山、黄兴等革命先驱在曲折中毅然奋起的不妥协的斗争精神所折服。邓恩铭在荔波县模范高等小学堂读书期间,老师高煌积极拥护孙中山以及辛亥革命,经常向学生宣扬民主和科学的精神,促使邓恩铭开始走上新的救国之路。高君宇的父亲曾参加过义和团运动,加入了同盟会,并在辛亥革命中积极参加山西省静乐县的举义活动,这些对高君宇反帝反封建思想的萌芽以及革命之路选择后的坚定不移影响深远。李立三的家乡位于湖南醴陵,萍浏醴起义中革命党人英勇就义的革命事迹与牺牲精神,长久地印刻于当地人民的心中,李立三自然深受影响。正如他后来回忆时所说,"使我这个才八九岁的童心都受到感动"②。这一探索与抗争精神彰显于中国共产党人的建党实践,他们以社会变革为己任,找寻救国真理与救国道路,敢于反帝反封建,主动承担起近代中国民族独立、人民解放的历史大业。

---

① 中国地质学家李四光的父亲。
② 中共中央党史研究室第一研究部编:《李立三百年诞辰纪念集》,中共党史出版社1999年版,第331页。

（二）新文化运动除旧布新的斗争精神铺就伟大建党精神的成色

以陈独秀为代表的先进分子领导的新文化运动，在五四运动以前是资产阶级民主主义的新文化同封建主义的旧文化之间的斗争，不仅动摇了封建统治根基，更是为中国带来一场巨大的思想解放与思想震动。陈独秀、李大钊、鲁迅等先进分子引领这一思想革命，他们以笔为枪，向封建礼教发起全面挑战，对封建专制独裁统治进行猛烈抨击，希冀在这"生气勃勃的、前进的、革命的"①思想解放潮流中，让中国脱胎换骨，展现出与旧时代彻底决裂的革命精神以及历史自觉与历史主动的精神。

这一精神方向在中国共产党人中极具号召力。这是因为，此时中国共产党人的主体，先进知识分子与革命青年大多在接受中等教育阶段，对国家民族前途命运的担忧以及探寻国家出路的渴望，促使他们努力去触碰、去接受一切对现有制度不满、试图改变社会现状的救国尝试。而新文化运动正是以"新青年"作为启蒙对象，属望"新鲜活泼之青年"，"自觉其新鲜活泼之价值与责任"。②两者的交织耦合，促使中国共产党的先驱们卷入新文化运动的浪潮。例如，在浙江，杨贤江在读到《新青年》上刊载的高一涵《共和国家与青年自觉》一文后，自觉肩上责任，高呼："我必须以己之志决吾之行，切不可存侥幸之想，又不可遇难而退，遭苦而悲，负虚此一生也。"③与杨贤江不同的是，施存统在看到陈独秀刊载于《新青年》的文章后大骂其无理。但随着学习与研究的深入，施存统与傅彬然、周伯棣等人积极投身新文化运动，创建进步团体新生学社、进步刊物《浙江新潮》，撰写批判封建礼教文章。在《非孝》一文引发的"一师"风潮中，陈望道、俞秀松、施存统等人并肩战斗，显示出与封建文化、封建势力决绝的坚定态度。在湖南，"经杨昌济介绍，毛泽东、蔡和森等人成为《新青年》的热心读

---

① 中共中央文献研究室：《中国共产党的一百年（新民主主义革命时期）》，中共党史出版社2022年版，第13页。

②《陈独秀文集》第一卷，人民出版社2013年版，第89页。

③《杨贤江全集》第四卷，河南教育出版社1995年版，第193页。

者,深受其影响"①。他们开始循着初期新文化运动的思路探索,"旧思想、旧伦理和旧文学,在诸人眼中,已一扫而空,顿觉静的生活与孤独的生活之非,一个翻转而为动的生活与团体的生活之追求","以革新学术,砥砺品行,改良人心风俗为宗旨"的新民学会成立。②中国共产党的先驱们大多受到新文化运动的洗礼,在精神领袖的指引与影响下,既要"除旧",又要"布新",自觉为实现"青春中国之再生"而奋斗,用实际行动证明了"吾族青年所当信誓旦旦,以昭示于世者,不在龈龈辩证白首中国之不死,乃在汲汲孕育青春中国之再生"。③这一历史过程,为中国共产党的诞生、伟大建党精神的孕育作了主观力量和能动精神上的准备。

(三)五四精神建构了伟大建党精神的本色

"五四运动,孕育了以爱国、进步、民主、科学为主要内容的伟大五四精神,其核心是爱国主义精神。"④虽然当时人们并未对五四运动的精神给予这样完整、丰富的内涵概括与凝练,但并不代表五四精神不存在,不代表这种精神没有在推动社会变革的进程中发挥作用。中国共产党的诞生与五四运动之间有着直接的历史承续关系,且中国早期马克思主义者队伍的主体部分即是历经五四爱国运动洗礼的左翼骨干。这就意味着,五四运动所表征的精神气质必然为中国共产党人所继承和弘扬,成为构筑伟大建党精神的核心内容。

首先,五四运动时期以全民族力量举起的爱国主义旗帜,孕育了中国共产党为民族谋复兴、为人民谋解放的历史自觉和历史主动精神。五四运动是一场捍卫国家主权、民族利益,彻底反帝反封建的伟大的爱国革命运动,中国共产党的先驱们以实现中华民族伟大复兴为己任,在使命感的驱动之下接过了五四运动未完成的历史使命,又从五四运动中看到了底

---

① 中共中央文献研究室编:《毛泽东年谱(1893—1949)修订本》上册,人民出版社2013年版,第20页。

② 中国革命博物馆、湖南省博物馆编:《新民学会资料》,人民出版社1980年版,第2—3页。

③ 中国李大钊研究会编注:《李大钊全集》第一卷,人民出版社2013年版,第313页。

④ 习近平:《在纪念五四运动100周年大会上的讲话》,人民出版社2019年版,第3页。

层民众蕴含的巨大潜力以及推动历史发展的主体作用,不断淬炼着中国共产党人的初心使命和价值遵循。

其次,五四运动时期追求真理、追求进步的精神气质,形成了中国共产党人坚守理想信念的精神本色。五四运动前,中国人对国家出路的探索几乎陷入绝境。在激烈的思想碰撞中,五四运动时期,中国的先进分子最终认定只有马克思主义是可以解决中国实际问题的、适合中国国情的科学理论,完成了近代以来对理想信念的历史性重塑。无论是陈独秀、李大钊等五四新文化运动的精神领袖,还是五四爱国运动的左翼骨干、辛亥革命时期的活动家,他们继承了五四时期的思想选择、信仰走向并义无反顾地投身于对新思想、新文化的学习、研究与传播之中,在此过程中孕育了"坚持真理、坚守理想"这一建党精神的灵魂。

最后,五四运动以全民族的搏击培育的永久奋斗的意志品质,孕育了中国共产党人不怕牺牲、敢于奋斗的英雄气概。五四运动中,以先进知识青年为先锋的各阶级阶层敢于向帝国主义以及本国的封建军阀发起挑战,充分彰显了一往无前的奋斗与牺牲精神。陈独秀将其概括为"直接行动"和"牺牲精神"。①中国共产党人不断汲取这一精神力量,在严密高压的封建军阀专制统治下成立无产阶级政党、开展共产革命活动,锻造了勇于进行革命斗争的大无畏精神。

所以说,五四运动所彰显的爱国主义精神、真理精神与不屈不挠的斗争精神等精神气质,构筑了伟大建党精神的精神方向和核心内容。中国共产党的先驱们是五四精神的坚定传承者和弘扬者,他们以精神主动推动历史主动,并在伟大建党实践中不断丰富与发展五四精神,赋予其新的时代内涵。

此外,1920年前后,有相当一部分中国先进分子走出国门学习深造,探索救国出路。李大钊等党的早期领导人大多都有海外留学经历,留日、赴法以及旅苏成为当时中共早期留学生群体的主要留学选择。国外的新思想、新理念,新理论、新文化等文明成果对中国共产党人的信仰转变与

---

① 《陈独秀文集》第二卷,人民出版社2013年版,第8页。

确立,以及救国方向、救国道路的选择发挥了重要的启蒙作用。

　　伟大建党精神的孕育生成奠基于近代中国救亡图存和民族复兴的历史使命,有着深厚的历史根基;是马克思主义立场、观点、原则、方法指导下与中国实际相结合的产物,有着科学的理论支撑;是在覆盖多人、历时多年、涉及多地的组党建党活动中锻造熔铸的,有着坚实的实践基础;更是在中华优秀传统文化以及民族精神、时代精神的滋养下,结合新的时代条件淬炼的,有着厚重的文化养分。在这一过程中,中国共产党的先驱们把握历史主动、回应历史诉求、坚定历史自信,为伟大建党精神的孕育生成做好了铺垫。这是深刻理解伟大建党精神丰富内涵与价值意蕴的重要前提。

第二章　坚持真理、坚守理想是对党的先驱们信仰信念的概括

20世纪20年代前后，中华民族陷于彷徨歧路。一个个救国方案的出台，一次次救国尝试的失败，一个重要原因在于没有新的思想引领救亡运动。中国先进分子在新文化运动中继续探索真理。那么，中国共产党的先驱们是如何在诸多社会思潮中选择了马克思主义？选择后又是如何传播它，让其为人们所接受、所掌握、所认同，又是如何帮助人们划清马克思主义与形形色色社会思潮的界限与区别呢？理清这些问题，能够让人们进一步看清中国共产党的先驱们如何淬炼与锻造了坚持真理这一伟大建党精神。

主义的选择奠定了人们共同奋斗的思想基础，决定了中国先进分子在社会急剧转型时期为社会变革提供什么样的方向，构建什么样的蓝图。选择了马克思主义的中国共产党人在思考，于中国而言社会主义和共产主义是救世良方吗？这是一个什么样的社会形态？要想实现这样的崇高理想与奋斗目标，应该如何着手？他们基于对马克思主义的理解和中国革命实践，给出了答案。应该说，对马克思主义真理性与价值性的高度认同，对社会主义、共产主义崇高理想的坚毅追求，在中国共产党创建之时即已深埋于中国共产党人的思想与灵魂深处。

第一节　手握真理，高举火炬矢志不渝

毛泽东把主义比作指引方向的"旗子"，陈独秀视主义制度为行船的方向，若方向不定，人们将不知所往，行船亦会触礁。要想完成历史使命，就需要以科学的主义学说为指导。然而，科学的主义学说并不会自发地

成为人们改造社会的理论工具,需要中国的先进分子在泥沙俱下的诸多思潮中主动选择,在虎视鹰瞵的政治环境中以开拓的无畏姿态积极传播、坚定捍卫。习近平在纪念李大钊同志诞辰120周年座谈会上的讲话中,对李大钊矢志不移坚守信仰和真理给予高度评价,称其"勇往奋进以赴之""瘅精瘁力以成之""断头流血以从之"。①这同时也是建党时期中国共产党人坚持真理的生动写照。他们勤于思考、敢于实践,坚定执着追求真理、矢志不渝传播真理、站稳立场维护真理,坚持真理的伟大建党精神在这一过程中不断淬炼熔铸。

一、殊途同归:在比较鉴别中确立马克思主义信仰

历史已经证明,洪秀全的封建思想、康有为的改良办法、孙中山的革命思想都无法成为救国拯民的真理。为此,陈独秀、李大钊、毛泽东、董必武等中国共产党的先驱们积极探索新思想,勇于践行新主义。他们了解、接受马克思主义的主要渠道不尽相同,且大多经历了一个较为曲折的过程,但最终殊途同归,聚合于马克思主义的旗帜之下。在对真理孜孜以求的执着行动中,坚持真理的伟大建党精神开始孕育萌发。

(一)对日本帝国主义侵华辱华的愤恨以及受日本社会主义思潮、进步马克思主义者的影响,中共早期留日群体逐渐放弃最初寻梦日本的想法,开始接受马克思主义

负笈东渡、寻求救国出路,一度成为中国先进分子的主要选择。然而,这些中共早期留日学生群体,饱受歧视与屈辱,日人经常用"亡国奴""猪尾巴"等这些带有侮辱性的词语称呼留日学生;报刊杂志、学生课本中充斥着要掠夺中国的叫嚣以及对中国人民和中华民族的轻侮。1919年5月7日,日本政府还选择中国的国耻纪念日庆祝太子冠礼。这些都让留日学生内心充满愤懑与不平,反日情绪逐渐增长。针对日本的侵华行动,留日学生反应尤为强烈,积极投身反日爱国运动。例如,1915年,袁世凯

---

① 习近平:《在纪念李大钊同志诞辰120周年座谈会上的讲话》,《光明日报》2009年10月29日。

政府与日本相勾结,接受了日本提出的灭亡中国的"二十一条"后,被公推为中国留日学生总会文牍干事的李大钊撰写了《警告全国父老书》,痛彻指出这是"深仇奇辱","所当镂骨铭心",并号召同胞"出其丹心碧血",①续写中华民族光荣历史。1918年,段祺瑞政府同日本政府签订卖国反苏的《中日共同防敌军事协定》,李达、李汉俊、黄日葵等人组成留日学生救国团,要求取消这一侵害中国利益的军事协定。留学生活的冷遇以及主权沦丧的耻辱,促使这些先进分子逐渐放弃了最初寻梦日本,走科技救国、教育救国或是实业救国等想法,开始意识到寻找新道路与新理论的必要性。

　　新的道路与理论在哪里?19世纪末20世纪初,特别是在俄国十月革命后,日本社会主义思潮澎湃。片山潜、堺利彦、幸德秋水、河上肇等日本早期社会主义者对马克思主义经典著述进行翻译与介绍、开展研究与阐释。而此时,正是大批青年赴日留学之时,他们深受这股思潮的熏陶和浸染,在理论层面上既获得了马克思主义的经典资料,又开始接受日人对马克思主义的译介与阐释。例如,中国共产主义运动的先驱李大钊就曾留学日本。留日前,李大钊未曾谈及过社会主义思想;十月革命胜利后,他最先作出反应,连续发表《法俄革命之比较观》《庶民的胜利》《布尔什维主义的胜利》《新纪元》等文章和演讲,是中国大地上举起十月社会主义革命旗帜的第一人。1919年9月、11月,李大钊发表《我的马克思主义观》一文,较为系统地介绍了马克思主义理论。而这篇文章又与河上肇的《马克思的〈资本论〉》有着亲缘关系。②这其中,李大钊所受日本社会主义思潮的影响不言而喻。还有一些中国共产党的先驱们也有类似经历。李汉俊留日后期思想上开始倾向社会主义,这是他后来成为马克思主义者的重要基础。③1918年,李达组织的留日学生回国请愿活动失败,再次赴日后他的思想发生急剧变化,集中主要精力研读、翻译马克思主义经典著述,

　　① 中国李大钊研究会编注:《李大钊全集》第一卷,人民出版社2013年版,第211、216、217页。
　　② 参见胡为雄:《赴日留学生与"日本马克思主义"在中国的早期传播》,《马克思主义与现实》2015年第3期。
　　③ 参见李丹阳:《李汉俊日本留学情况的实证研究(下篇)》,《中共创建史研究》2018年辑刊。

并且撰写介绍社会主义和共产主义的文章,向国内刊物投稿,思想上已经基本接受马克思主义。陈望道留日期间结识河上肇、山川均等日本早期社会主义者;董必武、林伯渠两次留日,都在日本接触了社会主义思想;王若飞在日本自学期间,尽力搜集各种介绍社会主义思想的书籍;杨匏安在半工半读期间,埋头深研理论。此外,安体诚、沈泽民、杨闇公、宣侠父、王右木、周逸群、邓子恢、于树德等人,其社会主义思想也在留日期间开始萌发。

与此同时,日本早期社会主义者开展了社会主义运动的初步探索,如建立研究组织、组建工人政党、发动工人运动,这使得中共早期留日群体在实践维度上获得了具体道路的指引。例如,彭湃、杨嗣震等人曾在日本参加"建设者同盟",这是由早稻田大学学生组织发起的研究社会主义诸派学说的组织;后彭湃又单独加入"劳动者同情会",经常对劳动者提供力所能及的帮助。1920年,彭湃与李春涛、杨嗣震等人在东京发起"赤心社",旨在"一心学俄国"①,开始研究马克思主义及社会主义学说。参加、组织学习研究马克思学说以及社会主义思想的团体,抑或是表示同情于劳工阶层,这些都成为中共早期留日群体后期思想转变的重要基石。概而言之,中共早期留日群体受到日本社会主义思潮的影响,有些是初步接触,有些已经开始朝着共产主义知识分子的方向发展,这就为他们后期真正转变为共产主义革命战士打下了基础。

(二)在国内辨析、试验、检思各种救国良方,"山穷水尽诸路皆走不通"②之后逐步转向马克思主义

第一次世界大战暴露出资本主义制度的固有矛盾和西方文明的弊端,再加之一战后西方国家经济社会的萧条以及巴黎和会上对中国正当利益的无视,五四运动后,中国的先进分子对资本主义已不再热切向往。作为资本主义的对立物,倡导集体、平等的社会主义备受追捧。然而,对

---

① 刘林松、蔡洛编:《回忆彭湃》,人民出版社1992年版,第221页。
② 中国革命博物馆、湖南省博物馆编:《新民学会资料》,人民出版社1980年版,第148页。

于何种社会主义思潮能够成为探索改造中国之良策,人们众说纷纭、莫衷一是。一个总的趋势是,强调暴力、专政的革命的社会主义对于长期饱受封建专制和军阀混战的中国人来说,一时是难以接受的,趋新的先进分子希望通过渐进改良、平和的方式找到一条出路。无政府主义、工读互助主义、新村主义等这些远离阶级斗争和暴力革命,却能改造社会的模式设计,一度在中国先进分子的思想中占据主导地位。

无政府主义,特别是克鲁泡特金的互助论①影响了相当一批五四进步青年,中国共产党的先驱们概莫能外。早在五四运动之前,恽代英、黄负生等人即据此在湖北成立互助社,积极开展互助试验。受其影响,刘仁静等成立辅仁社,林育南等成立黄社、健学会,恽代英等又成立仁社,这些团体的目的与宗旨与互助社类似。作为思想界的先驱,李大钊也曾受互助论影响。他认为,人类依互助而生存、进化,并作出预示:"阶级的竞争,快要息了。互助的光明,快要现了。"②在问题与主义之争中,李大钊还指出,无论是科学派还是空想派的社会主义,都将互助友爱的精神作为基础。李大钊此时尚不能对马克思主义和无政府主义作出严格区分,其他人可想而知。

日本武者小路实笃提出新村主义③,在周作人等人的宣传和鼓动下,人们对新村主义所描绘的诗一般的田园生活进行了热情的宣传与实践。毛泽东在《学生之工作》一文中认为,新村是以新学校、新家庭以及新社会结合一体为根本理想的,三者之间存在内在逻辑,即新学校施以新教育培养的学生越多,所创造的新家庭就越多,进而若干这样的新家庭即可生长出理想的新社会。④恽代英也曾推崇新村运动,希望"做一个共同生活的模型",以局部改造的扩张谋求社会的全部改造,从而"实现各尽所能、各

---

　　① 克鲁泡特金的互助论认为,互助是生物发展和人类社会发展的普遍规律,通过互助即可进入"各尽其能,各取所需"的共产主义社会。

　　② 中国李大钊研究会编注:《李大钊全集》第二卷,人民出版社2013年版,第483页。

　　③ 新村主义倡导"人的生活",即各人先尽人生必要之劳动的义务,其余时间再做个人的事情。

　　④ 参见中共中央文献研究室、中共湖南省委《毛泽东早期文稿》编辑组编:《毛泽东早期文稿(1912—1920)》,湖南人民出版社2013年版,第410页。

取所需的理想"。①在他的支持和指导下,林育南等人重开浚新小学,李
求实、唐际盛都曾在这里担任教员。他们以乡村教育为起点,试图建立起
既读书又劳动的新生活据点。后因经费困难及城市工人运动的迫切,新
村主义的试验宣告中断。

王光祈将以上社会思潮以及赴法勤工俭学工读主义思想糅合在一
起,倡导工读互助主义②。为试验新生活,陈独秀、李大钊等积极为北京
工读互助团募捐,并慷慨解囊。何孟雄、俞秀松、施存统、傅彬然、陈公培、
缪伯英、张树荣等人在北京试验工读互助生活,经营的项目主要有办食
堂、洗衣服以及放电影等。恽代英、林育南、肖楚女、廖焕星、李书渠等人
在武昌创办利群书社,"于城市中组织一部分财产公有的新生活"③,即试
验半工半读共同生活。应彭璜之邀,毛泽东在上海试验工读生活。此外,
南京、天津、广州、扬州等地也相继成立亦或是筹备成立工读互助团。然
而,这些工读互助团或因经济压迫、人心涣散而宣告破产,或被当局解散,
还有些在筹备期间即因种种困难而夭折。1920年下半年,各地工读互助
团大多已失去发展势头,接近尾声。

对平和改良道路的推崇很快归于沉寂,中国的先进分子在反思中另
觅新路。对于在中国仍处于被掠夺之境地的情况下谈论无政府主义,恽
代英指出,只能是"割肉饲虎的左道,从井救人的诬说"④。对于工读互助
运动的接连失败,施存统认识到在社会没有根本改造之前,枝节的改造是
不中用的。⑤对于新村主义的美好图景,林育南指出,"因现行经济制度
的束缚与压迫,新村的梦想当然不能成功"⑥。这些实验虽然昙花一现,
但在革命与改良,根本改造与点滴改造之间,中国的先进分子逐渐摒弃那些
"理论上说得好听,事实上是做不到的"⑦学说思潮,在十月革命和五四运

① 《恽代英全集》第四卷,人民出版社2014年版,第241、247页。
② 工读互助主义倡导建构一个"人人作工,人人读书,各尽所能,各取所需"的理想社会。
③ 《恽代英全集》第四卷,人民出版社2014年版,第6页。
④ 《恽代英全集》第四卷,人民出版社2014年版,第119—120页。
⑤ 参见《星期评论·劳动纪念号》第七张,1920年5月1日。
⑥ 《林育南文集》,人民出版社2014年版,第148页。
⑦ 中央文献研究室编:《毛泽东书信选集》,中央文献出版社2003年版,第6页。

动的影响推动下,思想天平逐步倾向、认同革命的社会主义。

（三）参加孙中山领导的资产阶级民主革命实践,屡遭失败的残酷现实引发对资产阶级民主革命思想的怀疑与摒弃,转而开始接受马克思主义

"以为只要推翻满清建立共和就可以全部解决中国问题"[①],为此,相当一部分先进分子一度追随孙中山,积极投身资产阶级民主革命实践。例如,秀才出身的董必武,从辛亥革命爆发到护法运动失败,始终追随孙中山的革命步伐,是孙中山先生的忠实信徒。从同盟会到中华革命党不拘小节"慷慨打手膜"[②],林伯渠参加了孙中山领导的每一阶段的民族民主革命斗争,并始终站在斗争的最前线。谭平山自1909年加入同盟会,在国民党里奋斗了10年。吴玉章、朱德、孙炳文等人亦有类似的革命经历。然而,辛亥革命虽推翻封建帝制、建立民国政府,但"反动势力仍然是此起彼伏地统治着中国,政局的澄清总是那样遥远无期"[③]。多年革命奋斗,历经挫折、流尽鲜血,但人们发现民主未达、独立未成、统一未至,中国人民所面临的是"袁世凯的专制独裁……帝国主义的侵略和欺凌、蚕食和鲸吞……军阀们的争权夺利、鱼肉人民"[④]。挽救共和努力的失败、北洋军阀内部的争权夺利、张勋复辟等政治丑态的纷纭百出,董必武、林伯渠等人陷入孤寂苦闷的痛苦境地,对资产阶级民主革命道路悲观失望。但他们并未在共和国理想的破灭中停止对救国真理的追逐,而是毅然改变"从前的一套革命老办法"[⑤],即孙中山领导的革命道路以及依靠旧军阀的工作方法,决定"从痛苦的经验中摸索出一条新路"[⑥]。

这些原同盟会会员、辛亥革命时期的活动家,在十月革命和五四运动的影响下,在早期马克思主义者介绍和宣传的过程中,一扫资产阶级民主

①《林伯渠日记》,湖南人民出版社1984年版,第194页。
②朱德等:《十老诗选》,中国青年出版社1979年版,第159页。
③《林伯渠日记》,湖南人民出版社1984年版,第195页。
④《吴玉章回忆录》,中国青年出版社1978年版,第103页。
⑤《吴玉章回忆录》,中国青年出版社1978年版,第109—110页。
⑥《林伯渠日记》,湖南人民出版社1984年版,第195页。

主义革命失败后的苦闷与彷徨,转而接受马克思主义,跨入共产主义者行列。例如,1919年,董必武与李汉俊的结识,促成了其信仰的转变。在李汉俊的热情介绍下,在认真研读李汉俊带回来的马克思主义著作以及介绍俄国十月革命的书刊基础上,董必武认识到解决中国的问题,"必须走列宁的道路","必待新兴势力之参与"。①这些认识,表明董必武已经站到马克思主义的旗帜之下了。林伯渠与李大钊之间的个人交往②与思想交流,对其信仰转变起到重要作用。李大钊经常为林伯渠寄送社会主义宣传品材料,写信介绍俄国十月革命情况、对中国政治局势的看法以及中国共产党早期组织建立情况。③林伯渠渐渐"依靠这些零碎的一知半解的马克思主义的概念"把握住了真理,即劳苦大众只有推翻资本主义制度才能赢得自身解放,而这一群体正是推动革命的基本动力。④在李大钊的介绍下,林伯渠与陈独秀就中国革命前途、苏俄革命经验以及一些共产主义理论进行多次谈话,逐渐完成思想信仰的转变。⑤十月革命和五四运动的发生,让处于烦闷与苦恼中的吴玉章焕然冰释。在对自己以往的思想和革命经历进行深刻总结和批判的基础上,吴玉章内心"必须依靠下层人民,必须走俄国人的道路"⑥的思想日益明确、强烈,开始接受马克思主义。同时,吴玉章邀请马克思主义者恽代英到成都高等师范学校任教。在恽代英的影响下,吴玉章对马克思主义的认识和理解不断深化,继续向着马克思主义者方向转变。

这些旧民主主义革命者的信仰转变大多经历了一个对资产阶级民主

① 《董必武年谱》编纂组编:《董必武年谱》,中央文献出版社2007年版,第42—43页。
② 1915年底,林伯渠再次前往日本,与李大钊相识并结成拜把兄弟。二人在反袁团体神州学会并肩战斗,积极开展反袁活动。
③ 参见《林伯渠日记》,湖南人民出版社1984年版,第196页;中国社会科学院现代史研究室、中国革命博物馆党史研究室选编:《"一大"前后——中国共产党第一次代表大会前后资料选编》二,人民出版社1985年版,第31页;《林伯渠传》编写组编:《林伯渠传》,红旗出版社1986年版,第63页。
④ 参见《林伯渠日记》,湖南人民出版社1984年版,第196页。
⑤ 参见《林伯渠日记》,湖南人民出版社1984年版,第196页。
⑥ 中共四川省委党史工作委员会《吴玉章传》编写组:《吴玉章文集》下,重庆出版社1987年版,第1066页。

主义思想满腔热情地投入实践、屡遭失败后怀疑反思、先进思想影响下主动转向的过程，从而实现自我扬弃，走上马克思主义道路。

（四）参加赴法勤工俭学运动，在对西方资本主义文明失望与对共产主义运动希冀的升降转换中，思想逐渐向马克思主义靠拢

在五四运动后的留学热潮中，西欧特别是法国成为当时青年的主要选择，部分中国共产党的先驱们也在此列。他们在理论研究与实践活动的交互作用下，重塑对西方资本主义文明的认知，重构自己的思想体系，开始走上信仰马克思主义的道路。

一是广泛涉猎、观察剖析各种不同的社会思潮，在比较中选择马克思主义。当时的欧洲，马克思主义、基尔特社会主义、工团主义、无政府主义等广泛传播，赴法勤工俭学有机会大量接触、研读各种社会思潮。蔡和森"猛看猛译"马克思主义经典著作以及宣传革命运动的小册子，周恩来开始推求比较各种主义学说。赵世炎、刘伯坚、李立三等人亦开始阅读《共产党宣言》《资本论》等马克思主义文献以及法共《人道报》等宣传共产主义运动的报刊。在综合考察各种主义学说的基础上，他们意识到无政府主义在欧洲"其势力渐渐等于零"，法国的工团主义"不免等于梦呓"，英国的基尔特主义"近已见衰"，[1]而"社会主义真为改造现世界对症之方"[2]，中国也不外于此。于是，他们在思想上开始倾向马克思主义。

二是实地调研考察西欧经济社会现状，亲自到工厂做工从事体力劳动，开始摆脱对西方文明的崇拜，改弦易辙，寻求救国道路。陈毅曾用"天国"形容他对法国的最初印象，因为这里"社会秩序安定，城市清洁繁荣"，对于法国文明更是"佩服得五体投地"，对比之下中国的古代文明是"一钱不值"，"再也不想读古书、作古诗了"。[3]但一番考察后，他发现繁华表象

---

① 中共中央文献研究室、南开大学编：《周恩来早期文集（1912.10—1924.6）》下卷，中央文献出版社、南开大学出版社1998年版，第449页。

②《蔡和森文集》上，人民出版社2013年版，第56页。

③ 聂元素、陈昊苏、周祖羲等编：《陈毅早年的回忆和文稿》，四川人民出版社1981年版，第34页。

的背后,有肮脏不堪的贫民窟,有"毫无人心"一心追逐自身利益的资本家,有酿成"罪恶的渊薮"的欧洲资本界。①周恩来也发出感慨"方知昔日之理想乃等诸梦呓"②。中共旅欧留学生群体对西方资本主义文明大多经历了一个由崇拜到失望的转变过程。与此同时,他们亲自做工,如李立三、赵世炎、林修杰、罗学瓒等人到克鲁梭史乃德钢铁厂做工,李富春、王若飞、聂荣臻、何长工到雷诺汽车厂做工等,实际体验欧洲工人以及华工的劳动和生活状况。他们还对欧洲工人以及工人运动进行调研,例如,周恩来对英国煤矿工人历时80余天的大罢工进行考察,张昆弟对法国北海岸290多名华工的工作性质、收入水平、教育程度以及与法国人的关系展开详细调查。无论是亲身做工体验还是对工人状况的实地调查,这些先进的知识分子都受到真切的阶级教育。劳资之间的矛盾、资本主义政府"与资本家一鼻孔出气"③的社会现实,让他们"感到就是在以民主共和著称的国家,工人并无真正的民主自由"④,因此思想上"逐渐靠拢马克思主义,靠拢无产阶级"⑤。

三是勤工俭学的现实困境及实际的政治斗争,让中共旅欧勤工俭学群体清楚地认识到无政府主义的虚伪性及欺骗性,促使思想发生根本转变。勤工俭学本是无政府主义、工读主义思想的实践,但当时工作难以寻找、经济难以为继、教育求学无门等现实境况,使这些先进分子开始认识到,在资本主义制度的框架内勤工难以维持俭学,企图通过个体改良的勤工俭学进行救国尝试,是没有出路的。与此同时,1921年,中共赴法勤工俭学群体为维护国家利益、维护自身权利,先后开展"二·二八"运动、"拒款斗争"以及"进驻里昂中法大学"三次斗争。但控制华法教育会的无政

---

① 清华大学中共党史教研组编:《赴法勤工俭学运动史料》第3册,北京出版社1981年版,第50页。
② 中共中央文献研究室、南开大学编:《周恩来早期文集(1912.10—1924.6)》下卷,中央文献出版社、南开大学出版社1998年版,第12页。
③ 中共中央文献研究室、南开大学编:《周恩来早期文集(1912.10—1924.6)》下卷,中央文献出版社、南开大学出版社1998年版,第142页。
④ 李维汉:《回忆新民学会》,《历史研究》1979年第3期。
⑤ 聂元素、陈昊苏、周祖羲等:《陈毅早年的回忆和文稿》,四川人民出版社1981年版,第34页。

府主义者吴稚晖、李石曾等人，公然站在北洋政府以及法国当局一面，对留法勤工俭学生进行残暴镇压，蔡和森、李立三、陈毅等人更是被直接遣送回国。这使得李立三、陈延年、陈乔年等这些曾深受无政府主义思潮影响、笃信工读主义的先进分子，"在斗争中认识了吴稚晖等的面目，从此脱离了无政府主义派"①。此外，李维汉、王若飞、陈毅等人还曾参与1920年法国工人罢工运动；同年底，法共又宣告成立。欧洲社会氛围整体左转的大环境对赴法勤工俭学群体趋向马克思主义产生一定作用。李立三在回忆中就曾谈及，自己的法国师傅是共产党员，因此受其影响很大。②

在蔡和森、赵世炎、周恩来等先进分子的影响下，李立三、李维汉、向警予、李富春、邓小平、刘伯坚、陈延年、陈乔年、蔡畅等人逐渐完成思想转变。虽然陈毅等人此时未彻底确立马克思主义信仰，但也为其后期实现信仰转变做好了思想上的准备。

（五）远赴苏俄，在系统的马克思列宁主义理论教育以及实际的政治锻炼中，内心深处对马克思主义的真理性更加认同

在俄国十月革命的感召下，在党组织的安排下，还有一部分中国的先进分子远赴苏俄寻求救国真理。当然，与旅日、赴欧不同，这部分群体赴俄前思想上已倾向马克思主义。例如，刘少奇、肖劲光、任弼时等人在上海外国语学社学习期间，他们或听杨明斋讲授俄文，或听陈望道讲授马克思列宁主义理论课程和俄国十月革命情况，或听陈独秀、李达等人作政治报告。同时，上海外国语学社是掩护上海党团组织革命活动的基地，五一劳动节、三八妇女节等纪念活动的筹备工作，《劳动界》等工人刊物的编辑工作，上海机器工会等工人组织的创建工作都在这里开展。因此，这些学员得以参加一些社会革命活动，他们或为工人刊物和华俄通信社做誊抄、校对工作，或为上海共产党早期组织刻蜡版，印制宣传马克思主义的传单等。理论学习与社会革命实践让他们掌握了一定的革命道理，但大多数

---

① 李涛编：《亲历者忆——建党风云》，中央文献出版社2001年版，第475页。

② 参见李涛编：《亲历者忆——建党风云》，中央文献出版社2001年版，第468页。

人对社会主义的认识还处于感性阶段,只知道社会主义好,但对于如何通向社会主义不甚了解。为此,他们选择到社会主义革命的发源地苏俄去学习深造,旨在从理论和实践上进一步深化对马克思主义的认识。

在莫斯科东方大学,这些先进分子接受了较为系统的马克思列宁主义以及共产主义革命运动史等方面的政治理论教育。据肖劲光回忆,"学校安排什么,我们就学什么,而且总想多学一点,回国后好用得上"①。与此同时,他们还参加实际的政治活动。例如,以东方民族代表的身份,轮流列席旁听共产国际第三次代表大会;任弼时、罗亦农、柯庆施、肖劲光等作为中国代表团成员参加远东各国共产党及民族革命团体第一次代表大会②;在五一国际劳动节以及十月革命节,与当地人民一道参加游行、集会等纪念活动;定期到工厂、农村参观、做工。在这些政治活动中,他们对无产阶级政党、对共产主义事业有了更加具象、理性的认识,对社会主义制度下工农当家作主后如火般的革命热情、苏维埃社会主义建设的成就以及制度的优越有了更为直观、切身的感受,对帝国主义重重包围与封锁下新生苏维埃政权面临的困境有了更加清醒的思想准备,开始懂得实现社会主义的艰巨性、复杂性及其深刻意义,从而对马克思主义的真理性更加认同。

综上,建党时期中国共产党人的思想转变与信仰确立过程是复杂的,不仅影响渠道不尽不同,而且是多种渠道、多种因素共同发生作用的结果。例如,中共赴法勤工俭学群体,大多历经五四运动洗礼,他们的思想转变受到国内外马克思主义学说和社会主义思想广泛传播的双重影响。蔡和森在赴法前多少有些认同俄国十月革命,对马克思主义虽未及信仰的程度,但也为其成为留法生中的先驱者做好了铺垫。赵世炎赴法前受工读主义影响,但在李大钊等人的影响下,已加入北京共产党早期组织,表现出对俄国十月革命以及马克思主义的思想倾向,这从其制定的赴法计划中就有所体现。李大钊、彭湃等留日群体在日本接触社会主义思潮,

---

① 《肖劲光回忆录》,解放军出版社1987年版,第25页。
② 远东各国共产党及民族革命团体第一次代表大会于1922年1月21日至2月2日召开。大会旨在揭露华盛顿会议的阴谋及瓜分中国的图谋,总结交流远东各国人民革命斗争经验。为行文方便,下文均统一称之为"远东大会"。

但其信仰的确立很大程度上是在回国后、在中国革命的具体实践中得以实现完成的。刘少奇、肖劲光等赴俄群体亦是国内外合力作用的结果。

同时，这一思想转变与信仰确立的过程亦是曲折的、艰难的。这是因为，中国共产党的先驱们并不是天生的马克思主义者，在确立马克思主义信仰之前，大多受到各种非马克思主义思潮的影响，但他们并没有局限在自己原有的思想框架范围内，始终抱有"能欢迎新的，还应该欢迎更新的"①求索精神，在新旧思想的交锋斗争中，敢于抛弃、突破旧的思想的束缚，敢于自我革命、吐故纳新，逐渐完成思想上的蜕变。当然，在脱离与蜕变中，他们大多经历过原有思想信仰无法承担改造中国社会现状的失落与彷徨。这种复杂情感在中共早期旅日学生群体的身上体现得尤为明显。他们一面视日本为学习效仿的榜样，一面对日本的侵华行为极度痛恨，因此"内心是极端苦闷的"②。国内先进分子在各种改良试验失败后也发出"无可如何""山穷水尽"的感叹。可贵的是，在原有思想信仰肢解后，中国共产党的先驱们并没有因此而痛苦沉沦、彷徨不知归向，而是在初心使命的驱动下，在各种学说思潮能否切实满足改造中国社会的实际需要下，改弦易辙、寻求变计，"开始思考探索着新的革命方法和道路"③。正如陈独秀所说，学说并非装饰品，其是否有价值要看"我们的社会有没有用他来救济弊害的需要"④。为此，他们对各种救国方案进行分析与比较，直至确信只有马克思主义"能够圆满解决我们底问题，能于我们有益处"⑤。中国共产党的先驱们这种坚定执着追求真理的态度，是对坚持真理这一伟大建党精神的有力书写。

二、播撒火种：在广泛传播中传递马克思主义信仰

中国共产党的先驱们坚持真理，在对真理执着追求、确立马克思主义

---

①《恽代英全集》第四卷，人民出版社2014年版，第57—58页。

② 汪信砚主编：《李达全集》第十九卷，人民出版社2016年版，第419页。

③《董必武年谱》编纂组编：《董必武年谱》，中央文献出版社2007年版，第41页。

④《陈独秀文集》第二卷，人民出版社2013年版，第52页。

⑤ 存统：《我们底大敌，究竟是谁呢?》，《民国日报》副刊《觉悟》1920年9月28日。

信仰选择后,抑或是虽未完全实现思想转变,在学习接受过程中即已投身对马克思主义的宣传工作。他们以马克思主义研究组织、五四进步社团为阵地宣传马克思主义,创办进步报刊、畅通发售渠道传播马克思主义,译介经典著述、撰写理论文章阐释马克思主义,不断拓宽传播途径、丰富传播内容、扩大传播对象,在广泛传播马克思主义的过程中,中国共产党的先驱们彰显了对真理的坚持与坚守。

(一)成立马克思主义研究组织与依靠进步团体相结合

从一个爱国的民主主义者转变为一个马克思主义者,李大钊是中国"最早的马克思主义传播者","是二十世纪初中国的播火者"。①为把历经五四运动洗礼、具有初步共产主义思想的进步青年组织起来,同时深化对马克思主义的学习宣传与研究,1920年3月,在李大钊的指导下,北京大学学生发起成立马克思学说研究会,这是中国第一个马克思主义研究组织,标志着对马克思主义的研究宣传走向公开化。研究会搜集并翻译马克思列宁主义经典原著;根据会员志趣,分组、分专题开展研究讨论;组织辩论、纪念马克思诞辰等活动,邀请李大钊、蔡和森、瞿秋白等人开展讲演。邓中夏、高君宇、范鸿劼、何孟雄、朱务善、李梅羹等这些"被褐怀玉"的革命青年,在学习研究过程中信仰弥坚且不断扩大了马克思主义的影响。在北大马克思学说研究会的示范影响以及李大钊的指导、研究会通讯会员②的推动下,学校和知识分子较为集中的地方,马克思主义研究组织陆续成立。1920年5月,陈独秀、李达等人发起上海马克思主义研究会;同年秋,王尽美、邓恩铭等人在济南成立马克思学说研究会;韩麟符、于方舟等人在李大钊的指导下将天津新生社改组为马克思主义研究会;张太雷在北洋大学、于方舟在直隶省立中学成立马克思主义研究会;毛泽东在长沙组织了马克思主义研究会;恽代英在川南师范成立"泸县马

---

① 习近平:《在纪念李大钊同志诞辰120周年座谈会上的讲话》,《光明日报》2009年10月29日。
② 据罗章龙回忆,北京大学马克思学说研究会除吸收在北京地区读书的学生加入外,还吸收北京以外的学生或工人入会,这部分群体被称为通讯会员。这些通讯会员成为马克思主义在各地新的传播点。

克思学说研究会";此外,李大钊又在北京大学推动成立社会主义研究会,毛泽东、彭璜等人在长沙发起组建俄罗斯研究会等。这些组织虽名称略有不同,但大多以研读经典著作、撰写理论文章、举行研讨讲演等方式,学习研究马克思主义理论、探讨中国实际问题,从而促进了革命思想的广泛传播。

与马克思主义研究组织相类似,建党时期中国共产党人还在进步知识分子中组织读书会,这些读书团体学习和研讨的重点即是马克思主义。比如,1921年春,武汉地区共产党早期组织成员推动成立武汉妇女读书会,这是中共领导的第一个妇女革命团体。董必武、陈潭秋、李汉俊、黄负生、刘子通等都曾在这里担任教员,湖北省立女子师范学校学生是其主要成员。读书会成员通过阅读进步书刊、听取辅导报告,思想上、行动上逐步向共产主义方向靠拢。徐全直、夏之栩、李文宜、袁溥之等妇女运动先锋就是在这里受到了革命思想的熏陶,"思想上有了马克思主义的萌芽"①。此外,他们还推动武汉大中学校成立读书会,传播马克思主义。又如,1921年春,王右木在成都高等师范学堂成立"马克思主义读书会",通过自行研读、分组交流研讨、开展指导性报告以及参与社会活动等多种形式宣传马克思主义,影响更多知识分子踏上共产主义革命道路。

除了这些带有明确指向性的研究组织与学习团体,其他五四进步社团亦成为中国共产党人学习、研究、传播马克思主义的重要载体和平台。这些团体是五四进步青年基于共同信念、基于改造社会的共同志向而自愿结成的团体,中国共产党的先驱们是这些团体中的先进代表,在自身确立亦或是逐渐转向马克思主义的过程中,这些进步社团自然成为宣传马克思主义的重要阵地。他们通过创办进步刊物、组织理论学习、经营文化书社、展开思想交锋、推动社会运动等方式传播马克思主义。例如,在王尽美等人的组织下,励新学会创办《励新》半月刊、举办学术谈话会、开展演讲会并将演讲稿刊登在《励新》杂志上,影响和教育进步青年。在袁玉

---

① 中国社会科学院近代史研究所《近代史资料》编译室主编:《五四运动回忆录》,知识产权出版社2013年版,第109页。

冰等人的推动下,改造社通过创办《新江西》季刊、展开思想论战、组织劳动界的庆祝和纪念活动等方式,广泛传播马克思主义。新民学会创办《湘江评论》,经营文化书社,推动进步青年组建健学会、"心社"等进步社团共同开展研究宣传,组织驱张运动等实际革命活动,促使马克思主义在湖南传播开来。觉悟社通过编辑出版《觉悟》杂志、撰写政论文章、举办劳动节和马克思诞辰纪念活动等多种形式宣传马克思主义。

值得注意的是,建党时期中国共产党人还积极推动进步团体性质的转向。例如,北京的"少年中国学会"、天津的"觉悟社"、江西的"改造社"等成立之初,有的倾向以学术研究来救国,有的侧重以道德修养提升来救国,有的直接阐述为改造社会。中国共产党的先驱们在自身逐渐接受新思想后,积极引导社团成员认同马克思主义。例如,1921年新民学会的新年大会,大多数会员们也在思想的讨论与交锋中,站到马克思主义旗帜之下,实现了向革命团体的转化。1922年,袁玉冰在与改造社成员就社旨与社规问题讨论时强调,"社员只能信仰主义"①,并要求社员着力研究马克思学说。有些团体虽未能实现组织宗旨的主义化,但也促使马克思主义为团体内部更多的成员所接受和认可。1921年的少年中国学会南京年会即属于这一情况。推动组织宗旨的主义化,亦成为中国共产党人传播马克思主义的重要手段。

(二)改组、创办进步刊物与借助原有刊物影响相结合

报刊是新思想、新文化传播的重要载体,具有重要的宣传和组织作用。中国共产党的先驱们深刻认识到,要促进马克思主义革命思想的广泛传播,必须有为自己发声的革命刊物。为此,他们通过改组改造原有刊物或借助原有刊物影响、直接创办新的党团刊物等方式宣传介绍革命思想。

一方面,中国共产党的先驱们通过改造新文化运动时期的进步刊物,

---

① 张允侯、殷叙彝、洪清祥等编:《五四时期的社团》三,生活·读书·新知三联书店1979年版,第276页。

或是创办党团刊物等形式开展理论宣传工作。《新青年》曾是新文化运动的先锋和旗手,随着李大钊的思想转变,其讴歌十月革命的名篇先后刊载于《新青年》,特别是在编辑《新青年》第六卷第五号时将其编为"马克思主义研究专号"。《谈政治》一文的发表,表明陈独秀已经转变为一名马克思主义者,《新青年》也在事实上成为上海发起组的机关刊物。《武汉星期评论》亦属于此种情况。黄负生、恽代英、刘子通创刊之时以改造教育和社会为目的,提倡新教育、抨击旧制度,启蒙人们的思想。后在董必武、陈潭秋的影响下,刊物骨干先后加入党组织,刊物亦被改造为武汉党组织领导的机关刊物,在传播新思想方面发挥了更大作用。由谭平山、谭植棠、陈公博等人创办的《广东群报》,创刊之时声明"不谈现在无聊政治,专为宣传新文化的机关","不受任何政党援助,保持自动出版物的精神"。①后在陈独秀的影响下,刊物主要创办人加入党组织,刊物也在马克思主义与无政府主义的思潮论战中,旗帜鲜明地宣扬马克思主义,且加大宣传力度,专门开辟了马克思主义与俄国研究专栏,完成了向无产阶级革命报刊的过渡。建党时期中国共产党人积极推动原有刊物性质转变,与之相伴随的,是刊物原有受众群体思想认知与信仰体系的重构。

各地共产党早期组织成立后,创办进步刊物成为宣传马克思主义以及党的方针政策的一致选择。例如,上海发起组创办《共产党》月刊、中共二大后创办《向导》周报,这些党刊促使各地中国共产党人在建立全国性的无产阶级政党以及党的民主革命纲领和统一战线等问题上逐渐达成共识。他们还认识到,马克思主义只有为工人群众所掌握,才能在摧毁旧世界、旧制度的过程中获得"物质力量"。为此,由知识精英阶级走向劳工群体,开展分众化传播成为一种趋势。《劳动界》《劳动音》《济南劳动周刊》《劳动与妇女》等工人刊物成为马克思主义与工人运动相结合的初步尝试。及至中国劳动组合书记部成立,这种宣传动员进入系统且有组织的阶段。从《劳动周刊》《工人周刊》书记部机关刊物,到《山东劳动周刊》、武汉《劳动周刊》等各分部刊物,再到陇海路总工会的《陇

---

① 中共广东省委党史研究室编:《谭天度纪念文集》,中共党史出版社2002年版,第257页。

海路大罢工》、湖北省工团联合会的《真报》、京汉铁路总工会的《京汉铁路日刊》等工人俱乐部刊物,它们都立足工人劳动和生活实际,多用通俗易懂的语言、生动形象的事例进行宣传,以期让工人了解自己受苦受难的根源、组织起来的必要性与紧迫性以及工人斗争的方向等,从此马克思主义才真正接了地气。

此外,建党时期中国共产党人大多加入团组织亦或参与了团的工作,他们积极创办团刊,以宣传革命思想。例如,中国社会主义青年团机关刊物《先驱》,主要任务是从正面宣传"主义",引领青年团员挣脱错误思潮。各地团组织也先后出版了宣传刊物,如广东的《青年周刊》、山西太原的"五一特刊"、旅欧支部的《少年》、江西南昌的《红灯》等。这些党团组织影响下的刊物,存在时间大多不长,但成为中国共产党人传播马克思主义、介绍俄国革命以及国际共产主义运动、动员各阶层投身共产主义革命的主要阵地。

另一方面,积极借助新文化运动时期的进步刊物,通过从事编辑工作、影响刊物骨干、撰写理论文章等方式,尽可能地开拓马克思主义的宣传阵地。大多五四时期进步刊物是一个传播诸多社会思潮的混合性刊物,但一个总的趋势是,中国共产党的先驱们或是影响刊物骨干实现思想转变,或是撰写宣介与译介马克思主义的文章,使其成为马克思主义传播的载体和平台,表现出一定的社会主义倾向。例如,《曙光》原为科学救国这一改良主张摇旗呐喊,李大钊等与刊物主编宋介交往密切,在他们的影响和推动下,一卷六号以后《曙光》开始以大量篇幅介绍苏俄情况,成为北京共产党早期组织的一个宣传阵地。作为宋介至交的施存统在看到《曙光》前后内容的变化后,称其为"面目一新","赤色十分浓厚"。①广东海丰县学生联合会机关刊物《新海丰》在彭湃的指导帮助与直接撰文宣传下,揭露旧社会的黑暗与罪恶,澄清对社会主义的诘难与污蔑,号召人们起来进行社会革命。刊因人而新,《每周评论》《国民》《湘江评论》《新湖南》《觉悟》

---

① 张允侯、殷叙彝、洪清祥等编:《五四时期的社团》三,生活·读书·新知三联书店1979年版,第64页。

《新社会》《上海伙友》《湖南通俗报》《平民周报》《共进》等刊物,在陈独秀、李大钊、毛泽东、周恩来、瞿秋白、何叔衡、高君宇等人的影响下,在解构北洋政府存在合法性、建构社会主义革命道路选择必然性等方面的作用不容小觑。

与此同时,中国共产党人还积极利用北洋政府操控亦或是国民党创办的刊物开展马克思主义的传播工作。例如,复刊后的北京《晨报》在李大钊的指导和影响下,对它的第七版即副刊进行了改良,成为宣介马克思主义、报道苏俄革命以及苏俄政府的一个宣传阵地。《晨报》副刊还于1919年5月5日起,开辟"马克思研究"专栏历时半年之久,先后推出"劳动节纪念""马克思纪念""俄国革命纪念"专号,集中对马克思主义思想进行传播与研究。上海《民国日报》副刊《觉悟》之所以能成为党组织的外围进步报刊,与早期组织成员对《觉悟》副刊的积极争取和改造密不可分,如创造性地运用跨党方法吸收国民党元老、《民国日报》主编邵力子为早期组织成员等。李汉俊、李大钊、陈独秀、陈望道、施存统、陈公培等中共最早的一批党员都曾是《星期评论》的主要撰稿人和译介者,其中李汉俊还是该刊的核心作者,宣传马克思主义、研讨劳工问题成为马克思主义者论及的主要内容。此外,在《建设》《广东中华新报》等报刊杂志中都可见李大钊、李汉俊、杨匏安等人对马克思主义的宣传。虽然这些刊物不是完全意义上的革命刊物,但中国共产党人利用这些刊物的公开性以及在社会上的影响力,在很大程度上促进了马克思主义在社会面上的传播。

(三)配套出版发行机构与畅通销售渠道相结合

为满足革命主张宣传的需要,马克思主义的广泛传播需要配套出版机构。上海发起组成立后,陈独秀等人成立了新青年社,推出"新青年丛书"8种,印刷发行《新青年》《劳动界》《上海伙友》等刊物,颇受青年学生以及工人群体欢迎。中国共产党成立后,为有计划、有系统地出版马克思主义的著作,以资研究,李达等人在上海建立党的秘密出版机构——人民出版社,这是当时影响最大的红色出版机构。该社曾计划出版《马克思全书》《列宁全书》《康民尼斯特丛书》①,内容较为丰富。虽受经费及人员限制,未能完成全部出版计划,但及至1922年6月,已出版书籍12种,且印数不小,各印刷了3000份。②同年9月又出版了一批书籍。另外,该社还印行《共产党》月刊以及声援香港、上海等地工人罢工的宣传品。这些进步书刊的出版为中国的先进分子了解马克思列宁主义以及俄国革命的经验,提供了丰盈的乳汁。蔡和森在撰写中国共产党史过程中,曾评价人民出版社"出版了很多书籍,对思想上有很大的影响"③。

出版的进步书刊,只有畅通其发售渠道,才能以最快速度、在最大范围内辐射影响各阶层。应此需求,中国共产党人积极在国内外开辟销售网点,比如,《新青年》的销售网络遍布国内各大埠,《向导》等党的其他报刊又直接继承了《新青年》的销售经验以及销售网点,迅速打开了发行渠道。当时,这些报刊、书籍发行渠道相同。也就是说,人们在能够获得进步报刊的地方,亦可以获得革命书籍。除了依托原有的书店、书局等进行发行与销售,中国共产党人还积极创办书刊销售机构,利群书社和文化书社即为当时影响较大的书社。

"因见青年有知道世界最近政潮、思潮大概的必要"④,受委托已代售《新潮》《新青年》等进步刊物的恽代英,于1920年2月创办利群书社,主要行销《共产党宣言》《共产主义ABC》《马格斯资本论入门》⑤等介绍新思想、新文化且在武汉其他书店不易购买的进步书刊。据吴德峰回忆,利群书社有许多书,是武汉马克思主义研究小组的资料库。⑥吴德峰、萧楚女、施洋等人都是热心读者,经常在这里阅读经典、研讨时事,逐步走上革命道路。武汉早期组织成立后,利群书社在联络进步分子、传播新思想方面更是发挥了重要作用。为充实新青年以及全体湖南人的思想,最迅速

---

① "康民尼斯特"即是Communist(共产主义者)的音译。康米尼斯特、康姆尼斯特等都是"共产主义者"音译的不同写法。

② 参见《陈独秀文集》第二卷,人民出版社2013年版,第258页。

③《蔡和森文集》下,人民出版社2013年版,第806页。

④《恽代英全集》第四卷,人民出版社2014年版,第252页。

⑤《马格斯资本论入门》,即为《马克思资本论入门》。

⑥ 参见李涛编:《亲历者忆——建党风云》,中央文献出版社2001年版,第284页。

便捷地介绍中外各种新书、杂志,1920年8月,毛泽东、彭璜、何叔衡等人在长沙创办文化书社。书社与外埠的书店、出版社等订定专约,要求"每出一种,即尽速寄湘,以资快览"①。经营半年即已与65家书局、杂志社,5家报馆存在业务往来。②这在增加进步书刊供给的同时,也帮助人们及时获取各种有价值的新出版物。书社还在各地创办分社,至1921年3月,平江、浏西、武冈、宝庆、衡阳、宁乡、溆浦等地成立7个分社,在第一师范学校、楚怡小学等地成立7个贩卖部,成为湖南马克思主义传播的一个宣传中心。当时进步书刊《马克思资本论入门》《新青年》《劳动界》的畅销即是最好的例证。③面对"荒凉的江西,没有文化种子的江西",1921年初,方志敏、袁玉冰等人决定"用人工的灌溉法,从别处运输一些'哀其杜阿'(H_2O[水——编者])"来培育这个"文化之芽",④筹划创办南昌文化书社,售卖马克思主义书籍、书报,成为江西马克思主义者从事革命活动的第一个据点。同年9月,在高君宇的倡议下,太原社会主义青年团创办晋华书社。高君宇寄回大量进步书刊,晋华书社成为山西首个经销和翻印进步书刊的阵地。这些书社成为进步书刊销售以及人们获取新思想、新文化较为稳定的文化场所,极大地促进了马克思主义的传播。

此外,"书报贩卖部这个方式,在学校里很流行"⑤。1919年下半年,施存统在浙江省立第一师范学校组织设立全国书报贩卖部,推销进步书报。据施存统回忆,当时学校四百多人,《新青年》的订阅量一百余份,《星期评论》四百来份,还有若干《每周评论》。⑥1919年秋,侯绍裘在南洋公学发起建立"九人书报推销处",以批发价出售各种进步书刊,后又设立

---

① 中国革命博物馆、湖南省博物馆编:《新民学会资料》,人民出版社1980年版,第252页。

② 参见中国革命博物馆、湖南省博物馆编:《新民学会资料》,人民出版社1980年版,第287—290页。

③ 参见中国革命博物馆、湖南省博物馆编:《新民学会资料》,人民出版社1980年版,第291—294页。

④ 张允侯、殷叙彝、洪清祥等编:《五四时期的社团》三,生活·读书·新知三联书店1979年版,第261页。

⑤ 李涛编:《亲历者忆——建党风云》,中央文献出版社2001年版,第170页。

⑥ 参见中国社会科学院现代史研究室、中国革命博物馆党史研究室编写:《"一大"前后——中国共产党第一次代表大会前后资料选编》二,人民出版社1985年版,第33页。

"无人售报处"。1921年春,舒传贤与蔡晓舟等人在安徽开设新文化书籍贩卖部。这些书报贩卖部多设立于学校,售卖对象为思维较为活跃、易于接受新的社会思想与文化的知识分子群体,这就在很大程度上促进了马克思主义在知识分子阶层的传播。

(四)译介马克思主义经典著述与撰写理论文章相结合

传播马克思主义不是一件轻而易举的事,作为一种外来的思想理论,要想实现广泛传播,就需要对马克思主义经典著述进行译介。及至1920年,中国还没有一本马克思主义经典著作的中文全译本,而思想处于急剧变化的中国先进分子却求知若渴。与此同时,当时中国的先进分子最早接触的多是日本马克思主义,即日人对马克思主义著作的译介亦或是阐释。因此,这些先进分子迫切地想要掌握原真的马克思主义。基于此,中国共产党人着手译介经典,以最大程度原汁原味地传播马克思主义。

部分先进青年通过日本、法国等渠道,开始接触并表现出马克思主义的思想倾向后,旋即投入对马克思主义文献的译介工作。如旅日期间的李达译出《唯物史观解说》《马克思经济学说》《社会问题总览》等普及性通俗刊物,并寄回国内出版。留法期间的蔡和森对法文版《共产党宣言》《社会主义从空想到科学的发展》《国家与革命》等经典著作进行翻译,并以书信的形式向国内输送与传递。共产党早期组织创建后,这项工作进入有组织的阶段。在李大钊、陈独秀等思想先驱的影响和推动下,北京和上海的早期马克思主义者较早投入马克思主义经典文献翻译工作。例如,北京大学马克思学说研究会在搜集、收藏、采购马克思主义文献的基础上,制订翻译计划,拟翻译出版康姆尼斯特、马克思以及列宁丛书;组织翻译队伍,下设德文、英文以及法文三个翻译组,高君宇、范鸿劼、李梅羹、王有德、王复生等都曾是翻译组成员。尽管未能完成全部丛书翻译计划,但这些谙习外文的进步学生克服诸多困难,直接译出《共产党宣言》《资本论》第一卷以及《震撼世界的十日》等著作。上海共产党早期组织成立后,在陈独秀的组织和推动下,上海翻译出版了一批介绍马克思主义或社会主义的书籍,如李季的《社会主义史》、恽代英的《阶级争斗》、李汉俊的《马

格斯资本论入门》、陈望道的《共产党宣言》等。中国共产党成立后,中国
共产党人更加重视对马克思主义理论的宣传工作,于是创办人民出版社,
在中央局发出的第一个通告中明确提出:"中央局宣传部在明年七月以
前,必须出书(关于纯粹的共产主义者)二十种以上。"①对经典著述的翻
译,加速了马克思主义的传播,这从部分译著的发行量即可了然。如陈望
道翻译的《共产党宣言》首次印刷1000册,即刻售罄,9月再版;再如,李汉
俊翻译的《马格斯资本论入门》,是中国第一本介绍《资本论》的通俗读物,
一经面世即受到追捧,湖南文化书社将其列为重要书目,销量也位列销售
榜单前列。

　　除了对经典著述以及阐释马克思主义的文章进行翻译外,中国共产
党人还通过中俄通讯社②等多种渠道搜集、译载国外对俄国革命历史以
及苏维埃俄国建设现状等方面的文章。初步统计,从1920年9月到1921
年4月,《新青年》共办了6期"俄罗斯研究"专栏,刊载35篇介绍苏俄的文
章,其中译文就33篇。③俄国革命的发生、新生苏俄的建设成就,都是在
马克思列宁主义的指导下取得的,因此,这种译介是对人们认同、信仰马
克思主义最有力的宣传与说服。

　　建党时期中国共产党人译书不辍,在对英文、德文等原版马克思主义
著作进行翻译的过程中,让人们认识、了解到原真的马克思主义或是欧美
社会主义诸流派的学说与理论。"文本阅读与思想阐发构成在认识经典著作
过程中互为前提且辩证统一的两个基本向度。"④中国共产党人对马克思
主义的传播不是仅停留于对经典著述的译介,也不是简单的理论复制与
粘贴,而是积极撰写文章进行理论阐释与宣传,不断丰富传播内容。

---

　　① 中共中央文献研究室、中央档案馆编:《建党以来重要文献选编(1921—1949)》第一册,中
央文献出版社2011年版,第47页。
　　② 中俄通信社是中共第一家通讯社,由杨明斋负责,其主要任务是从共产国际、苏俄以及欧
美诸多报刊中搜集苏俄、国际共产主义运动等方面的信息,提供给国内报纸使用。
　　③ 数据统计来源于中共中央马克思恩格斯列宁斯大林著作编译局研究室编著:《五四时期
期刊介绍》第一集,人民出版社1958年版,第445—446页。
　　④ 刘同舫:《马克思主义经典著作百年研究历程与经验启示》,《光明日报》2020年11月
16日。

其一,中国共产党人的言说内容力求呈现完整形态的马克思主义。如李大钊的《我的马克思主义观》、杨匏安的《马克斯主义》、李达的《马克思还原》、蔡和森的《马克思学说与中国无产阶级》等,这些文章对马克思主义的介绍不再是零星的、片段的、不成体系的,而是从唯物史观、剩余价值学说到阶级斗争、无产阶级专政理论相对完整的呈现,促使人们从整体上把握马克思主义。在此过程中,中国共产党人开始建构中国的马克思主义话语体系,人们接受与获得的不再是经日本社会主义者过滤过了的、甚至由于理论的不成熟而不确切的马克思主义。其二,中国共产党人的言说视角聚焦阶级斗争与无产阶级专政。这是由于,中国先进分子对马克思主义的接纳与认可,从根本上说,是由其现实价值所决定的,即马克思主义是改造中国、解决社会问题的有力武器,而其中的阶级斗争和无产阶级专政的学说就是人们将中国从历史深渊中拯救出来的一把利器。因此,建党时期中国共产党人对此着墨颇多,除了前文提到的整体性阐述文章之外,还有陈独秀的《谈政治》、李达的《社会革命底商榷》、彭湃的《谁应当出来提倡社会主义?》、李启汉的《什么是共产主义》、杨匏安的《〈青年周刊〉宣言》以及蔡和森与毛泽东的通信等,都认为阶级斗争、社会革命是解决中国出路的必要手段。这就是说,中国共产党人从一开始就接受、拥护马克思列宁主义的革命原则,而不是经伯恩施坦、考茨基等修正主义者歪曲、篡改过的社会民主主义思潮。

此外,中国共产党人还以学校为据点,通过创办学校亦或是在学校担任教员等方式向青年学生宣传革命思想、培养革命人才。他们注重"主义"的广泛传播,特别是党的早期组织成立后,这种宣介进入有目的、有组织、有计划的阶段。尽管此时他们的理论修养还不够高、对马克思主义的宣传阐释还不够深入透彻、准确科学,但确是让更多的进步分子有了"共同信守的'主义'",实现"主义的结合",避免单纯"人的聚集,感情的结合","造成一种有势力的新空气"。①从诸多社会思潮中的涓涓细流到脱

---

① 中共中央文献研究室、中共湖南省委《毛泽东早期文稿》编辑组编:《毛泽东早期文稿(1912—1920)》,湖南人民出版社2013年版,第498页。

颖而出、激荡于中国大地,马克思主义为更多人所接受、所认同的历史过程,是中国共产党人对马克思主义真理认识日益深化的见证,亦是中国共产党人矢志不渝传播真理的注脚。

三、主义论争:在思潮论战中坚守马克思主义信仰

列宁曾指出,马克思的学说"在其生命的途程中每走一步都得经过战斗"[①]。1920年前后,第一次世界大战已将资本主义的矛盾充分暴露,但在世界的东方,在马克思列宁主义的指导下成功实行社会主义革命,建立起了无产阶级专政的苏维埃俄国。新旧社会制度的冲突在思想文化领域也表现得尤为激烈,"一切帝国主义的御用学者,都在百般设法地预防和反对社会主义革命,特别是攻击马克思列宁主义的学说"[②]。马克思主义要想彰显其真理性与独特性,就需要与其他社会思潮进行交锋与战斗,方能驱散迷雾、绽放光芒。在中国的传播亦不例外,1920年前后,马克思主义与各种反马克思主义思潮先后发生过三次论争,即"问题与主义"之争、关于社会主义的论战以及与无政府主义者的论战。中国共产党人坚定立场、以笔代伐,坚持真理的伟大建党精神在思潮论争中充分彰显。

(一)立场坚定,树立起保卫社会主义的大旗

近代中国是国内外各种政治力量争夺的焦点,各方利益主体都在找寻适合自己胃口、符合自己阶级需要的思想文化体系。这就决定了近代中国亦是国内外各种文化思想角逐的战场。随着俄国十月革命在中国影响的扩大以及五四运动后群众革命运动的兴起和发展,马克思主义为更多的中国先进分子所接受。思想理论不同,社会发展方向亦不同。马克思主义的广泛传播势必引起"帝国主义御用学者"的恐慌与敌视。正如胡适所言,作为一个实验主义的信徒,"看不过了,忍不住了"[③],于是想要发愤谈论政治。面对各种非马克思主义思潮的攻击与诘难,中国共产党人

[①]《列宁选集》第二卷,人民出版社2012年版,第1页。
[②] 彭明:《五四运动史》,人民出版社2022年版,第413页。
[③] 胡适:《我的歧路》,《努力周报》1922年6月18日。

站稳阶级立场、坚守理论信仰,毅然擎起马克思主义信仰大旗。

一方面,早期马克思主义者与各种非马克思主义思潮的代表人物在报刊上进行公开的、正面的思想对抗。如在"问题与主义"之争中,李大钊为躲避反动政府对所谓"过激主义"和"过激派"的迫害,在陈独秀被捕后被迫避走昌黎五峰山,但是政治环境的险恶并没有让这位中国最早的马克思主义者放弃对共产主义事业的坚守,他依然保持战斗精神,坚定捍卫自己的信仰选择。早就对胡适接办《每周评论》后刊载大量杜威讲演内容不满的李大钊,到达五峰山后即着手研究胡适文章并起草致胡适的公开信,向社会公开表示自己对于布尔什维主义的态度,是"喜欢谈谈"的,且认为布尔什维主义的流行将是世界文化的大变动,应该去研究、宣传它,并对攻击、污蔑这一主义的论调予以澄清。[1]随着共产党早期组织的建立,信仰马克思主义的队伍日益壮大,他们对马克思主义的宣传开始进入系统有组织的阶段。相应地,他们同反马克思主义派的思想论争已经具有相当的声势与规模。在关于社会主义的论战以及与无政府主义者论争过程中,上海的陈独秀、李达、陈望道、邵力子、施存统,北京的李大钊、邓中夏、何孟雄,湖南的毛泽东以及远在法国的蔡和森,湖北的黄负生等人纷纷加入,从不同方面对各种反马克思主义思潮进行批判与讨论,展现了坚定的阶级立场与理论信仰。这些论争内容大多公开地刊登于报纸上,如"问题与主义"之争中李大钊和胡适在《每周评论》上展开较量;在社会主义的论战中,陈独秀将论争双方的言论与思想集中刊载于《新青年》第8卷第4号"关于社会主义的讨论"专栏;与无政府主义的论战主要刊登在《新青年》《共产党》等杂志上,陈独秀还在《新青年》第9卷第4号上开辟"讨论无政府主义"一栏,公开呈现他与区声白之间思想论争的往来信件。这些五四进步刊物有着相当数量与规模的受众群体,论争促使更多的先进分子廓清马克思主义与其他思想流派的模糊认识,从而摆脱形形色色思潮的影响,走上马克思主义指引的道路。

---

① 参见中国李大钊研究会编注:《李大钊全集》第三卷,人民出版社2013年版,第53页。

　　另一方面,这种思想论争是相当广泛的,不仅仅局限于报刊上的公开对抗,还表现在五四进步社团、留法勤工俭学生等群体内部的尖锐斗争;不仅仅局限于国内,在国外亦形成严重对立。如在"问题与主义"之争中,胡适的《多研究些问题,少谈些"主义"》与李大钊的《再论问题与主义》这两篇文章是双方思想分歧的集中体现。当然,这次论争不局限于这两篇文章,也不局限于李大钊和胡适二人于1919年的争论,作为新文化运动的骨干,他们的思想与言论对当时整个思想文化界都产生了影响。一段时间内,深受新文化运动影响成长起来的"新青年"围绕要不要主义、要什么样的主义这一问题展开讨论,而网聚青年力量的各种进步社团也因成员之间不同的思想认识而日趋分化,1921年少年中国学会的分化即是如此。社会主义论战中,赴法勤工俭学的新民学会会员蔡和森与萧子升就曾对"改造中国与世界"这一问题出现了革命与改良两种极端相反的意见。二人分别致信给国内的毛泽东,毛泽东在复信中坚决支持了蔡和森的意见,并在1921年新民学会的年会上与会员一道讨论"改造中国与世界"的方法问题。在"社会政策""社会民主主义""激烈方法的共产主义(列宁的主义)""温和方法的共产主义(罗素的主义)""无政府主义"等诸多解决社会问题的方法中,毛泽东、何叔衡等人旗帜鲜明,绝大多数会员在他们的影响下选择了布尔什维主义。五四"新青年"的分化也恰恰说明,在论争中一部分青年知识分子明了了中国到底需要何种主义、需要何种方式,开始更加坚定马克思主义是救国真理、阶级斗争与革命是必然手段。

　　与无政府主义的论争不仅在国内,在留法学生中也激烈地进行着。这是因为,法国本身就是世界无政府主义思想的主要输出地,主办赴法勤工俭学运动的李石曾、吴稚晖等无政府主义者又在旅欧青年群体中广为散布无政府主义,再加之无政府主义所描绘的美好社会愿景,对既没有社会斗争经验又缺乏理论素养的青年群体来说极具吸引力,因此,无政府主义一度在旅欧群体中有相当大的势力和影响。旅欧共产主义者与无政府主义者之间的论争是不可避免的。如在1920年8月召开的工学世界社成立大会上,蔡和森、王若飞等人与无政府主义者的争论"互不相下,几至停会"①。蔡和森还把他翻译的《共产党宣言》全文写在纸上,一张张贴于会场的墙上。②在同年底召开的年会上,蔡和森与李维汉等又分别对自己所推崇的马克思主义以及无政府主义发表谈话,学社成员纷纷发表意见,从12月27日年会召开至29日晚间学社成员表决思想倾向,否认以无政府主义为理想的乌托邦,主张无产阶级专政、社会革命才渐趋成为思想共识。这与蔡和森等早期马克思主义者的坚决斗争密不可分。应该说,旅欧共产主义者与无政府主义派的思想斗争一直在持续着,在酝酿创建中国共产主义青年团旅欧支部时表现得尤为尖锐。一些无政府主义者于1922年1月创办《工余》月刊,在旅法勤工俭学生和华工中攻击中国共产党,污蔑俄国共产主义革命等,传播无政府主义思想。周恩来、赵世炎等则于1922年8月创办《少年》月刊与之针锋相对,进行坚决斗争。

可以看到,尽管此时的早期马克思主义者理论水平还不高,但他们在论争中站稳立场维护真理,使马克思主义的思想阵地得以不断扩大,这是具有深远历史意义的。

(二)运笔如枪,与各种反马克思主义思潮交锋交战

一方面,马克思主义者针锋相对,逐一回应、批驳各种非马克思主义思潮的攻击与挑战。"问题与主义"之争发生于五四运动期间,焦点即在于解决中国的问题是采用马克思主义还是实用主义,是依靠革命方式还是改良手段。深受杜威实验主义影响的胡适率先发难,写下《多研究些问题,少谈些"主义"》,主张不谈"主义",而要研究现存社会一个个具体问题的解决。③李大钊写下《再论问题与主义》一文,指出宣传主义与研究实际问题交相为用,"主义"之所以危险是由于空谈造成的,而非源自于"主义"本身。但凡一种主义、学说流行,难免有招假冒牌号的危险,关键是要宣传主义,作实际的运动从而识破那些假招牌。中国社会必须要有一个

---

① 清华大学中共党史教研组编:《赴法勤工俭学运动史料》第3册,北京出版社1981年版,第415页。
② 参见何长工:《勤工俭学生活回忆》,工人出版社1958年版,第61页。
③ 参见胡适:《多研究些问题,少谈些"主义"》,《每周评论》1919年第31期。

根本的解决，必须展开阶级斗争和革命。①此后，针对胡适的《新思潮的意义》，李大钊撰写《由经济上解释中国近代思想变动的原因》，对胡适的改良主义及对马克思主义的污蔑，从历史唯物主义角度出发予以驳斥和反击，深化"问题与主义"论战的内容。马克思主义在中国的广泛传播及其与工人运动的紧密结合，印证了这场论争的优胜者。

　　回答了中国是否需要主义的问题后，随之而来的是，中国到底需要什么样的主义？举什么样的旗、走什么样的路？张东荪、梁启超等研究系成员认为，救中国的唯一出路就是依靠绅商阶级发展实业、增加富力，如此才能使大多数人得着"人的生活"。同时，极力掩盖阶级矛盾的存在，主张阶级调和的"温情主义"，竭力防止阶级斗争的发生。竭力强调中国产业落后，没有劳动阶级且仅有的少数工人也尚未自觉、产生阶级意识。因此，真正的劳农主义在中国决不会发生。②也就是说，他们口头上喊着"资本主义必倒，社会主义必兴"，但实质上是要在中国发展资本主义。为正视听，共产党早期组织的成员分析欧美、日本资本主义带来战争、欺诈、生产的无政府无秩序状态等种种弊病，认识到让本就幼稚、发展不充分的中国资本主义将国家引向富强与独立不免是一种空想，社会主义是唯一出路。再有，剥削是存在的，阶级矛盾亦是不容抹杀的，温情的改良道路更是在中国行不通。那么，中国会发生劳农革命吗？他们接着又指出，中国存在劳动阶级，只是尚未得以有效组织。他们的悲惨程度远甚于欧美、日本的无产阶级。而"社会革命的标准在客观的事实……在无产阶级经济生活，被压迫被剥削的程度之深浅，及阶级觉悟的程度之深浅"③。因此，革命必然会兴起，工人阶级的组织也必然产生。这次论争，随着中国共产党的诞生以及工人运动等革命活动的开展，以事实印证了研究系鼓吹内容的虚假性。

　　五四运动后，社会主义成为中国思想文化界的流行语。但社会主义

---

　　① 参见中国李大钊研究会编注：《李大钊全集》第三卷，人民出版社2013年版，第50—52、55页。

　　② 参见中国社会科学院近代史研究所编：《五四运动文选》，生活·读书·新知三联书店1959年版，第436、468、471、474—475页。

　　③《蔡和森文集》上，人民出版社2013年版，第80页。

到底是什么样子的,一时间众说纷纭、鱼龙混杂。马克思主义是其中一种,无政府主义亦是一度颇有市场的社会主义思潮。北京、广州等地的共产党早期组织都曾存在无政府主义者,甚至一段时间内,有人认为十月革命是无政府主义者的胜利。但当双方意识到两者存在着根本的、原则上的分歧时,以黄凌霜、区声白等为代表的无政府主义者发难,否认一切形式的国家存在,包括无产阶级专政的国家,认为这是对个人的压制。与之相关联的,无政府主义要求极端自由主义,反对任何组织纪律的存在。基于这种个人万能、绝对自由的思想,无政府主义反对集中、有计划的生产,主张"自由人的自由联合管理",分配上实行"各尽所能各取所需"。①对此,早期马克思主义者指出,不能抽象地反对一切强权,只有建立无产阶级的强权才能消灭资产阶级的强权造成的不平与痛苦,且无产阶级专政是把有产阶级势力连根拔起、避免资本主义制度死灰复燃或是帝制恢复的有力保障,其最终目的不是要建立无产阶级特权,而是要借此撤废一切阶级和专政。②在如何处理个人与组织、自由与纪律的关系方面,他们认识到其中的辩证关系,并指出极力鼓吹个人的绝对自由,那么一切形式的联合都将不断分裂,在经济上回归手工业时代、在政治上回归部落时代,必要的集中和一定的纪律是革命的必要条件。在社会生产和分配方面,为避免生产组织陷入混乱无序状态,需要国家权力对经济生活的干涉,分配制度要依据生产力发展程度来决定。经过斗争,无论是知识分子还是工人群体,很多人对马克思主义与无政府主义之间的模糊认识得以廓清,从而坚定地走上拥护马克思主义的道路。黄爱、庞人铨及他们领导的"湖南劳工会"在毛泽东、何叔衡的影响下接受改组、放弃无政府主义,即是马克思主义与无政府主义斗争较量中的一次重大胜利。

另一方面,马克思主义者已经开始关注马克思主义在中国能否落地以及如何落地的问题,即理论与实际怎样结合的问题。不可否认,马克思

---

① 汪信砚主编:《李达全集》第一卷,人民出版社2016年版,第45—46页。
② 参见《陈独秀文集》第二卷,人民出版社2013年版,第32—33页;中国社会科学院现代史研究室、中国革命博物馆党史研究室选编:《"一大"前后——中国共产党第一次代表大会前后资料选编》一,人民出版社1985年版,第257、263页。

主义在中国的早期传播与中国社会实际还有一定的隔膜,但部分马克思主义者已经意识到,马克思主义作为一种外来思想,需要应用于中国的社会实际。"问题与主义"之争中,李大钊指出,主义"有理想与实用两面",理想无论在哪一国都大致相同,但要"因时、因所、因事"的不同将"理想适用到实际的政治上去"。①社会主义亦是如此,要想使社会主义在世界上发生影响,就不能空谈,就必须"应用于环绕着他的实境"②。再如社会主义论战中,施存统在《马克思底共产主义》一文中指出,马克思主义的全部理论是以产业发达国家的情况为根据的,但这并不是说马克思主义是一个死板板的模型,在中国主张马克思主义决不能"囫囵吞枣""食古不化",而是应当遵守马克思主义的根本原则,不必拘泥于枝叶政策。③这些思想彰显了理论与实际相联系的趋势与导向,在马克思主义传播的早期阶段能有这样的认识,是难能可贵的。

　　进一步讲,建党时期中国共产党人在论争中也并未就理论谈理论,而是结合中国社会实际用事实加以批驳与反击。如对于张东荪等人提出的只有用资本主义振兴实业,才能让大多数人得着"人的生活"的观点,马克思主义者以开滦煤矿、京奉铁道等北方重要工业企业中工人的生存现状予以驳斥。他们指出,这些资本主义发展的实业非但没有减少人们生活上的苦痛,还经常发生矿坑烧死工人、铁桥压死工人等安全事故;多数人都吃了官僚、武人、绅士土豪的亏,并没有得着"人的生活"。④再如,对于张东荪等人称工人阶级的痛苦不是来自资本家,中国不存在坐食利息的股东等观点,陈独秀以招商局、开滦矿务局,大生、恒丰、厚生、德大等纱厂,商务印书馆等实业股票实际所有者进行诘问,戳穿研究系理论的虚伪性。⑤这

---

　　①中国李大钊研究会编注:《李大钊全集》第三卷,人民出版社2013年版,第51页。
　　②中国李大钊研究会编注:《李大钊全集》第三卷,人民出版社2013年版,第51页。
　　③参见中国社会科学院现代史研究室、中国革命博物馆党史研究室选编:《"一大"前后——中国共产党第一次代表大会前后资料选编》一,人民出版社1985年版,第337页。
　　④参见中国社会科学院近代史研究所编:《五四运动文选》,生活·读书·新知三联书店1959年版,第437—438页。
　　⑤参见中国社会科学院近代史研究所编:《五四运动文选》,生活·读书·新知三联书店1959年版,第461页。

就让更多人看到,用马克思主义解决中国出路问题,不是某一群体强加的意识形态选择,而是有现实依据的,是符合中国国情的。

在此基础上,马克思主义者依据中国社会实际,提出若干有创造性的观点。如对于经济文化落后的国家走社会主义的发展道路,是否违背了马克思主义社会发展的规律问题,李达指出,社会革命并没有在英美等国发生,而是在发达程度远不如英美等国的俄国实现,这其中有"他种人为势力",即"非妥协的阶级斗争"的促进作用。他进而提出,中国开展社会革命没有必要受理论上的拘束,而是要努力去实行,促成社会革命发生的速度。①也就是说,中国最先进的分子已经认识到,社会革命的实现,不仅取决于资本主义的发达程度、取决于经济因素,还与阶级力量的对比和无产阶级及其领导者的努力程度有关。这一认识就为在半殖民地半封建社会的中国开展共产主义革命运动的合理性、合法性做好了思想铺垫。即马克思主义如何在中国实行,全靠共产主义者的努力,努力的方向就是以革命的方式进行经济组织的改造,进而解放和发展生产力,为新的社会制度的建立奠定物质基础。社会革命不是非要在资本主义发达到一定程度的国家才会发生,中国也不必非要经由资本主义制度、生产力得到相当程度的发展后再进行社会革命。

当时中国尚处于马克思主义思想运动的初兴阶段,对这些非马克思主义思潮,若不加以及时反驳和批判,会让人们在对救国真理的选择过程中陷入徘徊歧路、裹足不前,严重阻碍马克思主义的广泛传播。尽管此时的中国共产党人运用马克思主义基本原理审视、剖析中国具体问题的能力还不足,对中国共产主义革命运动方法和步骤的阐释难免有不确切的地方,如在关于社会主义的讨论中,他们对半殖民地半封建社会的中国革命需分两步走还缺乏清醒的认识,对民族资本主义经济的发展之于中国的意义还缺乏理性的判断,但他们在论战中站稳了立场,在交锋与战斗中不断深化人们对马克思主义基本立场、观点的认识以及与其他社会思潮的界限,认识到马克思主义所具有的真理价值以及改造社会的现实力量,从而

---

① 参见汪信砚主编:《李达全集》第一卷,人民出版社2016年版,第50页。

走上马克思主义信仰之路。坚持真理的伟大精神因此而熠熠生辉。

第二节 胸怀理想,点亮明灯引路指航

在马克思主义的话语体系中,真理与理想信念如影随行,掌握真理必然要求胸怀远大理想,必然要求以实现社会主义、共产主义为目标导向。①中国共产党人在选择了马克思主义作为救国真理后,即把实现共产主义作为政党的远大目标,把社会主义和共产主义作为救时良方,并向人们初步展示了未来社会的基本特征以及实现的方法手段。"始终为支持共产主义而战"②,这是中国共产党人胸怀理想、坚守理想的生动写照。

一、着眼世界潮流与中国所需,认定社会主义和共产主义是救时良方

习近平总书记强调:"中国共产党之所以叫共产党,就是因为从成立之日起我们党就把共产主义确立为远大理想。我们党之所以能够经受一次次挫折而又一次次奋起,归根到底是因为我们党有远大理想和崇高追求。"③这就是说,实现共产主义是中国共产党的建党初衷,是矢志奋斗的终极目标。这在上海发起组制定的《中国共产党宣言》以及党的一大通过的第一个纲领中都有体现。而之所以能够擘画出这一宏伟目标,是中国共产党的先驱们在对资本主义制度的深刻反思中、在对世界发展大势及中国国情的深度把握下、在对形形色色的社会主义学说的比较鉴别中认定的,是中国共产党人以能否解决中国实际问题作出的理性思考与选择。

---

① 本文所探讨的社会主义和共产主义,除作特别说明外,均指的是马克思的社会主义和共产主义思想。

② 汪信砚主编:《李达全集》第一卷,人民出版社2016年版,第390页。

③ 习近平:《在庆祝中国共产党成立95周年大会上的讲话》,人民出版社2016年版,第10页。

107

(一)深刻剖析资本主义生产方式的固有矛盾,指出社会主义代替资本主义是历史发展的必然

马克思主义认为,资本主义生产方式的基本矛盾,即生产社会化和生产资料资本主义私人占有之间的矛盾,是无法克服的。这必然导致剥削的存在以及阶级的对立,必然导致经济危机的周期性发生。因此,资本主义终将被更先进的社会制度,即社会主义所代替。这一重任由谁来担负呢? 无产阶级是实现这一变革的主体力量,肩负着埋葬资本主义制度、建设社会主义的历史使命。

对于资本主义生产方式存在的基本矛盾和弊端,马克思主义者有着较为深刻的认识。例如,陈独秀从资本私有导致雇佣劳动的存在,以及生产的无政府状态导致生产过剩从而引发经济恐慌两方面,分析了资本主义生产方式的缺点;解说资本家对剩余价值的占有与追逐导致分配上的极度不均。而社会主义生产资料的公有制以及对生产分配的调节,可以救济资本主义制度的缺点。[1]再如,李达也清楚地看到,资本主义的产业组织不受政治力支配,处于无政府的混乱状态,而生产过剩带来的恐慌与失业的苦痛也只能由劳动阶级来承担。因此,他主张有中央权力调控的共产主义的生产组织。[2]也就是说,社会主义替代资本主义,是世界经济矛盾演进必然的结果。与此同时,他们还认识到,资本私有以及剩余价值,在造成资产阶级在整个经济社会强盛地位的同时,也蕴含着资本主义必然崩溃、不可挽救的历史运命。这是因为,资本主义生产方式的基本矛盾不可抗拒,资本主义制度"惹起国际战争""经济恐慌""贫富的悬隔愈甚"。[3]更主要的是,它培植了埋葬自身的力量即无产阶级势力。劳动者在这一过程中开始觉悟其自身权利,开始意识到自身是自由竞争及私

---

[1] 参见中国社会科学院近代史研究所编:《五四运动文选》,生活·读书·新知三联书店1959年版,第528—529、532页。

[2] 参见中国社会科学院近代史研究所编:《五四运动文选》,生活·读书·新知三联书店1959年版,第497页。

[3] 中国社会科学院近代史研究所编:《五四运动文选》,生活·读书·新知三联书店1959年版,第494页。

有财产制度的牺牲品,要想得着全体的福利,需永远除去自由竞争及私有财产制度,建设共同生产、共同消费的社会主义。由此,"社会主义运动的大势以成"①。

问题是,中国资本主义的生产规模和发展程度没有西方那样发达,是不是意味着中国不存在资本主义生产方式的基本矛盾抑或是矛盾没有那么尖锐,还可以继续走资本主义道路? 仅以生产资料私有制下剥削阶级对剩余价值的占有为例,他们认为,中国无产阶级的武人政治以及国际资本主义的剥削压迫下,其悲惨程度更甚于欧美日本等国家的无产阶级。陈独秀列举了中国一纱厂实际经营中的净利分配方式,劳动者只获得生产品的小部分价值,大部分变为资本家荷包里的剩余价值,两者之间存在巨大差距。②李达更是看到中国资本主义与官僚、武人、绅士、土豪互相结托,多数人除了为奴隶、为牛马外,别无生活门径,甚至还存在求为奴隶与牛马而不得的情况。③也就是说,中国和西方的资本主义虽然发展程度不同,但资本主义制度的弊病与罪恶照例上演。在这样的背景条件下,如若继续走欧美资本主义道路,那么,得人的生活者将愈少,中国也将穷到极点。要想改变这一状况,劳动者只有信奉社会主义,实行社会革命,铲除资本家,否则,别无他法。④

接下来的问题是,中国的产业不发达,存在这样一个能够推翻旧世界、建设新世界的主体力量吗? 张东荪等人就认为,中国工人仅存在于交通埠头的少数工厂中,人数极少且阶级意识与阶级自觉尚未发生,不能成为政治上、经济上的有力阶级。⑤还有人认为,中国劳农阶层的程度低,无法担负劳农专政的重任。简而言之,中国不存在真正的工人阶级,在此

① 中国社会科学院近代史研究所编:《五四运动文选》,生活·读书·新知三联书店1959年版,第495页。

② 参见《陈独秀文集》第二卷,人民出版社2013年版,第119—120页。

③ 参见中国社会科学院近代史研究所编:《五四运动文选》,生活·读书·新知三联书店1959年版,第438页。

④ 参见中国社会科学院近代史研究所编:《五四运动文选》,生活·读书·新知三联书店1959年版,第435页。

⑤ 参见中国社会科学院近代史研究所编:《五四运动文选》,生活·读书·新知三联书店1959年版,第468页。

背景下提倡社会主义,终将流于空谈。对此,马克思主义者进行了正面回答。他们认为,中国不仅存在无产阶级,且其势力正在发展增长,共产主义者若加以组织引导,便可汇聚成一股强劲的革命力量。例如,李达认为,中国有着大量的失业群体,中国是劳动过剩,而不是没有劳动阶级。劳动者并非不经过资本主义便不能自觉,对这些失业而沦为游民的劳动者,若施以教育和团体的训练,他们是可以主张自身权利的。①故此,资本主义生产方式不可抗拒的矛盾,让中国的先进分子认识到,中国并不是非要走已经被欧美国家证实了的资本主义的错路,而是要组织新的社会,且中国有实现这一变革的主体力量。

(二)分析研判世界大势与中国国情,指出中国选择社会主义道路的历史必要性

社会主义是资本主义发展的必然结果,那么,中国的资本制度并不发达,在中国提倡社会主义是不是还"太越阶"呢?在俄国十月革命的影响下,中国的先进分子突破了马克思主义关于社会主义需要在资本主义充分发展的基础上才能建成的思想,认识到在帝国主义和无产阶级革命的时代条件下,在中国讲社会主义不仅可能且极为必要。

部分马克思主义者从世界大势出发,认识到资本主义的崩坏在世界范围内已成为一种必然趋势,取而代之的是社会主义和共产主义。而中国要想在国际社会存立,就需要追赶。如若追赶之路选择跟随西方资本主义的发展道路亦步亦趋,那结果只能是中国进化到世界现在之发展状况,而世界早已发生改变,永远无法实现与世界发展的协调一致。李大钊对中国与世界发展之间的差距有过这样形象的比喻:"正如人家已达壮年,我们尚在幼稚;人家已走远了几千万里,我们尚在初步。"②为此,中国要紧跟世界的潮流与动向,即是"要进化到了社会主义,混乱才能终

---

① 参见中国社会科学院近代史研究所编:《五四运动文选》,生活·读书·新知三联书店1959年版,第496、500页。

② 中国李大钊研究会编注:《李大钊全集》第三卷,人民出版社2013年版,第359页。

止"①。陈独秀认为,资本主义制度之下,社会充满"贪鄙、欺诈、刻薄、没有良心",甚至还带来战争。世界资本主义即将崩溃,"中国那能够拿国民性和特别国情等理由来单独保存他"。②他放弃了其一度推崇的西方资本主义民主政治制度,看到共和政治为社会主义所代替是不可避免的历史发展趋势,就如同当年封建制度为共和政治所代替一样。施存统也指出,资本主义的生产方式在增加资产阶级财富的同时,也给无产阶级带来了可怕悲惨的生活,大多数人在资本主义制度下过不上"人的生活"。在世界资本主义已由发达转向崩坏的情形下,中国的资本主义也没有独存之道理。俄国已为全世界开辟了一个新纪元,各国无产阶级此时需要携手协力,共建共产主义的世界,中国自然需要加入其中,如此才能共同创造人的世界。③李汉俊列举陈述了黄花岗起义是清朝将亡的征兆,法兰西革命是世界君主贵族统治溃灭的烽号,而俄国十月革命是资本主义制度在世界崩坏的预兆。④据此,他笃信社会主义是必然趋势,是中国的出路所在。

综上可见,建党时期中国共产党人达成这样一个共识,即世界是一个有机的统一体,从世界发展潮流与趋势审视中国的前途命运与道路选择,中国没有必要在了然资本主义制度弊端的情况下,仍然让其在中国存续残喘。同时,他们提出,只有进化到社会主义才是符合世界潮流的道路选择,才能不断消弭横亘在中国与世界之间的巨大沟壑。也就是说,中国最先进的分子坚信,社会主义和共产主义是救时良方。

与此同时,他们还仔细研考中国当时的政治经济社会情形,以是否符合近代以来中国社会发展的客观规律为导向,从而选择社会主义的救国出路。一方面,他们否定了通过走资本主义道路完成近代中国两大历史

---

① 中共一大会址纪念馆编:《中共一大代表早期文稿选编(1917.11—1923.7)》上,上海人民出版社2011年版,第510页。

②《陈独秀文集》第二卷,人民出版社2013年版,第82、126页。

③ 参见中国社会科学院现代史研究室、中国革命博物馆党史研究室选编:《"一大"前后——中国共产党第一次代表大会前后资料选编》一,人民出版社1985年版,第265—266页。

④ 参见中共一大会址纪念馆编:《中共一大代表早期文稿选编(1917.11—1923.7)》上,上海人民出版社2011年版,第509—510页。

任务的可能性。中国共产党人看到,中国已经沦于资本—帝国主义的侵略之下,在西方资本主义势力与中国封建势力的夹缝中,资本主义之于当时的中国已没有充分发展的可能。①对于张东荪、梁启超等人希望中国通过发展资本主义从而达到增加富力目的的主张与言论,陈独秀在关于社会主义的论战中指出:"革中国资本家命的,不是可怜的中国工人,乃是可怕的外国穆藕初、虞洽卿先生们"②。也就是说外国资本主义对中国的压迫一天甚于一天,已经牢牢束缚中国。再加之,中国资产阶级多为外国资本主义掠夺中国人民的帮凶,双方在一定程度上的利益捆绑使得他们不可能起来反抗外国资本主义,遑论实现民族独立与人民解放了。这也就从主客观两方面否决了资本主义在中国独立发展的可能。进而,陈独秀还谈到,让多数人得不着人的生活的是资本主义生产制,而无关资本家是外国人还是中国人。即是说,如果中国走资本主义道路,仍避免不了中国人民贫乏之境况,何谈国家富强与人民幸福? 中国共产党人通过对中国国情,特别是资本主义在中国发展状况的深刻洞察与透彻分析,真切地认识到要想通过资本主义救中国,"再过一两世纪也没有希望"③。

另一方面,中国共产党人指出中国要走马克思的共产主义,即革命的社会主义道路的紧迫性与必要性。资本主义道路与制度无法完成救国救民的历史任务,但现实的中国国情是,外国资本主义对中国的侵略与压迫却一日未曾减弱,"就快做中国底主人翁了"④。李汉俊对中国的乱源有过深刻论述。他认为,外国资本主义不仅侵略与掠夺中国,还与中国封建残余相勾结共同挤压中国民族资产阶级,且各国资本主义为各自利益又在中国互相竞争,这些造成了中国的混乱。面对这"混沌而且激烈的变乱",李汉俊没有选择悲观和绝望,而是指出唯有进化到社会主义,才能终

---

① 参见中共一大会址纪念馆编:《中共一大代表早期文稿选编(1917.11—1923.7)》上,上海人民出版社2011年版,第512页。

②《陈独秀文集》第二卷,人民出版社2013年版,第88页。

③《陈独秀文集》第二卷,人民出版社2013年版,第88页。

④《陈独秀文集》第二卷,人民出版社2013年版,第87页。

止混乱。①陈独秀也发出疾呼："若不取急进的 Revolution"，中国面临的形势时间上恐怕等不了"渐进的 Evolution"。②也就是说，危如累卵的中国，促使中国共产党人选择社会主义，断行革命手段挽救民族危机。同时，要想反抗侵略与压迫，处于被剥削与压迫地位的劳工阶层的智识状态、组织程度以及阶级觉悟至关重要。然而，这恰恰是中国现实政治状况的软肋。劳工阶层智识水平低且没有组织，在反抗剥削与压迫的过程中难以开展有效的斗争，难以实现真正的解放与民族的独立。为此，他们认识到，只有造成公然的群众运动，建立无产阶级专政，开展共产主义运动，才能实现真正的人民解放。再加上工读主义、新村主义等诸多改良试验的失败，促使中国共产党的先驱们深感开展共产主义革命的急要与迫切。

（三）从对诸多社会主义思潮与流派的对比中，指出中国应讲何种社会主义

当然，对科学社会主义的选择以及对共产主义事业的追求，更是中国共产党的先驱们在对当时工团主义、基尔特社会主义、无政府主义、国家社会主义以及共产主义等较有影响的各种社会主义流派进行分析与考察的基础上作出的理性思考。

对于工团主义，认为其专注于经济行动，排斥国家和政权的存在，其结果只能是在资本主义制度下呻吟。基尔特社会主义主张由行会代表生产者权利，由国家代表消费者权利，希望实现两者之间公平的调和，然而这种调和终究不过是劳资关系的调和，以延长资本主义政治制度为最终目的。无论是工团主义还是基尔特社会主义，他们的共通之处就是主张产业自治，这对于经济命脉受控于资本—帝国主义国家的中国而言，无异于天方夜谭，只能是张东荪之流的"闭着眼睛坐在屋里乱讲"③。无政府

---

① 参见中共一大会址纪念馆编：《中共一大代表早期文稿选编（1917.11—1923.7）》上，上海人民出版社2011年版，第505、510页。

②《陈独秀文集》第二卷，人民出版社2013年版，第87页。

③ 中共中央文献研究室、南开大学编：《周恩来早期文集（1912.10—1924.6）》下卷，中央文献出版社、南开大学出版社1998年版，第460页。

主义不过是"不识时务穿着理想的绣花衣裳"①,其绝对自由的主张无论是在经济领域还是在政治领域都是行不通的,其主张的各取所需更是超越了中国现实经济发展状况,"玄虚已去西天阿弥陀佛不远了"②,是没有办法实现的空想。之于国家社会主义,表面上挂着马克思主义的招牌,实际上是主张劳资携手、在资本主义制度下讨恩惠、不要无产阶级专政而追求民主政治。然而,饱受剥削与压迫的中国劳动阶层早已痛不堪痛,劳资之间的矛盾已经无法调和,斗争已然无法避免,议会政策和民主政治的丑态在辛亥革命后的政治实践中暴露无遗,不过是"向老虎讨肉吃,向强盗商量发还赃物"③,终将是求而不得。故此,国家社会主义在中国也没有生存空间。

无论是理论上的研究,还是实践中的反思,中国共产党人认识到,要求改善经济待遇、要求发动统治阶层施以仁政的"温情主义"方法,不过是"主人待奴隶"一般"没有保障的恩惠",都将是徒劳无功;④而"'议学号'的先生们,在人民头脑里比粪坑还臭千百倍"⑤。要想谋求中国出路,必须改造、而非改良,必须从根本上变革经济制度和政治制度,"跟着俄国的共产党一同试验新的生产方法","建设劳动者的国家以至于无国家"。⑥在正反两方面的论述中,中国共产党人在纷繁复杂的诸多社会思潮中选定了马克思的社会主义和共产主义道路。

二、消除误解与污蔑,初步勾勒理想社会的基本轮廓

建党前后,马克思主义逐渐为人们所了解和接受。但由于时间不长,人们对社会主义、共产主义的认识还不够全面、理解还不够深入,甚至存在诸多曲解之处,导致各种谬论流传,对社会主义、共产主义望而生畏。再加之,共产主义者的目的在于实现每个人自由而全面的发展,而这一目

---

① 《蔡和森文集》上,人民出版社2013年版,第78页。
② 汪信砚主编:《李达全集》第一卷,人民出版社2016年版,第347页。
③ 汪信砚主编:《李达全集》第一卷,人民出版社2016年版,第27页。
④ 《陈独秀文集》第二卷,人民出版社2013年版,第13页。
⑤ 汪信砚主编:《李达全集》第二卷,人民出版社2016年版,第31页。
⑥ 《陈独秀文集》第二卷,人民出版社2013年版,第76—77页。

的的实现,要以推翻现存的社会制度为前提。因此,共产主义从一开始就受到资产阶级的抵制与反对、围攻与污蔑。对于这些无知和偏见,若不及时加以纠正,"遗害决非浅鲜"①。中国共产党人对这些误解与污蔑及时予以澄清与回击,从正向维度勾勒社会主义和共产主义社会的基本特征,激发人们向未来理想社会进发的奋斗热情。

(一)澄清与回击人们对社会主义和共产主义的误解和污蔑

1920年前后,社会主义、共产主义被一些人称之为"过激派的过激主义"②,这既是国内外资产阶级、本国封建军阀等反动势力的蓄意鄙视、有意抹黑、吓人吓己的伎俩,又有人们对这一未来社会形态不甚明了的困惑。一时间,社会主义是"唱高调""太新""离我们的生活太远"③等"共产主义渺茫论"与"共产主义失败论"等错误观点被散播。对此,中国共产党人坚决捍卫共产主义事业的正当性,深化对社会主义和共产主义的理论阐释与宣传研究,对一切攻击社会主义和共产主义的不实之词予以驳斥。

例如,一些不懂社会主义的人,将其视为洪水猛兽,"以为一旦实行社会主义,就破坏生产机关,或者将生产机关分散,生产事业就要永远停止,人民就得不着生活资料了"④。这是认为社会主义只有破坏而没有建设,认为社会主义会对实业发展产生阻碍。对此,陈独秀深刻批判资本主义生产方法和分配原则的缺点,进而指出社会主义生产和分配的优越性,即生产方面废除资本私有和生产过剩,分配方面废除剩余价值,从而避免经济危机和社会不安的状况。⑤李达在关于社会主义的论战中,对比了资本主义和社会主义两种不同的分配方法,指出前者是"无政府无秩序的状态",后者是"有秩序有政府的状态"。⑥在他们看来,在社会主义的生产

① 汪信砚主编:《李达全集》第三卷,人民出版社2016年版,第135页。
② 中国社会科学院现代史研究室、中国革命博物馆党史研究室选编:《"一大"前后——中国共产党第一次代表大会前后资料选编》一,人民出版社1985年版,第226页。
③《彭湃文集》,人民出版社2013年版,第9页。
④ 汪信砚主编:《李达全集》第一卷,人民出版社2016年版,第382页。
⑤ 参见《陈独秀文集》第二卷,人民出版社2013年版,第119—120页。
⑥ 汪信砚主编:《李达全集》第一卷,人民出版社2016年版,第382页。

方式之下,利用和压迫他人、经济恐慌、人民失业等现象是绝对不会发生的。施存统也指出,共产主义的生产力比资本主义要大得多,再加以公平地分配,那么使无产阶级得到"人的生活",便不很难了。①这些澄清,让人们认识到社会主义不仅不会带来生产的破坏与停滞,不会导致人们衣食无着与贫穷落魄,反而会使社会生产走向有序,使人民不再受到盘剥。

又如,有人将社会主义与危险、恐怖相联系,以讹传讹,认为"一切暗杀革命是社会主义,一切社会主义是暗杀革命"②。持有这种观点的人,是把马克思主义者实现社会主义、共产主义的手段等同于目的,没有看到无产阶级革命只是无产阶级获得政权的手段,而非其最终目的,且不了解采取革命手段的必要性、正义性与正当性。对此,中国共产党人指出,劳动阶级只有采取"最普遍最猛烈最有效力的"手段——"阶级争斗手段"进行"直接行动",③才能推翻反动的统治阶级,才能革了"那资产阶级据以造作罪恶的国家、政治、法律底命"④,这是无产阶级获得政权的前提。也就是说,无产阶级并不是唯独偏爱于暴力革命,革命只是无产阶级铲除痛苦不可避免的方法,除非采取消极态度,"抱无抵抗主义,求上帝无形之安慰"⑤,那就不会与旧势力产生冲突了。同时,中国共产党人在看到暴力革命这一"非法"的手段是获得政权的一般形式之外,也注意到采取公开的、和平手段的重要性与可行性。例如,在中共一大上,李汉俊等人认为,公开的政治活动是必要的,在劳工运动方面改善工人状况、开阔工人眼界,引导工人争取出版自由、集会自由的权利,在议会斗争方面与其他被压迫党派联合行动等。这表明,部分中国共产党人已经开始意识到实行公开斗争与秘密活动、革命手段与和平斗争相结合的重要性。虽然在中共一大会议上及至一大会议后这一观点未得到多数党员的认同,但中国

① 参见中国社会科学院现代史研究室、中国革命博物馆党史研究室选编:《"一大"前后——中国共产党第一次代表大会前后资料选编》一,人民出版社1985年版,第266页。

② 恽代英:《论社会主义》,《少年中国》1920年第2卷第5期。

③ 汪信砚主编:《李达全集》第一卷,人民出版社2016年版,第388页。

④《陈独秀文集》第二卷,人民出版社2013年版,第37页。

⑤ 中共中央文献研究室、南开大学编:《周恩来早期文集(1912.10—1924.6)》下卷,中央文献出版社、南开大学出版社1998年版,第464页。

共产党的先驱们对此问题进行了充分讨论,这为中共二大前后党对革命斗争方式与斗争策略作出调整奠定了思想基础。例如,中共二大通过的有关工会运动的议决案,即提出工会应着手"经济改良运动"和"劳动立法运动"。关于议会行动的议决案,指出党作为代表人民利益的先锋军,应到议会中去高声告发军阀统治的罪恶,为劳工阶层的利益进行辩护。这些主张向人们宣告推进社会主义运动不仅只有革命手段这一种方式。同时,中国共产党人还在实际运动中积极开展合法斗争,如1922年的劳动立法运动等。这在很大程度上也消除了人们将社会主义等同于恐怖、危险的错误认识。

再如,还有一些人以为,共产主义就是"平均财富""彼此通财"等。[1]对此,中国共产党人指出,共产主义的财产公有不是"均富分财",因为这种"均产主义"只是将现社会各人之私有财产进行平均分配而已,并未改变财产私有的性质;共产主义所主张的是废除私有制。[2]在生产资料实行社会占有这一思想认识下,有些人借此鼓吹"社会主义是提倡公妻",以此制造社会思想混乱。对此,彭湃指出,妓馆林立,购买妇女充为娼妓,资本家、官僚、富豪、商人公然滥行肉欲,现实社会才有公妻的存在。[3]他还在《陆安日刊》第4号上发表《反对公妻论》。[4]沈玄庐在《劳动与妇女》第6期上发表《你们"公妻梦"还没有醒么?》一文,驳斥反动势力"诬蔑社会主义者创妇女共有制"的错误论调。[5]中国共产党人引导人们认识到社会主义所主张的是自由恋爱,而不是公妻。这些针锋相对的批驳,进一步廓清了废除私有、提倡公有的正确意涵。

当时,针对社会主义、共产主义的污蔑与误解还有很多,中国共产党人以对社会主义和共产主义理想信念的执着追求,进行了有力辩解与批

---

① 汪信砚主编:《李达全集》第二卷,人民出版社2016年版,第5页。
② 参见林健柏、李致宁编:《李启汉》,广东人民出版社1984年版,第111—112页;《彭湃文集》,人民出版社2013年版,第5页。
③ 参见《彭湃文集》,人民出版社2013年版,第6页。
④ 参见《彭湃文集》,人民出版社2013年版,第362页。
⑤ 参见陈独秀主编:《红藏 进步期刊总汇(1915—1949) 劳动界 劳动与妇女》,湘潭大学出版社2014年版,第413—414页。

驳。值得关注的是,对理想的坚守体现在国内外中国共产党人的一致行动中。例如,俄国推行新经济政策政策后,"俄国共产主义失败",苏俄"放弃共产主义"的言论甚嚣尘上。对此,周恩来在欧洲、李达在国内通过撰写文章、翻译著述等方式,驳斥了资产阶级、小资产阶级对新生苏维埃俄国的诽谤,引导人们正确认识苏俄这一政策的依据以及社会主义制度的优越性,从而坚定社会主义和共产主义运动道路。①

(二)从正向初步描绘社会主义和共产主义社会的基本特征

社会主义与共产主义社会到底是一种什么样的社会制度与形态呢?只有对这一问题给予正面回答,勾勒与呈现未来社会的美好图景,才能明确斗争方向,最大限度地激发人们共同担负共产主义事业,壮大革命队伍。基于马克思主义基本原理和苏维埃俄国的经验,中国共产党人对未来中国社会的蓝图与概貌进行了阐发。

消除剥削与压迫,是中国共产党人对社会主义和共产主义的首要定义。在李达看来,劳动问题是社会的大问题,社会主义就是这一问题最大的根本解决方法,能够使劳动者免于饿死和冻死、摆脱资产阶级的剥削与压迫。那么,社会主义又是如何能够解决呢? 李达接着回答,社会主义是要"救济经济上的不平均"和"恢复人类真正平等的状态"。②李大钊认为,社会主义的目的在于"废除统治与屈服的关系"③,即是要废除资本主义雇佣劳动制度下剥削与被剥削关系。恽代英也提出,受掠夺的阶级在忍不堪忍的情况下,将会寻求"一个改善的法子",而社会主义即是反抗剥削与压迫的"法子",是对地主和资本家罪行的"报复的举动"。④这就意味着,中国共产党人已经认识到,社会主义所要建立的是没有经济束缚、没有剥削者与被剥削者的分别,人人都是共同的生产者

① 参见中共中央文献研究室、南开大学编:《周恩来早期文集(1912.10—1924.6)》下卷,中央文献出版社、南开大学出版社 1998 年版,第 488—492 页;汪信砚主编:《李达全集》第二卷,人民出版社 2016 年版,第 160—166 页。

② 汪信砚主编:《李达全集》第一卷,人民出版社 2016 年版,第 4、37 页。

③ 中国李大钊研究会编注:《李大钊全集》第四卷,人民出版社 2013 年版,第 7 页。

④ 恽代英:《论社会主义》,《少年中国》1920 年第 2 卷第 5 期。

的平等的社会。

消灭生产资料私有制是社会主义和共产主义的重要特征。《共产党宣言》指出："共产主义的特征并不是要废除一般的所有制,而是要废除资产阶级的所有制。"①这是因为,资本主义的私有制是剥削与压迫产生的根源,要想消除剥削与压迫,必须消灭私有制。对此,中国共产党人达成一致意见。彭湃认为:"共产主义者,举社会一切的东西,为社会所共有"②。李达也强调,社会主义就是要推翻资本主义,将所有工厂、机器、原料都交由劳动者管理,由劳动者自由组织联合会,共同从事生产活动。③《共产党》月刊第四号《短言》直接指出,共产主义的生产制度,就是主张一切生产和交换工具都归公有,不允许任何人用其来增加个人私有财产。④也就是说,消灭私有制度,变私有为公有,这是社会主义和共产主义极为重要的特征和要求,否则,一切改造与革新的活动都将归于无效。即社会主义是反对个人私有而主张社会公有的制度形态。

社会主义要谋求绝大多数人之自由平等与幸福。打破剥削与压迫、统治与屈服,社会主义追求的是自由平等的新型人际关系,反对一切不平等不自由的现象。中国共产党人还进一步深化了对个人自由问题的认识,对个人与社会之间的权限问题予以正面回答,即不赞成不加限制的自由,这与无政府主义倡导的绝对自由有着根本的不同。李大钊认为,自由与秩序是辩证统一的关系,离开社会环境的完全自由没有任何意义,完全抹杀个性发展的社会也必将死气沉沉。因此,真正合理的个人主义兼顾社会秩序,真正合理的社会主义照顾个人自由。⑤同时,为最大多数人创造真正的幸福,亦是社会主义的目的所在。陈独秀批驳西方资本主义民主共和制度,称其为"表面上是共和政治,实际上是金力政治",如果依靠西方民主政治达成多数人之幸福,"简直是妄想"。⑥在陈独秀看来,只有社会

---

① 《共产党宣言》,人民出版社2018年版,第42页。
② 《彭湃文集》,人民出版社2013年版,第5页。
③ 参见汪信砚主编:《李达全集》第一卷,人民出版社2016年版,第37页。
④ 参见汪信砚主编:《李达全集》第二卷,人民出版社2016年版,第5页。
⑤ 参见李大钊:《自由与秩序》,《少年中国》1921年第2卷第7期。
⑥ 《陈独秀文集》第二卷,人民出版社2013年版,第57页。

主义的政治才能为多数人造就幸福。杨匏安还向军界中人发出号召,指出军队应为阶级斗争与社会革命服务,不能成为少数人争名夺利的工具,而应用来保障大多数人的幸福。①社会主义就是要为人民创造真正的幸福与自由,这是建党时期中国共产党人向世人展示的未来社会的美好图景。

在分配原则上,社会主义实行"各尽所能、按劳分配",待到共产主义社会,实行"各尽所能、各取所需"。中国共产党人批判了当时社会的分配制度,指出分配不是听凭工人自由分配,而是由不参与劳动的非生产阶级掌握分配权,势必导致分配不均。那么,依据什么样的原则进行分配呢?他们认同马克思提出的应依共产主义发展程度的不同实行不同的分配制度。在社会主义时期,由于"生产力既有制限,生产出来的物质当然也有制限",即是社会产品仍未达到"取之不尽,用之不竭"的程度,因此只能实行"以劳动量为标准的分配制度"。②当然,中国共产党人也意识到这种分配制度仍有其历史局限性,例如在同样必要的劳动时间内,因劳动分量的不同导致所得"消费手段"的多少不同,"还有有更多的必要的人,所得的分配额,反而比有更少的必要的人少的事"。③但这在生产力发展水平还不能达到完美境遇的情况下,分配制度的不平等是不可避免的,且终究是跳出了依靠特权或资本作为标准的分配制度。及至共产主义社会,社会生产力的发达程度将无以限制,生产物也将极大丰富,那么,"各取所需"的分配原则也将是切实可行的。④

对社会主义和共产主义社会基本特征的描述,是建党时期中国共产党人基于自身对马克思主义的理解,在对中国现实问题的思考与批判中作出的预见。尽管对于未来社会的特征多为轮廓型的概述,无法准确描述其具体样态,且对社会主义社会的描述相较于共产主义社会更为直接,但这是中国共产党的先驱们将自己的崇高理想与远大目标予以具象化和

---

① 参见《杨匏安文集》,中央文献出版社1996年版,第189页。

② 参见中国社会科学院现代史研究室、中国革命博物馆党史研究室选编:《"一大"前后——中国共产党第一次代表大会前后资料选编》一,人民出版社1985年版,第178 、334页。

③ 参见中国社会科学院现代史研究室、中国革命博物馆党史研究室选编:《"一大"前后——中国共产党第一次代表大会前后资料选编》一,人民出版社1985年版,第333页。

④ 参见汪信砚主编:《李达全集》第一卷,人民出版社2016年版,第46—47页。

形象化的呈现,激励他们乃至更多的志同道合者投身于这一伟大的共产主义运动事业。

三、认识长期性与艰巨性,指出实现共产主义的方法和步骤

"共产主义不是一举而成的"①,"不是空口谈谈就可望实现的,一定要经过长期的奋斗"②。这就是说,通往社会主义和共产主义的道路充满荆棘、困难和挑战,对此,中国共产党人始终保持理论的清醒与斗志的昂扬。

(一)认识到实现社会主义、共产主义的长期性和艰巨性

中国共产党人认识到,"要想从现社会一跳跳到理想社会的人,只是一种妄想,事实上是断断做不到的"③。经济文化落后的国家实现社会主义、共产主义需要经过若干阶段与步骤,不可能一蹴而就。根据马克思撰写的《哥达纲领批判》一文,施存统把实现共产主义的顺序归纳为三个时期,第一期即为"革命的过渡期",大部分工作都属于破坏;第二期是"共产主义半熟期",是破坏之后的"完全努力建设时期";第三期是"共产主义完成期",此时"生产力已达到了十分可惊的程度",自由共产社会时期是"各尽所能,各取所需"。④李启汉在《什么是共产主义》一文中提出共产主义的实现需要"五个步骤"。⑤尽管对共产主义的实现所需要经历的阶段表述方式不同,但都表达了这一过程的长期性与艰巨性。尽管有些理论观点还不成熟,但大致勾勒出了中国进入共产主义的整体进程。其中,社会革命是由资本主义社会进到社会主义的过渡时期,而这个过渡时期的长

---

① 中国社会科学院现代史研究室、中国革命博物馆党史研究室选编:《"一大"前后——中国共产党第一次代表大会前后资料选编》一,人民出版社1985年版,第330页。

② 林健柏、李致宁编:《李启汉》,广东人民出版社1984年版,第111页。

③ 毛泽东等主编:《红藏 进步期刊总汇(1915—1949) 湘江评论 共产党 工农兵》,湘潭大学出版社2014年版,第223页。

④ 参见中国社会科学院现代史研究室、中国革命博物馆党史研究室选编:《"一大"前后——中国共产党第一次代表大会前后资料选编》一,人民出版社1985年版,第327—336页。

⑤ 参见林健柏、李致宁编:《李启汉》,广东人民出版社1984年版,第111页。

短,取决于各国的经济发达状况以及人民的智识程度。当然,并不是革命之后,共产党所建立的社会就是共产主义的社会。发动革命只不过是锯掉了通往共产主义之路的荆棘。要想实现共产主义的社会,还要继续向前走,促使劳动者知识增加,满足其经济条件,由此才能达到真正的共产主义社会。①还要造就无产阶级的势力和共产主义的信徒,"训练自己阶级,使个个无产阶级分子成为革命者,担任建设共产社会的事业"②。这表明,此时中国共产党人已充分认识到推进社会主义和共产主义事业的复杂与艰巨。

还有一点困难,即是中国选择社会主义救国道路,选择共产主义事业,这是在"各国资本制度底崩溃还未现实以前"③,因而必然面临资本主义在经济上以及政治上的压迫。对于旧势力、旧阶层之于革命的阻挠与破坏,中国共产党人也有切实的考虑。

可贵的是,纵然实现共产主义道阻且长,但中国共产党人依然保持昂扬斗志,认为若直接判其为"极难做到","无乃过于凭空索漠"。④他们怀有强烈的历史主动精神,坚信社会主义、共产主义事业一定能够实现。恰如周恩来的分析所言,革命事业本就需要长期的努力和奋斗才能保持成效,即便像是法国、美国这样的民主革命亦是"经过极长期的血战争斗才得使共和奠定",而对于无产阶级开展的共产主义革命,更需要全世界劳动者的大联合。⑤

那么,这个伟大的事业由谁来参与和推动呢? 马克思主义认为,无产阶级的运动是绝大多数人的运动。为此,中国共产党的先驱们发出号召,无论是"皇家的公伯爵",还是"市井的贫穷儿",只要是在现有社会制度下

---

① 参见新凯:《再论共产主义与基尔特社会主义 答张东荪与徐六几》,《新青年》1922年第9卷第6期。

② 毛泽东等主编:《红藏 进步期刊总汇(1915—1949)湘江评论 共产党 工农兵》,湘潭大学出版社2014年版,第231页。

③ 陈独秀:《社会主义批评(在广州公立法政学校演讲)》,《新青年》1921年第9卷第3期。

④《彭湃文集》,人民出版社2013年版,第7页。

⑤ 参见中共中央文献研究室、南开大学编:《周恩来早期文集(1912.10—1924.6)》下卷,中央文献出版社、南开大学出版社1998年版,第488页。

生活且主张社会革命、消除社会的不公,都是可以提倡社会主义的。社会是社会人之社会,社会之人都应有实行社会革命的决心。①共产主义者的一个重要使命就是"引导无产阶级个个参加政治,个个发生政治兴味,个个成为共产主义者"②。进而,中国共产党人又提出,社会主义、共产主义的实现,"不必专受理论上的拘束,要努力在实行上去做",要有切实的行动,"用他种人为势力……促进他的速度"。③即是说,在推进共产主义事业的过程中,主观努力极为重要。面对朋友"支那将来怎么样"的追问,施存统坦言,自己不是活神仙,无法详细回答这一问题,但他很确信的是"支那人努力到怎么样,支那将来才会怎么样"。"社会革命,一半是'经济的必然',一半还靠着'人们底努力'。"④北京共产党早期组织在中共一大的汇报中对主观努力的重要性进行了精辟的阐释,即无产阶级的革命精神能否激发与利用,民主主义的政治革命能否被引向工人阶级的社会革命,这些都将取决于共产主义者高举红旗、努力斗争的程度。⑤这种主观上的自觉,是中国共产党的先驱们对共产主义远大理想执着追求的有力彰显。

(二)认识到阶级斗争与无产阶级专政是实现共产主义的重要前提

马克思主义认为:"至今一切社会的历史都是阶级斗争的历史。"⑥中国共产党人大多是从接受阶级斗争理论开始接受马克思主义的。在他们的思想认识中,阶级斗争是贯穿马克思主义始终的一条金线,是推动社会发展进化的重要枢纽。而阶级斗争之于中国社会改造的作用与价值,建党时期中国共产党人亦表达出较为一致的观点与意见,即无产阶级要想

---

① 参见《彭湃文集》,人民出版社2013年版,第7、9页。
② 中国社会科学院现代史研究室、中国革命博物馆党史研究室选编:《"一大"前后——中国共产党第一次代表大会前后资料选编》一,人民出版社1985年版,第278页。
③ 中国社会科学院现代史研究室、中国革命博物馆党史研究室选编:《"一大"前后——中国共产党第一次代表大会前后资料选编》一,人民出版社1985年版,第184页。
④ 中国社会科学院现代史研究室、中国革命博物馆党史研究室选编:《"一大"前后——中国共产党第一次代表大会前后资料选编》一,人民出版社1985年版,第260页。
⑤ 参见中共中央党史和文献研究院、中央档案馆编:《中国共产党重要文献汇编(1921.7—1921.12)》第一卷,人民出版社2022年版,第16页。
⑥《共产党宣言》,人民出版社2018年版,第27页。

摆脱被剥削被压迫的地位,除了诉诸强力、进行阶级斗争之外没有更好的办法,否则永远无法获得翻身的机会,永远无法保护本阶级经济上的利益。阶级斗争,特别是暴力革命的方式,是中国寻求根本改造、实现社会主义与共产主义的必要步骤。《中国共产党宣言》中直接指出,阶级斗争是打倒资本主义的工具,中国共产党的任务就是要将这些阶级斗争的势力进行组织与集中,以日益雄厚攻打资本主义的力量。①彭湃提出,社会主义并不是社会的部分改良,而是全体的改造;改造的方法,与慈善家、社会改良家头痛医头、脚痛医脚的方法不同,是进行社会革命这一破坏的方法。②这是实现社会主义的一种手段。李启汉提出,在实现共产主义的长期奋斗中有五个步骤,其中第一步就是组织坚固团结的无产阶级,引导其与资产阶级开展激烈的阶级斗争。③杨匏安直言:"社会革命四个大字,就是我们先行的旗帜"。同时,他还公开呼吁,工人阶级要"采用那种非妥协的阶级斗争",农民阶级要"举行猛烈的、普遍的群众运动",青年学生要"即刻帮同实行社会革命",同时社会的改造更离不开"占着(人口)一半数的女子们"。④更为重要的是,杨匏安还注意到要运用军队的力量从事阶级斗争。这些思想观点表明,中国共产党人对于阶级斗争和社会革命是实现社会主义的必要手段已达成共识。

"阶级斗争必然导致无产阶级专政⑤。对于无产阶级专政的必要性,马克思在《哥达纲领批判》一文中有过深刻阐述,他认为,在资本主义社会与共产主义社会之间存在一个革命转变时期,而无产阶级专政是与这一时期相适应的政治上的过渡时期。⑥基于此,中国共产党人从保护革命成果以及完成向共产主义的过渡两个维度阐释了无产阶级专政之于共产主义革命的重要性。其一,无产阶级专政是为保护无产阶级革命胜

---

① 参见中共中央党史和文献研究院、中央档案馆编:《中国共产党重要文献汇编(1921.7—1921.12)》第一卷,人民出版社2022年版,第317—318页。
② 参见《彭湃文集》,人民出版社2013年版,第9页。
③ 参见林健柏、李致宁编:《李启汉》,广东人民出版社1984年版,第111页。
④《杨匏安文集》,中央文献出版社1996年版,第187—188页。
⑤《马克思恩格斯文集》第十卷,人民出版社2009年版,第106页。
⑥ 参见马克思:《哥达纲领批判》,人民出版社2018年版,第27页。

利成果的需要。这是因为,革命后的反动势力依然存在,阶级斗争仍要继续进行,为压服、强制有产阶级,保护革命,绝不能把政权交给资产阶级。1920年,蔡和森在给毛泽东的信中指出,无产阶级专政是唯一的办法。如若政权不在手,那么改造社会就无从谈起。且稍迟一点,资产阶级的大战再起,将会伏尸流血千百万,最终战死、破产以及生活昂贵的祸患都将由无产阶级来承受。①李启汉也表达了类似的观点,认为要建立无产阶级专政的国家,从而保障无产阶级革命的胜利,镇压资产阶级的反革命。②也就是说,"只有实行无产阶级专政,才能达到抵抗国内外的仇敌的目的"③。其二,实行无产阶级专政是过渡到共产主义的一个必经阶段。在李达看来,无产阶级专政的职能不仅在于要镇压反革命,对付反对共产主义的人;更要在这一过渡时期,巩固社会主义制度的基础,履行经济职能,以"最大的加速度,发展全生产力"④。施存统认为,"撤废一切阶级"⑤是需要强有力的无产阶级专政的国家。党的早期文献对无产阶级专政的必要性进行了集中阐释。《中国共产党宣言》中指出:以阶级争斗的方式将政权放到工人、农人的手中,并不意味着共产党任务的完成,还应继续实行无产阶级专政。这是因为,还需要运用强力与资本主义的剩余势力作战,需要用革命的办法创造出共产主义的建设方法,直到全世界的资本家的势力都消灭后,依然需要用无产阶级专政造出一条通向共产主义的道路。⑥《中国共产党第一个纲领》正式提出,推翻资产阶级政权后,要承认无产阶级专政,直至阶级斗争结束、阶级区分消除之时。⑦党的二

---

① 参见《蔡和森文集》上,人民出版社2013年版,第76页。
② 参见林健柏、李致宁编:《李启汉》,广东人民出版社1984年版,第111页。
③ 中共中央党史和文献研究院、中央档案馆编:《中国共产党重要文献汇编(1921.7—1921.12)》第一卷,人民出版社2022年版,第319页。
④ 汪信砚主编:《李达全集》第一卷,人民出版社2016年版,第59页。
⑤ 中国社会科学院现代史研究室、中国革命博物馆党史研究室选编:《"一大"前后——中国共产党第一次代表大会前后资料选编》一,人民出版社1985年版,第263页。
⑥ 参见中共中央党史和文献研究院、中央档案馆编:《中国共产党重要文献汇编(1921.7—1921.12)》第一卷,人民出版社2022年版,第318、320页。
⑦ 参见中共中央党史和文献研究院、中央档案馆编:《中国共产党重要文献汇编(1921.7—1921.12)》第一卷,人民出版社2022年版,第1页。

大再次强调,要建立劳农专政,逐步走向共产主义社会。①

社会主义、共产主义是马克思主义经典作家对未来社会发展方向的擘画,中国共产党的先驱们对这一崇高社会理想的追寻不是简单地直接移植理论,而是在深刻反思资本主义制度的矛盾与弊端、深度把握世界发展大势及中国国情、深入比较形形色色社会主义学说的基础上认定其是救国良方,并勾勒了未来理想社会的基本轮廓,激励人们前赴后继投身共产主义事业。在对这一事业的长期性与复杂性有着清醒认识的前提下,更是指出了实现伟大事业的方法与步骤。这就是说,中国共产党人对社会主义与共产主义理想信念的坚守不是空洞的口号,而是有着缜密的思考与具体的实践进路。

只有手中握真理、心中铸理想,才能行得稳、走得远。中国共产党的先驱们多方探索、比较推求,在纷繁复杂的诸多社会思潮中认定马克思主义的真理价值,且一经认定,即投身于对马克思主义的研究阐释与宣传工作,并在各种非马克思主义思潮的围攻中运笔如枪、捍卫信仰。在寻求真理、传播真理以及维护真理的过程中,中国共产党人展现了坚持真理的精神品格。坚持真理与坚守理想是高度统一的。马克思主义信仰的确立,意味着这些先驱者踏上了追寻社会主义和共产主义崇高理想的伟大征程。他们在资本主义生产方式不可克服的基本矛盾、世界发展的大势、中国的现实国情以及社会主义思潮流派的对比分析中,锚定历史发展的社会主义走向,对各种污蔑共产主义社会的思想观点予以回击和澄清,从正向初步勾勒描绘理想社会轮廓并指出通往这一理想社会形态的方法和步骤。对理想的坚守从中国共产党创建之时即已印刻于中国共产党人的思想深处。

---

① 参见中共中央党史和文献研究院、中央档案馆编:《中国共产党重要文献汇编(1922)》第二卷,人民出版社2022年版,第228页。

第三章　践行初心、担当使命是对党的先驱们行为指向的凝练

真理已觅得,理想筑心间。真理的价值在于指导实践,理想的意蕴在于牵引实践。那么,建党时期中国共产党人的行为指向为何? 初心是首要,深植于内心的最初的心愿与信念指引着行为的方向。那么,从石库门到复兴门、从南湖红船到巍巍巨轮,是什么样的初心引领一代又一代共产党人在百年风雨征程中始终坚持正确航向呢? 初心易得,始终难守。中国共产党人又是以何种奋斗姿态守望初心,又是从哪里入手践行初心的呢? 这需要回到百年前中国共产党人的思想和行动中去寻找。

与此同时,真理价值的彰显,理想彼岸的使达,需要怀揣初心,更需要勇担使命。然而,20世纪20年代的民国政治乱局与政党乱象,又该如何破局? 要想完成伟大的历史使命,就必须建立一个坚强有力的政党,这是自鸦片战争以来中国人民各种抗争屡遭失败后得出的教训启示。中国共产党人富于担当精神,在中国人民与中华民族迷茫与困顿之时开辟新路、躬身入局,抓住这一关键问题进行了探讨与探索,推动在中国大地上建立一个新型的、以马克思主义为指导的无产阶级政党,从此中国革命的面貌焕然一新。

第一节　永葆初心,坚如磐石不移其志

初心引领奋斗方向。抱有何种初心决定着人们采取何种行为选择。中国共产党人怀有深刻的历史自觉,面对山河破碎的国家与灾难深重的人民,他们以丹心绘赤诚,不仅有青少年时期的远大志向,更有对如何为人民谋幸福、为民族谋复兴、为世界谋大同的理性思考。他们永葆奋斗精

神,在救国真理与救国道路的探索中始终叩问能否救国拯民,以恒心践初心,直至找寻到真正可以解决中国实际问题的真理与出路。他们更加深知,要想践行初心,就必须深入民众、走向人民,以百姓心为心、厚植为民情怀。

一、以丹心绘赤诚:为人民谋幸福、为民族谋复兴、为世界谋大同

从林则徐的睁眼看世界、少数人朦胧的民族意识觉醒,到康有为在保国会的激情呐喊、普遍的民族意识觉醒;从严复响亮喊出"救亡"口号到孙中山发出"振兴中华"的时代强音,挽救民族危亡、实现民族复兴成为近代以来中国有识之士的共同心声。为人民谋幸福、为民族谋复兴、为世界谋大同,自中国共产党诞生之日起即将其确立为自己的初心使命。中国共产党人的赤子之心初见于其青少年时代的家国情怀与远大抱负,彰显于建党时期对人民幸福、民族独立、世界大同的理性认识与洞察。

(一)赤子之心初见于中国共产党人青少年时代的家国情怀与远大抱负

中国共产党的先驱们对国家、对人民的深厚情感与责任意识,并不是在成为共产党人之后才开始萌发的。面对满目疮痍的国家、水深火热的人民,中国共产党人一心为民的公仆情怀、至诚报国的远大志向早已深埋于心,成为赤子之心的早期表达。

还在读书期间,革命先驱李大钊便立下了"矢志努力于民族解放之事业"[①]的人生志向。毛泽东在湖南一师求学期间即心系天下,面对袁世凯接受"二十一条"的丧权辱国行为,题诗言志:"五月七日,民国奇耻;何以报仇? 在我学子!"[②]同时,在长沙部分学校张贴《征友启事》:"嘤其鸣矣,求其友声","指点江山,激扬文字,粪土当年万户侯",征集志同道合的爱

---

① 中国李大钊研究会编注:《李大钊全集》第五卷,人民出版社2013年版,第301页。
② 中共中央文献研究室、中共湖南省委《毛泽东早期文稿》编辑组编:《毛泽东早期文稿(1912—1920)》,湖南人民出版社2013年版,第10页。

国志士。董必武的一生历经旧民主主义革命、新民主主义革命、社会主义革命和建设始终行进在革命的前列，这与其心系国家民族命运、抱有鸿鹄高翔之志密不可分。何叔衡从清朝秀才、乡间"教书先生"到37岁考入湖南省立第一师范，再到成为年龄最大的中共一大代表，"绝不是想安居乡里以善终"①的人生追求是其不断前行的动力。何叔衡还曾写下《赠明翰》一诗："神州大地起风雷，投身革命有作为，家法纵严难锁志，天高海阔任鸟飞。"②这既是对夏明翰勇于冲破家庭阻挠、积极投身革命的鼓励，更是何叔衡自身宏大志向的抒发。山东党组织的主要创建者和领导者邓恩铭，早在投身革命前即已树立救中华民族于危难的远大抱负。1917年，在告别家乡、北上求学之时，邓恩铭写下《前途》一诗："赤日炎炎辞荔城，前途茫茫事无分。男儿立下钢铁志，国计民生焕然新。"面对山民父老的不舍与期待，他以《述志》为题，赋诗一首："南雁北飞，去不思归？志在苍生，不顾安危。生不足惜，死不足悲。头颅热血，不朽永垂。"③少年的意气风发、以天下为己任的坚定志向跃然诗中。自此，邓恩铭"为国为民，永朝永夕忙"④，直至1931年殉难。面对神州破碎、民不聊生之境况，中学时期的于方舟即愿做"渡人之舟"，李慰农更是发出"问谁敢击中流楫？舍却吾侪孰与俦！"⑤的呐喊。

中国共产党的先驱们自青少年时期，即将为民情怀镌刻于心、远大志向牢固树立。这是为人民谋幸福、为民族谋复兴初心生成的坚实思想基础与情感储备。

（二）赤子之心蕴含于中国共产党人对人民幸福、民族独立、世界大同的理性认识与深刻洞察

在选择以马克思主义为救国真理、以革命的社会主义为救国道路后，

---

① 李龙如主编：《为苏维埃流尽最后一滴血——忆何叔衡》，岳麓书社2000年版，第355页。
② 湖南省博物馆编：《湖南革命烈士诗词书信选》，湖南人民出版社1981年版，第138页。
③《邓恩铭文集》，人民出版社2013年版，第134页。
④《邓恩铭文集》，人民出版社2013年版，第135页。
⑤ 萧三主编：《革命烈士诗抄》，中国青年出版社2015年版，第239页。

中国共产党人明确了中国革命斗争的方向,坚持反帝反封建的民主革命纲领,围绕人民幸福、民族独立以及世界大同提出了多种主张,初心指向明确、内涵也更加丰富。

其一,人类福祉是马克思主义的终极价值关怀。中国共产党人是坚定的马克思主义者,在建党时期即不断深化为中国人民谋幸福的初心认识,洞察人民疾苦、关照人民福祉。

一方面,明确革命的出发点和落脚点在于"为人民幸福计"。这是中共二大通过的《关于"民主的联合战线"的议决案》中所指出的。在中国共产党人的思想言论中亦渗透着丰富的人民幸福观点。高君宇借鉴印度经验教训,鲜明指出中国革命必须建立在维护人民群众利益上。[1]谭平山基于政党兴衰历史,指出要建立一个服务人民,"以全部社会为对象,以机会均等,自由发展为依归,不得有阶级男女等区别"的政党,改造社会要为"最大多数之最大幸福"。[2]何孟雄提出,从事劳工运动,是发自"天良","人类进化是为多数人造福,不是少数人压倒多数人在他底下"。[3]靡不有初、鲜克有终。建党时期中国共产党人的为民初心,成为百年来中国共产党坚守人民立场、维护人民利益的原点和根据。

另一方面,"为人民幸福计",在政治权利保障、文化教育获得、劳动权益维护、妇女地位提高等方面提出诸多改善民生的措施。一是关注劳动者民主自由权利的获得。保障人民享有结社集会言论出版自由权,承认劳动者有集会结社权、同盟罢工权、契约缔结权等民主自由权利,实行无限制的普通选举制等。[4]二是保障民众享有受教育权利。在中共第一次对于时局的主张中,提出实行强迫义务教育;中国社会主义青年团第一次代表大会通过的关于教育运动的议决案中,指出要为无产者子女争得普遍的义务教育,推动男女平等教育运动;在中共二大宣言中强调,要改良

---

[1] 参见《高君宇文集》,人民出版社2011年版,第92页。
[2]《谭平山文集》编辑组编:《谭平山文集》,人民出版社1986年版,第96、103、120页。
[3]《何孟雄文集》,人民出版社1986年版,第42页。
[4] 参见中共中央文献研究室、中央档案馆编:《建党以来重要文献选编(1921—1949)》第一册,中央文献出版社2011年版,第98、138、176页。

教育制度,实行教育普及。①三是呼吁争取八小时工作制,保障劳动者身心健康。1922年5月1日,李大钊呼吁工人阶级要为工作八小时、休息八小时以及教育八小时而斗争。②第一次全国劳动大会通过了"八小时工作制案",中国劳动组合书记部发起劳动立法运动,拟定的劳动法案大纲明确法定工作时间。此外,中国共产党人在保障妇女权益、提高妇女地位方面进行了深入思考。妇女运动在马克思主义理论中占有重要地位。当时,全国妇女的普遍境遇是"都还拘囚在封建的礼教束缚之中,过娼妓似的生活","得不着政治上经济上教育上的权利"。③党的一大未对妇女工作进行部署,但从中国共产党中央局通告、第一个对时局的主张到中共二大关于妇女运动的决议、中国劳动组合书记部拟定的劳动法案大纲等党的文件中,对妇女问题的关注逐渐提升。李大钊、陈独秀、陈望道、向警予、郭隆真、陈潭秋等中国共产党人也较早注意到妇女运动的重要性。对妇女权益的关注涉及保障妇女在法律上享有同男子同等的一切权利,且要制定妇孺保护法,切实保护女工权益;在工作中与男子平等工价、同工同酬;在职业选择中不得设限,拥有绝对的自由劳动权;在社会生活中打破束缚,倡导恋爱与婚姻自由。同时,中国共产党人还提出,社会制度与教育的改造是培养妇女实力的重要前提。④

人民幸福是共产主义者的价值旨归和终极目标。中国共产党人既有对增进民众幸福的宏观考虑,又立足半殖民地半封建的现实国情,将目光聚向当时中国社会亟待解决的问题以及人民群众的普遍愿望与现实诉求。这些主张在当时中国特定的历史条件下虽诸多无法实现,但却汇聚成中国共产党人的初心,为开展无产阶级革命运动注入强大精神动力。

其二,民族独立是实现人民幸福与民族复兴的政治基础和前提条件。出生并成长于半殖民地半封建社会的中国共产党的先驱们,对国家丧失

---

① 参见中共中央文献研究室、中央档案馆编:《建党以来重要文献选编(1921—1949)》第一册,中央文献出版社2011年版,第83、98、134页。

② 参见中国李大钊研究会注编:《李大钊全集》第三卷,人民出版社2013年版,第233页。

③ 中共中央党史和文献研究院、中央档案馆编:《中国共产党重要文献汇编(1922)》第二卷,人民出版社2022年版,第256页。

④ 参见《向警予文集》,人民出版社2011年版,第30页。

主权、人民毫无社会地位的屈辱有着深刻的认识与体察。据肖劲光回忆，1920年在上海法租界的上海外国语学社学习和生活时，"有一种令人窒息的压抑感，一种难以忍受的屈辱。明明是自己的国土，却好似异国他乡"①。张太雷在1921年致共产国际第三次代表大会的书面报告中对此有过深刻认识："自1911年的第一次革命以来，中国还丝毫没有实现民族独立。……国家处于分裂状态，它不仅分裂成南北两方，而且南北两方又分割成几块，现在统治中国的不是一个专制君主，而是几个专制军阀。"②因此，建立一个独立自主的中国，成为中国共产党人的一致共识。在此基础上，中国共产党的先驱们进一步探索民族独立与人民解放的解决之道，深刻剖析了帝国主义与封建军阀的本质，明确反帝反封建是争取民族独立、人民解放的必然选择。1919年12月，陈独秀在《新青年》的宣言中直接指出："世界上的军国主义和金力主义，已经造了无穷罪恶，现在是应该抛弃的了"③。谭平山在《军阀亡国论》一文中认为，军阀"破坏共和""蹂躏国会""压迫政府""操纵行政""把持外交""摧残教育""侵犯司法""搅乱财政""阻碍统一""抑制民治""助长政争""增长内讧"，痛斥军阀的亡国罪行，进而指出铲除军阀是实行政治革命与社会革命的前提和基础。④及至中共二大，中国共产党人深刻认识到，帝国主义的宰割以及军阀官僚封建势力的压制是造成国家与人民悲惨境遇的根源，提出要推翻军阀以及帝国主义的压迫，建立真正民主独立的国家。锁定革命的主要敌人和对象，中国共产党人即发出呼吁，为民族自卫计，就必须加入民主战争推翻军阀，就必须反抗帝国主义的侵略，如此才能造就"完全的真正独立的国家"⑤，才能获得"根本的真和平幸福"⑥。反帝反封建以实现民族独立，实

---

① 《肖劲光回忆录》，解放军出版社1987年版，第16页。
② 《张太雷文集》，人民出版社2013年版，第7页。
③ 《陈独秀文集》第一卷，人民出版社2013年版，第506页。
④ 《谭平山文集》编辑组编：《谭平山文集》，人民出版社1986年版，第68—69页。
⑤ 蔡和森等主编：《红藏 进步期刊总汇(1915—1949)向导1》，湘潭大学出版社2014年版，第2页。
⑥ 中共中央党史和文献研究院、中央档案馆编：《中国共产党重要文献汇编(1922)》第二卷，人民出版社2022年版，第160页。

现民族独立以为中华民族伟大复兴扫清障碍,中国共产党人抓住了中国民主革命迫切需要解决的问题,厚植"为自卫计,为社会国家计,出来和恶势力奋斗"①之初心,为开展无产阶级革命运动指明前进方向。

其三,中国共产党作为马克思主义政党,要求具有世界视野与人类情怀。党的十九届六中全会通过的"第三个历史决议"明确指出,"坚持胸怀天下"是党百年奋斗的历史经验。②这表明,中国共产党始终葆有天下情怀与国际视野,既为人民谋幸福、为民族谋复兴,也为人类谋进步、为世界谋大同。中国共产党创建时期,虽然没有对党的世界情怀予以明确直接的阐释,但是中国共产党人的思想与行动蕴含着天下大同、协和万邦的因子。一方面,中国共产党人关注人类前途命运,彰显出胸怀天下的无产阶级世界观。1920年7月,赴法勤工俭学的新民学会会员召开蒙达尼会议,在蔡和森的组织领导下,学会确定了"改造中国与世界"的宗旨。1921年新民学会新年大会,在毛泽东、何叔衡等人的倡议下对这一宗旨予以认同。新民学会被称之为"建党先声",对这一宗旨的确立是以毛泽东、蔡和森为代表的党的早期领导人无产阶级世界观的反映。俞秀松亦曾表示:"我是世界的人,决不是什么浙江,什么诸暨,什么人底人"③。袁玉冰在20岁生日时写下《二十初度感怀》,抒发了"矢愿从今坚立志,要为世界主人翁"④的天下情怀。脱离一地一国的局限,俞秀松、袁玉冰等人展现了一个共产主义者应有的无产阶级信念。另一方面,中国共产党人认识到,中国革命是世界无产阶级和被压迫民族革命的一部分,表示愿同世界上一切进步力量携手前进。早在1920年,谭平山在组织政党的方针中就提出"今后的政党当与世界平民为友"⑤。1923年,高君宇呼吁中国人民要与西方工人一致反抗法帝国主义对德的横暴。在党的一大纲领中明确规

---

① 中国李大钊研究会编注:《李大钊全集》第五卷,人民出版社2013年版,第506页。
② 参见《中共中央关于党的百年奋斗重大成就和历史经验的决议》,人民出版社2021年版,第68页。
③ 《俞秀松传》编委会编:《俞秀松传》,浙江人民出版社2012年版,第224页。
④ 上海市龙华烈士陵园(龙华烈士纪念馆)编:《党旗下的心声:著名革命英烈遗言、遗诗、遗文选》,上海教育出版社2006年版,第21页。
⑤ 《谭平山文集》编辑组编:《谭平山文集》,人民出版社1986年版,第105页。

定要"联合第三国际"①;党的二大通过的《关于"世界大势与中国共产党"的议决案》中指出,苏维埃俄罗斯是无产阶级和劳苦群众的祖国,亦是对抗世界帝国主义的先锋和壁垒。大会召集中国工人加入联合战线,保护苏维埃俄罗斯。②同时,中国共产党人以高度负责的态度,积极推动、坚决捍卫世界无产阶级事业。1921年,张太雷、俞秀松联合袁笃实、陈为人、卜士畸等社会主义青年团团员,坚持认为只有社会主义者才能参加共产国际第三次代表大会,反对江亢虎③等无政府主义者冒充共产党人参会。在张太雷、俞秀松等人的严正要求与声明抗议下,江亢虎被收缴代表证、取消代表资格。这一行动不仅维护了新生的中国共产党的政治声誉,更捍卫了世界共产主义运动的纯洁。1922年1月,共产国际召开远东大会,以对抗华盛顿会议。由于当时日本、苏俄两国还未正式建交,因此,张太雷作为共产国际密使,赴日联络社会主义者参会。在中共旅日早期组织成员施存统的介绍下,张太雷与日本社会主义者堺利彦、近藤荣藏等人取得联系,顺利完成使命,成为日本社会主义者与共产国际发生联系的桥梁。

中国共产党人是矢志从事共产主义运动、矢志从事人类解放事业的一分子,其所开展的一切革命活动,都从属于世界无产阶级革命运动。中国共产党的先驱们自从事创党建党实践活动起,即将这一世界情怀潜藏于意识、表征于行动,在党的百年奋斗征程中始终坚持胸怀天下的责任担当。

中国共产党人的初心与中国共产党相伴而生,始终心怀人民、始终萦系国家、始终瞩目世界。初心为使命担当引领航向,是党在困境、绝境与逆境中毅然奋起的动力源泉。

二、以恒心践初心:保持奋斗精神,开启伟大征程

永葆初心,不能驰于空想、骛于虚声,需要始终保持求索精神、奋斗精

---

① 中共中央党史和文献研究院、中央档案馆编:《中国共产党重要文献汇编(1921.7—1921.12)第一卷,人民出版社2022年版,第1页。
② 参见中共中央党史和文献研究院、中央档案馆编:《中国共产党重要文献汇编(1922)》第二卷,人民出版社2022年版,第231—232页。
③ 江亢虎是中国社会党的创始人,是中国无政府主义的鼻祖。

神。正如习近平总书记所指出的:"温室里长不出参天大树,懈怠者干不成宏图伟业。"①百年前,中国共产党的先驱们以对真理的执着追求、以对救国道路的不懈探索守望初心,以一往无前的奋斗姿态回答好为人民谋幸福、为民族谋复兴的"救国之道如何？ 真理在何处？"这一时代之问。

(一)在对救国真理的不懈追求与自我扬弃中守望初心

马克思主义是无产阶级全体的救时良方,是挽救神州陆沉的真理力量。这是一条被实践证明过的、颠扑不破的真理。但回望百年前,当时的社会思潮纷纭复杂,究竟何种思潮、主义适用于中国,人们迷惑不解。董必武曾这样形容他当时的思想状态,"各种主义在头脑里打仗","对各种主义的内容并不清楚"。②李维汉称自己"仍在蒙昧之中,头脑里基本上还是一张白纸"③。毛泽东表示,对于种种主义学说,"都还没有得到一个比较明了的概念"④。思想的混沌与迷惑,并不等于选择的无所适从、无处着手,能否救中国、能否救人民,成为中国的先进分子在作出思想选择之时的评判标尺和基本准绳。

在初心的牵引下,中国的先进分子在追求真理的过程中始终秉持审慎求真的态度,"不轻可决,不轻否决"⑤。李维汉对于马克思主义思想的认识即经历了阶段性的变化。1920年8月,他在给毛泽东的信中谈到,自身对于俄国革命不是完全赞同,但不反对他人赞成或是效法于俄国革命,他还要继续读书、考察和研究。⑥之后,李维汉集中阅读蔡和森翻译的马克思主义著作及宣传共产主义的小册子,并与蔡和森就俄国十月革命、欧洲

---

① 习近平:《在"不忘初心、牢记使命"主题教育总结大会上的讲话》,人民出版社2020年版,第18页。

② 中国社会科学院现代史研究室、中国革命博物馆党史研究室选编:《"一大"前后——中国共产党第一次代表大会前后资料选编》二,人民出版社1985年版,第234、369—370页。

③ 中国革命博物馆、湖南省博物馆编:《新民学会资料》,人民出版社1980年版,第474页。

④ 中共中央文献研究室、中共湖南省委《毛泽东早期文稿》编辑组编:《毛泽东早期文稿(1912—1920)》,湖南人民出版社2013年版,第428页。

⑤《恽代英全集》第四卷,人民出版社2014年版,第57页。

⑥ 参见中国革命博物馆、湖南省博物馆编:《新民学会资料》,人民出版社1980年版,第143—144页。

共产主义运动等开展多次长谈。周恩来亦表达了类似的审慎态度,是以暴力手段"一洗旧弊",走俄国十月革命的道路,还是"不改常态,而求渐进的改革",采取英国的做法,周恩来没有马上作出结论,而是在对英法社会状况、工人运动广泛调研,对马克思主义深钻细研的基础上,得出"凡有人心的人都应能感觉出共产革命的切要"的结论,从而作出人生重要选择。①恽代英一度认同空想社会主义、新村主义。1920年10月,他在《未来之梦》一文中提出建设"新村"的想法,希望"靠这种共同生活的扩张,把全世界变为社会主义的天国"。②从1920年底至1921年上半年,陈独秀、刘仁静、沈泽民与林育南都曾给恽代英写信,批评其空想社会主义思想、教育救国论。这使恽代英受到很大震动,但其并没有立即放弃尝试。面对刘仁静的批评,他在回信中说:"我们总得努力去试验"③。在致林育英、林洛甫的信中写道:"基础的稳固十分要紧,主义暂时可以不必急,因为基础稳了,以后容易行主义,若是基础还差,主义从何行"④。据包慧僧回忆,其受临时中央委派,曾有意吸收恽代英及利群书社成员入党,但恽代英等人热衷新村运动、利群书社等改造社会的尝试,注意个人进修,不易为人接近。⑤这种"拒绝"不是固执己见、故步自封,恰是其在思想选择时严谨认真态度的鲜明呈现。改良实践遇挫后,恽代英思想上逐渐发生深刻变化。

建党时期中国共产党人对主义、思潮选择过程中审慎求真的态度固然重要,但是否适行于中国、能否拯救人民于水火,就需要落地,就需要与中国的具体实际相结合。为此,中国的先进分子注重在实践中对其所信奉的主义、思潮进行检视,这是驱使他们告别各种非马克思主义思潮影响的关键因素。

五四时期,带有明显空想社会主义色彩和无政府主义倾向的工读主义思潮在中国先进知识分子和革命青年中一度盛行。从1919年底至

---

① 中共中央文献研究室、南开大学编:《周恩来早期文集(1912.10—1924.6)》下卷,中央文献出版社、南开大学出版社1998年版,第8、457页。

②《恽代英全集》第四卷,人民出版社2014年版,第248页。

③《恽代英全集》第四卷,人民出版社2014年版,第277页。

④《恽代英全集》第四卷,人民出版社2014年版,第464页。

⑤ 参见《包慧僧回忆录》,人民出版社1983年版,第20页。

1920年上半年,北京、上海、武昌、南京、广东、天津、扬州等大城市都有工读互助团成立。还有一部分先进分子远涉重洋,赴法勤工俭学,指望通过半工半读这一渐进的和平途径,达到改造社会的目的。新村运动是与工读互助团先后开始的空想社会主义实验。陈独秀、李大钊等党的早期领导人对这一时期各种实验道德新生活的和平改良尝试曾抱有幻想,并在北京工读互助团成立过程中筹集捐款,给予实际支持。毛泽东、俞秀松、施存统、缪伯英、何孟雄等相当一部分进步青年亲身参与其中。同时,面对北洋军阀内部的连年征战,地方自治和联省自治的政治主张一度也较为流行,毛泽东、彭璜、何叔衡等人发起湖南自治运动。在教育救国思想的指导下,1916年向警予从周南女校毕业后,一心扑在办学上,回到家乡创办溆浦小学堂。恽代英深受教育救国论的影响,认为"教育是改造的惟一切实的工具"①,1919年于武昌中华大学毕业后,留校担任中学部主任。此后他又在安徽宣城师范学校、四川泸县川南师范学校、四川成都高等师范学校和西南公学等校任教。王尽美也将希望寄托于教育,特别是对师范教育"抱有极大的希望、无穷的信仰",认为"师范里一位学生就是发达教育的一个孢子,将来能把我四万万同胞的腐败脑筋洗刷净尽,更换上光明纯洁的思想"。②为此,1918年,王尽美考取山东省立第一师范学校。此外,还有立品救国、学术救国、军事救国、实业救国等诸多救国主张。无论哪一种学说思潮,中国的先进分子都未将其局限于理论研究与书斋研讨,而是付诸实践后决定取舍;其结果虽大多昙花一现、归于沉寂,但他们于此中总结原因教训,进一步廓清救国救民的思想迷雾,逐步摆脱对社会改良道路不切实际的期待。在确认要以革命的社会主义为匡时济世之良策后,旋即又投入到主义传播、政党组建、与劳工结合的伟大征程之中。

(二)在对救国道路的持续探索与躬亲实践中践行初心

"自马克斯氏出,从来之社会主义,于理论及实际上,皆顿失其光

---

① 《恽代英全集》第四卷,人民出版社2014年版,第63页。
② 《王尽美文集》,人民出版社2011年版,第7—8页。

辉"①,"至于方法,启民主用俄式,我极赞成"②。这是杨匏安和毛泽东在
服膺马克思主义并坚定走科学社会主义救国之路后发出的疾呼,亦是中
国共产党人在努力和奋斗之中不懈探求的必然结果。从中国共产党人个
体经历看,大多走过一段复杂曲折的救国之路;从中国共产党人群体视阈
看,他们不再将目光锁定在眼前,不再将行动拘泥于国内,而是放眼世界、
寻求良方。

"我们那时感觉到了亡国灭种的危险,但又不晓得朝哪里跑"③,刘少
奇的这段回忆代表了当时中国先进分子对道路选择的迷茫状态。目睹时
艰、痛国沉沦的中国共产党人大多探索过不同的救国之路,几经曲折,直
至确立马克思主义救国道路。董必武、林伯渠、吴玉章、朱德、苏兆征、孙
炳文、杨殷、江浩等人早年加入同盟会,陈独秀、肖楚女、王若飞、李立三、
徐特立、熊雄、熊亨瀚、余贲民、李之龙等人虽未加入同盟会,但他们为了
推翻帝制,直接或间接参加了辛亥革命;为了维护共和,在二次革命、护国
运动、护法运动中积极开展斗争。这些一度忠诚于资产阶级民主革命事
业的先进分子,有怀疑、有苦闷,但他们依然抱有豪迈情怀,摒弃旧道路后
选择继续前进。例如,陈独秀选择从改造国民性入手,擎起思想革命的旗
帜;董必武、吴玉章开始接受新思想的洗礼,投身教育领域,传播真理、培
养人才;王若飞、李立三等青年学生选择出国留学,践行工读救国之路;朱
德和孙炳文在反复讨论国内政治局势后,先后到北京和上海寻找党组织,
未能如愿后决定到马克思的故乡德国去考察学习,在异国他乡完成信仰
转变以及身份转换。周恩来最初相信"贤人政治"可以救中国,然而从太
平天国洪秀全到辛亥革命孙中山的失败,表明"贤人"在没有科学的理论、
没有坚强的政党、没有坚实的社会基础的前提下,是不可能成功的。之
后,周恩来认为应效法德意志实行军国主义,以此来拯救积贫积弱的中
国。但到日本留学后,通过观察同样实行军国主义的日本,他认识到军国

---

① 《杨匏安文集》,中央文献出版社1996年版,第167—168页。
② 中共中央文献研究室编:《毛泽东文集》第一卷,人民出版社1993年版,第1页。
③ 中共中央文献研究室第二编研部编著:《刘少奇自述》,国际文化出版公司2009年版,第24页。

主义"有强权,无公理","凡行军国主义的,必定是扩张领土"。①"军国主义"亦不可行。五四运动后赴欧留学,寻得正确方向。彭湃一度以为基督教可以救国,后在日本学习期间,笃信社会主义可以救国,表同情于劳动者。回国后,彭湃受邀担任海丰县教育局局长,拟从教育入手进行变革社会的实践。1922年,彭湃因在海丰组织五一国际劳动节纪念游行活动而被撤去教育局局长职务。但彭湃并没有灰心,"自谓如释重负"②,认识到依靠教育进行社会变革的道路是行不通的。此后,他创办了《赤心周刊》,撰写《谁应当出来提倡社会主义》《告农民的话》等文章,逐渐认识到发动工农的重要性,于是遂"放弃《陆安日刊》无谓的笔战,而下决心到农村去做实际运动"③,走上了一条崭新的革命道路。沈泽民受父亲影响曾抱有实业救国理想,为此,考入河海工程专门学校,立志成为土木工程技术人才,以振兴中华。五四运动后,在李大钊等人的影响下,沈泽民思想发生变动,中途辍学后东渡日本半工半读,认识到中国革命必须走俄国十月革命的道路。从这些中国共产党人的救国探索可以看出,他们在选择救国之路时几经转向,但始终秉持"欲救国家,惟有力行"④的奋进姿态,始终怀有"做得一分是一分"⑤的执着态度,矢志寻找救国出路。

与此同时,面对黑暗的社会现实,一大批自觉以家国天下为己任、立志改造旧中国的中国共产党人,远涉重洋、探索他山之石,努力汲取新知识、主动了解世界发展趋势,不做"'不知有汉,无论魏晋'的桃花源中人"⑥。留日、留西欧、留俄成为当时中国先进分子的主要选择。

19世纪末至20世纪20年代左右,日本逐渐成为中国先进分子的留学热土。这是因为,日本在明治维新后迅速发展,跻身世界资本主义强国

---

① 中共中央文献研究室、南开大学编:《周恩来早期文集(1912.10—1924.6)》上卷,中央文献出版社、南开大学出版社1998年版,第337页。

② 刘林松、蔡洛编:《回忆彭湃》,人民出版社1992年版,第15页。

③《彭湃文集》,人民出版社2013年版,第123页。

④《恽代英全集》第二卷,人民出版社2014年版,第122页。

⑤《董必武年谱》编纂组编:《董必武年谱》,中央文献出版社2007年版,第34页。

⑥ 习近平:《在"不忘初心、牢记使命"主题教育总结大会上的讲话》,人民出版社2020年版,第14页。

之列。甲午一战,中国的惨败更是带给国人极大的刺激,中国的先进分子迫切地希望到日本寻求救国良方。加之清政府的大力推动以及中日之间的地缘因素,进一步促成了留日学生群体的扩大。部分中国共产党人也曾负笈东渡,中共一大代表中3人[1]有留日学习经历;上海共产党早期组织14人中,7人[2]有留日学习经历。除上海外,中共早期组织成员中还有8人[3]有留学日本经历。此外,杨匏安、彭湃、杨闇公、杨嗣震、安体诚、王若飞、李春涛等中国共产党人都曾浮槎东渡。中共早期留日群体无论是官费资助,还是自费出国,但目的都是为"为国家惜名誉,为国家弭乱源,为国家增实力"[4]。正如林伯渠在自述中所说:"留学东京时,忧时忧国之思,无时或忘。看到日本维新后自强不息的苦干精神,深痛清廷的腐败与国运的危急,自己觉得对挽救国家危机应尽一部分责任。"[5]怀揣救国拯民这一远大志向,中共早期留日群体从不同向度探寻救国之路,这在其专业选择上有所体现。李汉俊、李达、宣侠父等人攻读理科,杨闇公、江浩等人进行军事或警监学习,李大钊、彭湃、杨嗣震、李春涛、安体诚等人深研政经,董必武、陈望道、刘伯垂、张国恩等人攻读法律。中共早期留日群体虽涉猎领域广泛,但有一个显著的特点,即所学专业以文科专业居多,尤其是政治、经济、法律等学科,即使从事工科或军事学习,在实际的留学生活中,他们普遍关心政治、心系国家,积极学习、探索变革中国的道路与方法,目光不断转移到学习社会主义思潮和宣传马克思主义理论上来。例如,王右木最初在庆应大学学习理化,后转入明治大学学习法治经济,专门研究社会科学。李达放弃探矿冶金专业的学习,专攻马克思列宁主义。在救国这一共同目的下,中共早期留日群体最初的道路选择虽然呈现散点式,但在日本的学习生活,促使他们渐趋明晰救国方向,开始走上革命救国之路。

---

[1] 3人分别是董必武、李达、李汉俊。
[2] 7人分别是陈独秀、李达、李汉俊、林伯渠、沈泽民、邵力子、陈望道。
[3] 8人分别是李大钊、董必武、张国恩、刘伯垂、江浩、贺民范、施存统、周佛海。
[4]《陈独秀文集》第一卷,人民出版社2013年版,第163页。
[5]《林伯渠日记》,湖南人民出版社1984年版,第194页。

五四运动后,寻梦欧洲,特别是赴法勤工俭学成为一股留学热潮,部分中国共产党人亦是其中一股重要力量。从1919年3月起,中国共产党的先驱们分批踏上赴法游轮,远赴大洋彼岸探寻救国道路。已经42岁、教书20余年的徐特立打破安于习俗、因循守旧的旧传统,变卖部分书籍器物筹集经费,做一个"扶拐棍的留学生"。蔡和森与其年近半百的母亲葛健豪、妹妹蔡畅以及向警予、李富春等30余人启程赴法。李立三的父亲卖掉家中祖传的16亩土地支持其赴法。张伯简辞去滇军医院军需职务赴法。曾经在李烈钧的护国滇军、程潜的护国湘军中工作的熊雄毅然弃甲,赴欧求学。在川北为保宁府道尹做秘书、别人眼中"少年得志"的刘伯坚辞官不做,于1920年6月到法国寻找革命真理。对于勤工俭学运动的缘起,周恩来旨在"虚心考查,以求了解彼邦社会真相暨解决诸道,而思所以应用之于吾民族间者"[1]。李维汉认为以勤工俭学普遍于人人,人类的平等就会实现。张伯简看来,"在促成智识阶级的猛省,与劳动阶级的觉悟,也就是改革中国黑暗地狱之初步"[2]。赵世炎计划"真正了解劳动的价值和意义","同法国工人多多来往",[3]学习组织领导工人斗争的方式方法。唐铎认为,"可以直接研究西欧工人运动的经验,特别是研究十月革命的经验,学习马克思主义的新思潮,学习西方的文化科学技术,正是'向外发展'的一个好机会"[4]。由上可见,个中缘由略有差异,但寻求改造中国之道成为这些有识之士的共同诉求。于是,在欧洲,中共赴法勤工俭学群体一面半工半读,一面对资本主义社会、各国工人运动以及共产党进行考察,学习宣传马克思列宁主义,批判各种反动思潮,找寻救国之道。从"工学励进会""劳动学会""勤工俭学会"进步团体的成立到旅法共产党早期组织、旅欧中国少年共产党、中共旅欧总支部等党团组织的组

① 中共中央文献研究室、南开大学编:《周恩来早期文集(1912.10—1924.6)》下卷,中央文献出版社、南开大学出版社1998年版,第8页。

② 清华大学中共党史教研组编:《赴法勤工俭学运动史料》第1册,北京出版社1979年版,第117页。

③《赵世炎文集》,人民出版社2013年版,第633页。

④ 中国社会科学院近代史研究室编:《五四运动回忆录(续)》,中国社会科学出版社1979年版,第472页。

建,中共赴法勤工俭学群体救国方向不断趋于一致。

　　除了东渡日本、远赴欧洲,在中国共产党创建时期还有一部分群体选择北上。与留日、留法一般是去寻求救国道路不同,中共留苏群体大多是在中国共产党的组织之下赴苏留学的,带有鲜明的"政治留学"底色。即"要到俄国去找一条出路"①,要了解俄国十月革命发生的真实情况,了解与中国同样饱受封建主义压迫和资本主义剥削、经济文化落后的俄国如何取得革命的胜利,以及如何挫败了帝国主义的联合武装干涉;研究指引革命取得胜利背后所遵循的主义,系统研究马克思列宁主义理论、把握苏俄革命经验,从而为解决中国问题提供有力武器。诚如罗亦农所说,来俄并不是为了获取实现进身之阶的学士、硕士头衔,而是为了研究马克思主义,学习无产阶级革命的理论和实践经验,并把自己训练成职业的共产主义者,以期回国后代表无产阶级活动。②这一时期的留苏群体主要来自两个方面:一是上海外国语学社选送。上海外国语学社是输送中共第一代留俄生的摇篮。③从1921年至1922年,罗亦农、刘少奇、任弼时等30人分批前往东方大学中国班学习。二是留欧主要是留法勤工俭学生转入。1923年,在党组织安排下,赵世炎、陈延年等12人进入东方大学中国班学习。在这一目的明确、导向鲜明的留学活动中,中国共产党的先驱们对中国革命的路径选择更加明确。

　　值得注意的是,部分先驱者为求得救国之路矢志探索,留学足迹不止一国,例如,周恩来留学日本和英法等国,吴玉章、徐特立等人留学日本和法国,张伯简、萧三、赵世炎、陈延年等人留学法国和苏俄,王若飞先后留学日本、法国、苏俄,等等。异质文化与生活的亲身体验,促使中国共产党人具有国际视野,形成开放性思维,更为重要的是,这是追求马克思主义真理、寻求中国革命道路的伟大实践。1936年,毛泽东在同埃德加·斯诺的谈话中,对赴法勤工俭学给予高度评价:"同时,在法国,许多勤工俭学

　　①《罗亦农文集》,人民出版社2011年版,第404页。
　　②参见《罗亦农文集》,人民出版社2011年版,第1、406页。
　　③参见徐行:《中共第一代留俄生述论》,《中共党史研究》1997年第1期。

的人也组织了中国共产党,几乎是同国内的组织同时建立起来的。"①肖劲光在回忆中也曾谈及赴俄经历对他本人的影响:"不论遇到什么样的艰难曲折……自己从不动摇革命信仰,坚定不移地为共产主义事业奋斗,首先是得益于这十月革命的故乡"②。

主义或真理的实际价值就在于能够为中国人民谋幸福、为中华民族谋复兴,能够回答好"中国向何处去"的时代之问、历史之问。中国共产党的先驱们紧盯中国现实问题的求解,以审慎的态度不断思索并不失时机地付诸实践,直至找到切实能够解决中国实际问题的马克思主义。对革命道路的选择虽历经曲折、上下求索,但这些探索成为中国共产党人寻求正确救国道路的前奏与序曲。中国共产党人不忘初心、执着追求,以恒心守护初心、践行初心,这是百年来初心历久弥坚的动力源泉。

三、以百姓心为心:了解工农疾苦,厚植为民情怀

践行初心,从哪里着手与开始? 马克思主义是关于无产阶级解放的学说与理论。中国共产党人以马克思学说这一理论武器来改造社会、拯救中国,就需要"寻找无产者"③这一利益主体,需要了解这些无产者的现实境况与价值诉求,如此才能聚合革命力量、完成历史使命。但在当时,中国共产党人大多为知识分子,他们具有阶层优越感,"认为自己非常重要,而无产阶级则微不足道"④,因而他们在思想上、行动上与劳动者处于隔绝状态。俄国十月革命的胜利和五四运动中工人群众的爱国罢工斗争,展示了工人阶级的巨大力量。具有初步共产主义思想的知识分子开始意识到,只有实现与工人群众的结合,才能真正地改造中国社会。因此,20世纪20年代初,"往民间去""与劳工为伍",成为当时社会的潮流。尤其是在各地中国共产党早期组织成立、中共一大召开之后,政党的工人

---

① [美]埃德加·斯诺:《西行漫记》,董乐山译,东方出版社2010年版,第149页。

②《肖劲光回忆录》,解放军出版社1987年版,第32页。

③ 熊秋良:《"寻找无产者":五四知识分子的一项社会调查》,《近代史研究》2020年第4期。

④ 中共中央党史和文献研究院、中央档案馆编:《中国共产党重要文献汇编(1921.7—1921.12)》第一卷,人民出版社2022年版,第10页。

阶级属性要求中国共产党人聚焦于工人阶级。为此,中国共产党人开始打破这种隔绝状态,毅然投身劳动界,对广大劳动群众的境遇给予深切关注,开启了走向人民、在群众中生根开花的伟大征程。也正是在这一过程中,中国共产党人立志为人民谋求解放与幸福的真挚情感日益加深,这为其后开展工农运动奠定了坚实的情感基础。

问题的关键是,如何打破这种隔绝状态呢? 从哪里出发才能促使中国共产党人与劳工阶层发生联系呢? 五四运动后,马克思主义在中国得以广泛传播,开始为更多的先进分子所接受。马克思主义强烈的实践属性指引了中国共产党人的行为方向与行为选择。他们逐渐认识到,为使无产阶级认识到自身的历史使命和伟大力量,就必须面向这些劳动阶级宣传革命真理。而只有了解劳工状况、了解劳动运动,才能在马克思主义与工人运动相结合的过程中有的放矢、对症下药。为此,中国共产党人俯身向下,走进工厂农村、走入劳工群体,社会调查成为普遍自觉。通过切身实践,他们得以直观感受劳工阶级的困苦境遇,并以翔实的数据、鲜活的事例如实呈现这些底层劳动者的劳动状况与生存状况。

李大钊、陈独秀率先垂范,较早对工人阶级的工作和生活情况给予关注。早在1919年,李大钊就发出号召:"要想把现代的新文明,从根底输入到社会里面,非把知识阶级与劳工阶级打成一气不可。"①这种思想上的飞跃,表明当时知识分子的阶级立场和世界观已经开始发生转变。五四运动前夕,李大钊曾向唐山煤矿朋友询问、了解工人生活情况,并写成《唐山煤厂的工人生活——工人不如骡马》一文,对工人阶级困苦悲惨的境况给予深切的同情。五四运动之后,李大钊亲自到京奉铁路唐山制造厂、开滦林西矿等厂矿开展社会调查,并与邓培、李景春等工人建立联系。1920年初由京抵沪后,陈独秀便开始对中华工业协会、中华总工会等团体进行调查,接见上海袜厂女工工会负责人等。

与此同时,在陈独秀和李大钊两位新文化运动精神领袖的影响和号召下,五四运动后相当一部分先进青年将视线萦注于劳工群体,开始从事

①中国李大钊研究会编注:《李大钊全集》第二卷,人民出版社2013年版,第422页。

劳工状况调查。《新青年》还发表了一个社会调查表,列出向工农群众调查的细目,这对当时深受《新青年》影响的先进分子来说,无疑有着鲜明的导向和指引作用。罗章龙多次到唐山调查产业工人生活状况,邓中夏利用暑假深入家乡矿井了解采煤工人生产生活,并在一个较长时间内对北京长辛店工人展开调查。在山西太原,受陈独秀委托,北京大学学生高君宇调查太原劳工情况,考虑到山西北部、南部和中部劳动状况存在差异,高君宇又转托朋友在大同和河东参与调研。在各地调查结果的基础上,高君宇编成《山西劳动状况》,对当时山西各业工人的生产环境、工作时长、工资待遇、生活状况等情况进行了详细记述和呈现。①在湖北武汉,郑凯卿、包惠僧等人联合文华大学学生对武昌织布局、纺纱局、铜币局、银币局、麻布局等工厂的工人状况进行调研,并将各单位工人人数、工人工资、工作时间、家庭生活等情况填入陈独秀所制的调查表。②此后,包惠僧又对武汉一些工厂进行调查,从“工厂与工人”“工作与工资”“工人的嗜好”“工人的道德”③等方面呈现武汉工人的工作和生活情况。陈潭秋、黄负生、刘子通等人深入汉口江岸一带调研码头工人的生存状况,在《汉口苦力状况》一文中向人们详尽展现了汉口人数众多的驮货一类人的负荷人生。④在安徽芜湖,高语罕对劳动界进行调查,撰写《芜湖劳动状况》一文,对人力车工、扛米工、理发工、厨工、建筑工、铁工、纺织工、肥皂工、木工等不同工种工人的人数、工资、时间、籍贯、智识等情况进行了较为全面的介绍。⑤在江苏,钱杏邨、柯庆施等人分别对南京胶皮车夫以及南京人力车夫的生活状况开展调查。⑥在湖南,李求实到常宁水口山铅矿调查,写下《水口山铅矿调查记》。到工人中去、到群众中去,这是五四运动后先进知识分子的一种自觉行动。

中国共产党成立后,对工人状况的调查成为组织发动工人运动的必

---

① 参见高君宇:《山西劳动状况》,《新青年》1920年第7卷第6期。

② 参见文华大学学生:《武昌五局工人状况》,《新青年》1920年第8卷第1期。

③ 包惠僧:《我对于武汉劳动界的调查和感想》,《民国日报》副刊《觉悟》1921年4月9日。

④ 参见刘云生:《汉口苦力状况》,《新青年》1920年第8卷第1期。

⑤ 参见高语罕:《芜湖劳动状况》,《新青年》1920年第7卷第6期。

⑥ 参见莫如:《南京劳动状况》,《新青年》1920年第7卷第6期。

要准备。例如,1921年,林育南、李书渠等人受中共武汉区委和中国劳动组合书记部武汉分部派遣,到粤汉铁路武长段徐家棚站开展工作。他们深入产业工人住区,与工人促膝谈心,了解工人工作生活现状及要求。从1921年12月开始,毛泽东多次到安源煤矿考察,与工人谈心交朋友,并且实地深入到矿井、工棚等地了解工人受压迫的状况以及痛苦生活;1922年4月底,毛泽东和夏曦、彭平之等人到水口山铅锌矿,对工人状况进行考察。①

不仅如此,部分中国共产党人认为,"站在圈子外面来讲劳动运动,是不成功的",必须"亲身跑到劳动者群里去"。②为与劳工阶层直接而又深入地联系,他们脱下长衫,亲自从事劳动工作、体验劳工生活。革命青年李中进入海军造船所(即后来的江南造船厂)做钳工,同普通工人一样从事繁重的体力劳动。俞秀松改名换服,进入上海厚生铁厂工作,他在日记中谈及此行目的在于,"观察现在上海各工厂底内容和工人底生活状况""观察工人底心理,应该施什么教育和交际的方法"。③邓中夏到京汉铁路机车车辆厂与工人同吃同住。舒传贤为了解黄包车工人的思想和诉求,自己租了一辆黄包车,与工人一起上街拉车。周恩来在主编《天津学生联合会报》的过程中,亲自参加印刷工人的劳动。中共赴法勤工俭学群体更是亲自到工厂做工,广泛接触华工和法国工人,切身体验法国劳动真相。

建党时期中国共产党人以自觉的行动,在社会调研与亲身体验中真实了解、直观感受中国无产者的生存场景和生活境况,并撰写调查报告,通过翔实的数据和鲜活的事例反映各地劳工状况。这些调查报告刊载于《新青年》《民国日报》《每周评论》《星期评论》《上海伙友》《劳动界》《晨报》等报刊杂志,成为当时中国先进知识分子与工人运动相结合的真实写照与最好例证。以《新青年》为例,1920年5月1日的第7卷第6号编辑出版

---

① 参见中共中央文献研究室编:《毛泽东年谱(1893—1949)(修订本)》上册,中央文献出版社2013年版,第89、91页。

② 中国社会科学院现代史研究室、中国革命博物馆党史研究室选编:《"一大"前后——中国共产党第一次代表大会前后资料选编》一,人民出版社1985年版,第282页。

③《俞秀松传》编委会编:《俞秀松传》,浙江人民出版社2012年版,第192页。

了《劳动节纪念号》,近400页的内容有三分之二的篇幅介绍了各地劳动状况,还附有33幅工人劳动状况的照片。从调研观察到亲身体验,从彼此隔阂到共同劳动,社会调查成为中国共产党人接近工人的入手方式。

　　那么,在中国共产党人的认知与情感中,这些底层劳工阶层的现实境遇到底是怎样的呢?对于劳工阶层的劳动情况,唐山的煤矿工人,"终日在炭坑里作工,面目都成漆黑的色。人世间的空气阳光,他们都不能十分享受。……有时炭坑颓塌,他们不幸就活活压死,也是常有的事情"[1],武汉工人"每日作工的时间,都在十二点钟以上;并且要随时增加",武汉造币厂,"工人工作时间每日增加至十八点钟之多",调查者感叹:"你们怎堪胜任呢?"[2]对于劳动阶层的生活状况,李大钊在谈及唐山煤场工人情况时感慨道:"骡马的生活费,一日还要五角",骡马若死了,"资主的损失""是百元之谱",而"一个工人的工银,一日仅有二角",工人若是死了,"资主所出的抚恤费,不过三四十元","工人的生活,尚不如骡马的生活;工人的生命,尚不如骡马的生命"。[3]陈潭秋等人详细描述了汉口江岸码头搬运工人的悲惨境况:"饥冻相乘,死亡甚速。衣无冬夏,仅破麻袋一片,遮其下体。夏则赤胴蓬头,冬以破袋一只覆其首,若富翁之戴风帽然。破草席一截围其身,奇形怪状,不一而足。""无力负驮者,潜将阴沟毒泥涂于下胫,毒发即行溃烂,跛行街市……不久毒往内攻,数日即毙"。同时,这些调查者指出,"背包的""披麻布袋的"窘迫状况不仅在"江岸一隅","汉口实有一万余人",他们的"生活亦大同小异"[4]。对于劳工阶层所受剥削情况,李大钊指出,唐山煤厂工人"无昼无夜的像牛马一般劳动"[5]。邓中夏亦有类似的观点看法,中国的工人阶级"'仰不足以事,俯不足以畜',一生一世,替人作牛马"。[6]高君宇曾对山西手艺工人的收入有过形象比喻,他指出,在经过总包工、分包工、工头、二工头层层剥削之后,轮到苦工这

----

①　中国李大钊研究会编注:《李大钊全集》第二卷,人民出版社2013年版,第435页。

②　包惠僧:《我对于武汉劳动界的调查和感想》,《民国日报》副刊《觉悟》1921年4月9日。

③　中国李大钊研究会编注:《李大钊全集》第二卷,人民出版社2013年版,第436页。

④　刘云生:《汉口苦力状况》,《新青年》1920年第8卷第1期。

⑤　中国李大钊研究会编注:《李大钊全集》第二卷,人民出版社2013年版,第436页。

⑥　《邓中夏全集》上,人民出版社2014年版,第323页。

些真正的工作者身上时,收入已经比苍蝇翅膀还要薄。①生产环境恶劣、生活状况悲惨、剥削压迫严重,这些记述成为中国共产党人对底层民众现实状况的普遍共识。

在深入劳工阶层开展社会调查亦或是躬亲实践的过程中,中国共产党人开始与中国的底层民众建立起广泛的联系,劳工阶层饱受奴役的生活状况给他们以深刻的阶级教育,他们开始愈发体悟到中国工人阶级所受压迫之深、所处境遇之难,从而在情感上更加同情于劳工群体,厚植为民情怀、实现情感蜕变。例如,邓中夏在看到长辛店工人"憔悴枯黄的面色"以及"千孔百结的衣服"时,"感着不快,表出一种痛苦的同情",好比自己也在饥饿困苦中。他呼吁人们:"放远一点、放大一点的眼光,去谋他们永远的灾荒困穷,那就是根本打破社会上不公道的事"②。包惠僧看到工人被资本家奴役,"有十二分的痛苦",表示要尽力援助,帮助他们"快快团结起来,推翻资本制度,实现人类的福利"。③为民呼、为民谋的赤子初心,在中国共产党人与劳工建立联系的过程中,逐渐得以树立并日益深化,加速了这些先进分子向马克思主义者转变的进程,并为后期建立工人组织、成立无产阶级政党、发动工人运动奠定了情感基础。

第二节　肩负使命,俯身向下行进不辍

如磐初心催发奋斗行为。20世纪20年代前后,面对中国发展走向的不确定性,共产党人抓住了"要不要建立政党、建立一个什么样的政党"这一关键问题,促使人们坚信要想救中国,必须建立坚强有力的政党。在明确无产阶级的建党方向后,他们多方联络,与志同道合的"真同志"共同点燃党组织发展的星星之火;他们俯身向下,传播主义、开展工运,在自觉行动以及与共产国际的互动中,勇担历史使命,完成中国共产党的创建。

---

① 参见《高君宇文集》,人民出版社2011年版,第16—17页。
② 中国革命博物馆编:《北方地区工人运动资料选编》,北京出版社1981年版,第61—62页。
③ 包惠僧:《我对于武汉劳动界的调查和感想》,《民国日报》副刊《觉悟》1921年4月9日。

一、在"要不要建党、建立一个什么样的政党"的历史追问中明确
建党方向

政党是资本主义社会发展到一定阶段的产物,是代议制民主的重要
标志。依托政党行使国家权力,实行政党政治,起源于英美,而后逐渐为
世界各国所接受。中国政党出现于19世纪末,辛亥革命后,中国也进行
了一次政党政治的演习。面对人们对政党政治的失望与对政党存在必要
性的质疑,中国共产党人不忘救国救民初心,不断深化建党学说研究,为
中国人民指明建党方向。

**(一)在政党存在必要性上达成共识,即必须建立一个坚强有力的
政党**

要不要建立政党? 这是辛亥革命后中国政党政治演习带来的历史之
问。因为辛亥革命后人们参政热情高涨,出现了大规模的组党高潮,一时
间政党林立。然而,政党政治并没有让中国实现民主与共和,而是内阁更
迭频繁、府院之争激烈。及至20世纪20年代前后,人们对政党政治极为
失望,对政党的厌弃程度已达极点,参加政党的热情与积极性骤然下降。
谭平山曾这样描述时人对待政党的态度,政党被视为"不名誉的事体",不
加入任何政党被视为"洁身自爱""志品高尚""言行醇洁"。[1]前后对比,
人们的态度差若天渊。

尽管人们对自民国以来的政党政治大为失望,但政党与政治密不可
分,面对强大的反动势力,革命阵营需要坚强的领导者和组织者。为行改
革事业,谋求国家与民族发展,中国的先进分子对中国"要不要建立政党"
这一问题进行了理性思考。他们基于中国现实政治状况,对这一问题给
予了肯定性答复。

陈独秀一生参加或组织的政党和团体有十个以上,[2]深谙民国初年

①《谭平山文集》编辑组编:《谭平山文集》,人民出版社1986年版,第89页。
②参见唐宝林、林茂生编:《陈独秀年谱(1879—1942)》,上海人民出版社1988年版,"前言"
第1页。

的政党理论且对政党政治的各种弊端有着深切的体认,但政党政治的失败,依然没有让他否认政党之于政治理想实现的重要意义。他认为,政党与政治是母亲与产儿的关系,与其疾呼改造政治,不如疾呼改造政党。①谭平山对政党与政治之间的关系亦表达了类似的看法与观点。面对人们不愿谈、不敢谈政党的情况,谭平山反问,鄙弃政党"岂真是国家前途的好现象吗? 岂真是国无政党,政争自熄,国家政治就会修明吗?"事实不然,"只觉得国人进步的气象,日渐消沉,国人政治的兴味,日趋缺乏罢了"。他鲜明指出:"今日国内政治腐败,政府颠顸,军人横行,官僚无能,以及私党把持,宵小弄权,种种的弊病,都是国内无真正的政党之故"。②也就是说,只要认定谈政治,就要承认组建政党之必要。

李大钊认为,政党是立宪政治的产物,运用政党力量得当是国家昌盛的倚赖。即政党并不会祸国,中国的政党之所以被视为"亡国之媒",是因为"党私"的存在。③这就表明,在李大钊看来,政党是解决国家危机必不可少的力量,关键在于如何运用政党力量。蔡和森与毛泽东也以书信形式对组党必要性交换了意见。蔡和森认为,中国之所以要组党,是因为它是革命运动和劳动运动的"神经中枢",是"发动者、宣传者、先锋队、作战部"。④对此,毛泽东深以为然,要"从事于根本改造之计划和组织,确立一个改造的基础",这个基础即是"蔡和森所主张的共产党"。⑤也就是说,中国的先进分子认识到,组建政党是改造中国、解决今日中国之政治问题的题中之义。有了政党,才有推动革命发展的主体力量。

(二)明确政党性质,即是要建立像列宁领导的布尔什维克那样的革命党

建立一个什么样的政党? 这是要回答的第二个问题。首先,中国的

---

① 参见《陈独秀文集》第二卷,人民出版社2013年版,第175页。

②《谭平山文集》编辑组编:《谭平山文集》,人民出版社1986年版,第89、93页。

③ 参见中国李大钊研究会注:《李大钊全集》第一卷,人民出版社2013年版,第1—2页。

④《蔡和森文集》上,人民出版社2013年版,第57页。

⑤ 中国革命博物馆、湖南省博物馆编:《新民学会资料》,人民出版社1980年版,第92页。

先进知识分子目光向内,反思现存政党弊端,明确建党方向。他们对当时包含国民党在内的南北各派政党予以剖析和抨击,认为这些政党都是鼠盗狗偷,没有改造政党、改造政治、改造中国的诚意能力与责任担当;①"都是趁火打劫,植党营私,呼朋啸侣,招摇撞骗,捧大老之粗腿,谋自己的饭碗"②;都是"狐群狗党",如若由它们担负改造政治的责任,政治必然会腐败。③总体来讲,民国时期的这些政党,其一是主义不明、政纲不清。它们大多没有提出本党的政治纲领,而且昙花一现、很快销声匿迹。即使是国民党、共和党、民主党、统一党、进步党等当时影响较大的党派,其内部也是相互争斗、排挤倾轧,"无共同的志趣,无共同的精神"④。例如,国民党的前身同盟会,团体内部对三民主义的理解和认同存在巨大差异,政见不同严重影响组织团结。其二是阶级复杂、组织松散。作为当时比较革命的民主派,国民党本应是民族资产阶级利益的代表,但中国的民族资产阶级与帝国主义、封建主义之间存在着千丝万缕的联系,想让他们反帝反封建,无异于天方夜谭。且国民党当时虽然号称拥有庞大的党员规模,但对这些成员没有进行有效组织,因而难以形成政党合力。其三是专注党私、互相倾轧。这些政党"不以国家生存、社会安宁、人民幸福"为基点,而视政党"为个人的敲门砖"。⑤它们只争意见,不争政见。因此,建立一个主义与政纲明确、阶级性质与阶级利益明确、组织严密且纪律严格,更重要的是能够勇担政治责任的政党,成为中国先进分子的共识。在对中国政党失败原因回顾反思的基础上,谭平山提出今后组织政党的十项方针,这是中国的先进分子在审视现存政党弊端后明确建党方向的一个缩影。他指出,"政党当以一定的主义做结合中心","设有政治研究的团体","政党的政纲当以我国为对象","政党不可倚赖不正当的势力","当与国内平民为友"等,⑥这些主张在此后的建党实践中得到运用。

---

① 参见汪信砚主编:《李达全集》第二卷,人民出版社2016年版,第31页。
② 中国李大钊研究会编注:《李大钊全集》第三卷,人民出版社2013年版,第349页。
③ 参见《陈独秀文集》第二卷,人民出版社2013年版,第174页。
④《谭平山文集》编辑组编:《谭平山文集》,人民出版社1986年版,第96页。
⑤《谭平山文集》编辑组编:《谭平山文集》,人民出版社1986年版,第96页。
⑥《谭平山文集》编辑组编:《谭平山文集》,人民出版社1986年版,第104—105页。

其次,中国的先进知识分子目光向外,以世界大势律中国,决定效法苏俄。十月革命的胜利,新生苏维埃俄国的成立带给资本主义世界以极大震撼,特别是1919年共产国际成立后,无产阶级革命运动在欧洲日益高涨。中国先进分子敏锐地捕捉到这一发展趋势,他们研究俄国革命经验以及革命胜利背后所依靠的领导力量。在李大钊看来,俄国革命的胜利是以"革命的社会主义"为理论指导,以"革命的社会党"为领导力量,以打破"为社会主义的障碍的国家界限"以及"资本家独占利益的生产制度"为目的。①进一步地,李大钊看到俄共强大的组织与训练能力,惊叹其所爆发出来的力量"真正可骇"②。赴法后的蔡和森在对美、英、法等国社会党和共产党的情况进行分析研究的基础上,1920年7月的蒙达尼会议,他即主张效法苏俄,组建共产党,实行无产阶级专政。1920年8月13日和9月16日,在与毛泽东的两次通信中他更是明确提出,俄共为极集权的组织,有着铁似的纪律。只有如此,才能养成有觉悟有组织的分子,才能担负改造事业。③否则,"民众运动、劳动运动、改造运动皆不会有力,不会彻底"④。对此,毛泽东在1920年12月1日和1921年1月21日两次复信中均对蔡和森的意见表示同意。意见的一致,与毛泽东在国内已开始思考建党方向存在很大关系。开始关注俄国及列宁领导的布尔什维克党的毛泽东,于1920年9月间在《大公报》发表文章,认为俄国革命之所以能够取得成功,有列宁领导的"真正可靠的党众"⑤是重要方面,表明了自己对无产阶级革命政党的倾向。这一建党方向在新民学会会员中亦取得一定共识。1921年新民学会新年大会上,毛泽东把蔡和森的提议交由会员们讨论。陈启民、熊瑾玎、彭璜、陈子博、易礼容等人均表达了组建无产阶级政党之必要与迫切,认为:"组织劳动党有必要,因少数人做大事,终难望

---

① 中国李大钊研究会编注:《李大钊全集》第二卷,人民出版社2013年版,第364页。
② 中国李大钊研究会编注:《李大钊全集》第三卷,人民出版社2013年版,第348页。
③ 参见《蔡和森文集》上,人民出版社2013年版,第74页。
④《蔡和森文集》上,人民出版社2013年版,第73页。
⑤ 中共中央文献研究室、中共湖南省委《毛泽东早期文稿》编辑组编:《毛泽东早期文稿(1912—1920)》,湖南人民出版社2013年版,第456页。

成。份子越多做事越易。"①

还有部分中国共产党人虽未提出建立共产党这一明确的概念,但在其建党理论与建党思想中蕴含着建立一个无产阶级政党的思想因子。例如,1919 年 9 月 7 日,李汉俊在节译山川菊荣的《世界思潮之方向》一文后,表示自己要在建立"民党""革命党"方面有切实的打算。②这里的"民党""革命党"是与俄国十月革命以及无产阶级革命相关联的新型政党,李汉俊此时想要建立的即是无产阶级政党,只是名称提法不同。③

一个有理论、有目标、有坚实阶级基础更有严格组织训练的政党,契合了人们心中理想的政党观。同时,基于对国情相似的考量,以俄国的布尔什维克党为参照,建立无产阶级政党已成为中国早期马克思主义者的现实诉求。1921 年,李大钊发出创建中国共产党的宣言书,明确表示要建立"平民的劳动家的政党"④。此时,中国的先进知识分子坚信,"只有以共产党代替政党,才有改造政治底希望"⑤。

方向已经明确,还有一个问题,这样的政党是以工人阶级为基础的。而中国的工人阶级有力量吗? 有建立政党的可能吗? 五四运动中工人阶级登上历史舞台,并展现强大力量。只有将工人阶级蕴藏的巨大潜力给予适当引导,才能形成合力,成为变革社会发展的动力。但现实是,五四运动中国民党作为社会公认的领导力量,并没站在群众运动的前列。且五四运动取得阶段性胜利后,群众运动并没有就此偃旗息鼓,群众力量仍不断高涨并迫切需要加以组织与引导。因此,当"革命的政党在革命的高潮中完全不能领导",中国革命需要组织能够"引导革命的党"。⑥主观上新的社会力量的崛起以及群众运动的开展,让建立能够代表劳工阶级利

① 中国革命博物馆、湖南省博物馆编:《新民学会资料》,人民出版社 1980 年版,第 27 页。

② 参见山川菊荣:《世界思潮之方向》,金刚、汉俊节译,《民国日报》副刊《觉悟》1919 年 9 月 7 日。引文出自节译后李汉俊的话。

③ 参见田子渝:《李汉俊的"民党""革命党"指的是无产阶级政党——答复叶累先生》,《上海党史研究》2000 年第 2 期。

④ 中国李大钊研究会编注:《李大钊全集》第三卷,人民出版社 2013 年版,第 350 页。

⑤《陈独秀文集》第二卷,人民出版社 2013 年版,第 174 页。

⑥《蔡和森文集》下,人民出版社 2013 年版,第 801 页。

益、为劳工阶级服务的政党,成为当时历史和人民的需要。

不仅要建立政党,更要建立一个无产阶级政党,建党时期中国共产党人对这一问题的回答,源于初心使命的情感驱动,更是基于对国内外政治发展趋势的洞察与分析,特别是俄国十月革命将马克思主义由理论推向实践的成功示范。对这一问题的回答,为在中国建设一个无产阶级政党奠定了思想基础,提供了理论依据,预示着一个不同于过去政党、有着明确指导思想与奋斗目标的新型政党即将在中国诞生。

二、首创力行、多方联络,满腔热情投入中国共产党早期组织创建工作

以陈独秀、李大钊为代表的中国共产党人不仅在理论层面对政党问题进行探讨,更是在选择科学社会主义、转变为马克思主义者后,邀集志同道合者共谋国家前途,多方联络、彼此支援,切实投身到创建中国共产党早期组织的行动中去,推动了马克思主义从思想宣传向政治实践的质的飞跃。

(一)积聚革命力量,为革命事业寻找志同道合的"真同志"

要想建立无产阶级政党,同当时社会上存在的诸多不合理现象开展斗争,"不是几个人力所能及的"①。中国共产党人已经认识到团结革命力量的重要性,并积极影响、动员先进分子投身共产主义事业。

陈独秀、李大钊等领袖人物悉心引导,促使相当一部分先进分子开始汇集到马克思主义的旗帜之下。他们创办《新青年》《每周评论》等进步刊物,政治上警醒青年、思想上引领青年。从陈独秀发表于《新青年》第一卷第一号的《敬告青年》,对青年提出六项希望开始,以新思想塑造"新青年"成为五四精神领袖创办、编辑报刊的主要价值旨趣。有毛泽东这样的"新青年"一度为之沉迷,很长一段时间"看《新青年》","谈《新青年》","思考

---

① 《董必武年谱》编纂组编:《董必武年谱》,中央文献出版社2007年版,第46页。

《新青年》上所提出的问题"；①亦有周恩来这样的"新青年"从不甚留意到"晨起读《新青年》，晚归复读之"②的态度转变。《新青年》对五四青年一代的影响是同时段其他刊物所无法达到的。正如沈雁冰所说："那时对我思想影响最大……还是《新青年》。"③之后，随着《新青年》的政治色彩日渐鲜明，"新青年"的思想亦随之转变。《每周评论》是由陈独秀和李大钊发起并担任主要撰稿人的另一进步刊物，是对"标榜'不谈政治'而以理论斗争为主"④的《新青年》的补充。结合国内外政治现实，树立时事述论的鲜明导向，是对青年的政治宣传与政治鼓动；广泛宣传、报道社会主义俄国的状况以及欧洲的共产主义运动，是对青年政治道路的方向引领。同时，以课堂讲授、研讨座谈、公开讲演等形式在青年群体中开展马克思主义的宣传亦是中国共产党人聚合青年的有效方式。例如，李大钊曾兼任北京大学史学系教授，担任史学系"唯物史观研究"课程的讲授，通过课堂向青年宣传马克思主义。同时，李大钊还在北京女子高等师范学校兼课，讲授社会学、女权运动史等课程，"对该校学生的思想启蒙关系甚大"。⑤参加马克思学说研究会举行的辩论会并担任评判员；参加觉悟社、少年中国学会等进步团体活动。陈独秀在受到严密监视的情况下，到武汉进行讲学；在上海法租界渔阳里2号居住期间，与陈望道等人反复座谈，于座谈中引导这些进步青年知识分子逐步意识到组建无产阶级政党的必要；与毛泽东谈论信仰，在"关键性的这个时期"，使毛泽东"产生了深刻的印象"。⑥陈独秀、李大钊在思想上引领青年不断向马克思主义聚拢，为寻找志同道合的"真同志"奠定了坚实基础。

这种引领还体现在，陈独秀与李大钊重视实践，号召青年走出书斋，

---

① 中国革命博物馆、湖南省博物馆编：《新民学会资料》，人民出版社1980年版，第392页。

② 中共中央文献研究室、南开大学编：《周恩来早期文集（1912.10—1924.6）》上卷，中央文献出版社、南开大学出版社1998年版，第334页。

③ 茅盾：《我走过的道路》上，人民文学出版社1981年版，第128页。

④ 中共中央马克思恩格斯列宁斯大林著作编译局研究室编著：《五四时期期刊介绍》第一集，人民出版社1958年版，第41页。

⑤ 参见杨琥：《李大钊年谱》上册，云南教育出版社2020年版，第814、855页。

⑥ [美]埃德加·斯诺：《西行漫记》，董乐山译，东方出版社2010年版，第148页。

参与革命实践,在行动方面影响青年。陈独秀在看到许多青年只是口头上谈论主义,而不去切实地实际努力时,提出只有一点一滴地努力,才能创造人类的幸福与社会的文明。①为此,1920年,陈独秀亲自到工人行会进行调研,组织筹备五一劳动节纪念大会,邀集各地进步青年调研工人、了解工人,同时帮助李启汉筹办工人补习学校,指导李中筹建工会等。李大钊推动邓中夏等人组成北大平民教育讲演团,从在城市讲演到深入铁路工人宣传;号召和组织先进知识分子到人力车工人居住区开展调查;积极联络京津两地进步团体,提出"各团标明本会主义之必要"②,从而实现各团体在马克思主义基础上的一致。陈独秀和李大钊作为五四时期的精神领袖,他们以"改造旧中国的决心和激情,有力激发了当时中国青年的蓬勃朝气和进取精神"③。在五四青年一代的思想与行为引领中发挥了重要作用。正如毛泽东所说:"我们是他们那一代人的学生。"④

　　同时,创办进步团体,以组织化的方式来更新个人、更新社会,成为五四时期青年知识分子的一种行为选择。危如累卵的切肤之痛让中国先进分子意识到"天下事决非一个人所能做成"⑤,意识到组建团体的重要。中国共产党人亦是这些进步社团的倡议者、推动者和参与者,救国行为由无序自发逐渐走向有序自觉。例如,1919年,李大钊参与发起成立少年中国学会,赵世炎、刘仁静、邓中夏、毛泽东、高君宇等进步青年都曾参与其中。武汉地区的进步团体,如互助社、日新社、仁社、利群书社、共存社等,聚合了恽代英、林育南、肖楚女、黄负生、李书渠、王尚德、李求实、林育英、李伯刚等一批先进分子。1919年,天津女界爱国同志会、觉悟社、新生社等进步团体陆续成立,周恩来、邓颖超、郭隆真、于方舟、马骏、安幸生、刘清扬等五四青年依托这些团体传播进步思想、开展爱国运动。五四运动后,袁玉冰、黄道等人在南昌成立进步社团鄱阳湖社(后改名为

---

① 参见陈独秀:《随感录》,《新青年》1920年第8卷第2期。

② 参见杨琥:《李大钊年谱》上册,云南教育出版社2020年版,第791页。

③ 习近平:《在纪念李大钊同志诞辰120周年座谈会上的讲话》,《光明日报》2009年10月29日。

④ 《毛泽东文集》第三卷,人民出版社1996年版,第294页。

⑤ 《恽代英全集》第三卷,人民出版社2014年版,第110页。

改造社)。在欧洲,赴法勤工俭学的李维汉、张昆弟、李富春、罗学瓒等成立工学励进会(后改名为工学世界社),最初践行工读主义思想,后多数成员逐渐倾向马克思主义。赵世炎、李立三、刘伯坚、陈公培、鲁易等人组成"劳动学会",在知识分子与工人阶级相结合的道路上迈出重要一步。建党时期中国共产党人在发起、参与这些进步团体的过程中,组织意识不断增强,为后期党团组织的建立奠定了基础。

更为重要的是,这些进步团体为先进分子探讨救国方案、进行思想碰撞、开展实际活动搭建社会空间,在真理探求与行为选择中互相浸润与影响,为之后的思想可变性埋下了伏笔,助推了共产主义知识分子群体的形成。例如,毛泽东、蔡和森的思想转向与社会主义革命道路的选择,促使更多的学会成员在"改造中国与世界"为学会最终目的,以及达到目的须采用布尔什维克主义、走俄国革命的道路等方面取得一致意见。虽然这些团体最初多为注重修养品德的道德团体、寻求个人与社会改变的爱国团体,还称不上完全意义上的共产主义组织,但是中国共产党人在自身完成信仰转变、确立救国道路之后,在团体内努力促使更多的先进分子克服思想与意见分歧,不断聚集在共产主义的旗帜之下。

此外,中国共产党人还积极利用乡缘、学缘等社会关系联络进步分子、壮大革命力量。仅以武汉地区中国共产党人为例,李汉俊、董必武、陈潭秋之间,在乡缘关系的作用和影响下,陆续走上信仰马克思主义的道路。师生关系在武汉地区中国共产党人中亦具有代表意义。黄负生在私立武昌中华大学任教期间,与在该校读文科的恽代英相识,从互助社到利群书社再到《武汉星期评论》,二人志趣相投,在革命道路上相互影响、携手并进。恽代英毕业后任武昌中华大学中学部主任,在其影响下林育南成为武汉地区学生运动的领袖,并由此走上革命道路。再有,董必武、陈潭秋、刘子通等人都利用自己的教师身份,在武汉教职员和学生中积极开展马克思主义的宣传教育,点燃思想火花、播下革命火种,王鉴、董觉生、雷绍潜、王秀松、夏之栩、袁溥之、徐全直等一批青年学生在他们的影响下逐渐明晰革命前途与出路,后来成为党的骨干。

在领袖人物的思想启蒙与行为引领之下、在革命青年之间的相互影响与带动之下,先进分子不断聚集,促成了革命力量的联合。这就在干部上和组织上为无产阶级政党的建立做好了准备。

(二)多方联络,共同点燃党组织发展的星星之火

从1920年秋到1921年春短短时间内,中国共产党八个早期组织陆续成立,这得益于共产党早期组织成员的彼此联络与支援。中国共产党的先驱们怀有深刻的历史自觉,主动投身各地共产党早期组织的筹备和建立工作。一方面,陈独秀及其上海发起组成员积极联络与推动;另一方面,各地早期共产主义者义无反顾地承担起这一使命和任务。他们利用个人影响与社会关系,主动联系思想上、行动上具有共产主义倾向的先进分子,在"找关系"①中促进了党组织的筹建。

上海共产党早期组织是中国第一个共产党组织。1920年春,在维经斯基代表团抵达上海后,陈独秀邀集上海各方面人士同其进行多次座谈,研究建党问题。这些参与座谈的人有《星期评论》主笔李汉俊、沈玄庐、戴季陶,有《民国日报》主编邵力子,有商务印书馆编辑沈雁冰,有留学归国"寻找同志干革命"的李达,有带着《共产党宣言》中文译稿来到上海的陈望道,以及各地追求思想解放、到上海寻找出路的青年知识分子,如参与浙江一师学潮的俞秀松和施存统等。陈独秀利用个人社会影响力,将这些处于不同阶层的社会群体不断汇集于马克思主义阵营。1920年8月,陈独秀、李达、李汉俊、陈望道、施存统、俞秀松、沈玄庐等人成立上海共产党早期组织。此后,在他们的宣传与影响下,上海发起组成员规模逐步扩大。不可否认,维经斯基一行直接促成了中国最早的共产党组织的成立,但上海发起组的成立更多的是以陈独秀为代表的先驱们主动联络、影响进步分子,开展主义宣传与共同奋斗的结果。这种主动担当精神还体现于上海共产党早期组织一经成立,其成员即在陈独秀的领导下,通过函约、派人指导或直接组织等方式,推动各地共产主义者点燃革命星火。

北京共产党早期组织的成立与陈独秀、李大钊两位领袖的共同筹划

---

① 汪信砚主编:《李达全集》第十七卷,人民出版社2016年版,第365页。

密切相关。他们多次通信,研究建党问题,陈独秀报告上海已建立共产党组织,建议北京也迅速成立。同时,张国焘和张申府还曾充当过他们的建党联络人。据张国焘回忆,1920年7月,他受李大钊委托赴上海与陈独秀商议马克思主义研究会事宜以及下一步工作计划。期间,张国焘与陈独秀就建党问题进行交谈,并于8月底返京后将情况告诉了李大钊。李大钊略经考虑后表示无保留地赞成,且鉴于陈独秀已经开始组党的实际工作,北京在已经具备理论和实践条件的基础上,应该与上海一致进行。①张申府也曾回忆,1920年9月,他到上海接待罗素来华讲学,期间住在陈独秀家中。二人对建党问题进行了研究,一致认为组织要发展,就要把能入党的人最好都吸取到党内来。9月下旬回到北京后,张申府将这一意见告诉了李大钊。②陈独秀与李大钊之间的协商,以及张国焘、张申府两人的穿针引线,促进了北京共产党早期组织的成立。其最初成员有李大钊、张国焘和张申府3人,中共一大召开前成员发展至15人,大多为北京大学师生与马克思学说研究会成员,这与李大钊等人的影响与推动有很大关系。

武汉共产党早期组织的成立得益于上海发起组的领导与推动。一方面,李汉俊与董必武、张国恩书信联系,并亲自赴武汉商谈建党事宜。三人熟识于上海,1919年,董必武与张国恩在上海主持湖北善后公会事宜期间,与李汉俊"差不多天天见面"③,深受李汉俊的思想影响。利用这层关系,李汉俊即与董必武、张国恩发生联系。董必武又联系了同他共同创办私立武汉中学的陈潭秋商议此事,得到陈的同意。另一方面,刘伯垂④受陈独秀派遣,到武汉筹建党组织。刘伯垂早年留日期间,曾向陈独秀学

① 参见中国社会科学院现代史研究室、中国革命博物馆党史研究室选编:《"一大"前后——中国共产党第一次代表大会前后资料选编》二,人民出版社1985年版,第144页。
② 参见中国社会科学院现代史研究室、中国革命博物馆党史研究室选编:《"一大"前后——中国共产党第一次代表大会前后资料选编》二,人民出版社1985年版,第221页。
③ 董必武文集编辑组编:《董必武统一战线文集》,法律出版社1990年版,第34页。
④ 刘伯垂早年留学日本,期间结识孙中山、陈独秀等人并接受民主革命思想加入同盟会。辛亥革命后,曾于民国大元帅府、南京临时政府、广东军政府等处任职。1920年夏秋之际,因不满军阀统治辞官北上。刘伯垂在党的创建时期和大革命时期积极工作,大革命失败后,躲过汪精卫武汉大搜捕后潜往日本,回国后隐居上海,直至1936年去世。

习音韵学,二人有师生之缘。1920年夏秋,刘伯垂因不满广东军阀辞官北上,途经上海之时,陈独秀与其谈话,发展其加入党组织。据包惠僧回忆,刘伯垂回到武汉,即找到董必武、张国恩、陈潭秋、郑凯卿、赵子俊、包惠僧、赵子健等人商谈。①刘伯垂之所以能与上述人员发生联系,与陈独秀、董必武等人的推荐密不可分。1920年,陈独秀在武汉讲学期间,即留意与培养先进分子。包惠僧以新闻记者身份采访过陈独秀,两次谈话促使其对马克思主义产生浓厚兴趣,其思想激进、工作干练,深受陈独秀的赏识。郑凯卿为文华书院校工,负责陈独秀日常起居,受陈独秀的影响已经着手从事工人状况调研。刘伯垂根据陈独秀意见,到武汉后联系二人作建党工作助手。②同时,在董必武的推荐下,刘伯垂又联络私立武汉中学进步教师赵子健。这些先进分子在取得意见一致的基础上,于1920年秋冬之际成立武汉共产党早期组织。

　　长沙共产党早期组织的建立离不开毛泽东的筹划推动,与上海发起组和陈独秀亦有着直接的关联。这是因为,1920年6月间,毛泽东在上海曾就自己读过的马克思主义书籍与陈独秀进行讨论,而当时陈独秀正在筹备共产党的组建工作。③这一时期的交流不能不对毛泽东产生影响。同年9月10日,毛泽东与张文亮谈话后,次日张文亮即给陈独秀发信,请介绍俄国情况并寄些书报。同时,毛泽东等人聘请陈独秀为书社的信用介绍,在陈独秀的介绍下,文化书社可以在上海商务印书馆、中华书局、新青年社等出版社免交押金先提货。11月,应陈独秀函约,毛泽东等人在长沙创建共产党早期组织。④由此可见,在酝酿筹备长沙共产党早期组织期间,毛泽东与陈独秀有着较为密切的联系。对此,张国焘在回忆中也

---

　　① 参见中国社会科学院现代史研究室、中国革命博物馆党史研究室选编:《"一大"前后——中国共产党第一次代表大会前后资料选编》二,人民出版社1985年版,第312—313页。

　　② 参见中国社会科学院现代史研究室、中国革命博物馆党史研究室选编:《"一大"前后——中国共产党第一次代表大会前后资料选编》二,人民出版社1985年版,第312页。

　　③ 参见中共中央文献研究室编:《毛泽东年谱(1893—1949)修订本》上册,中央文献出版社2013年版,第59页。

　　④ 参见中共中央文献研究室编:《毛泽东年谱(1893—1949)修订本》上册,中央文献出版社2013年版,第64、68、72页。

提及,二人早有通信联络,陈独秀对毛泽东的能力颇为欣赏,准备给毛泽东写信,请他推动湖南党组织的成立。①当然,除了受到国内共产主义活动的影响,毛泽东等人与国外新民学会会员蔡和森、李维汉、罗学瓒等人保持通信往来,围绕改造中国社会的道路选择及建党问题互换意见,这对长沙早期组织的创建亦有极大的推动作用,且毛泽东等人在筹建长沙党组织时也是从新民学会会员开始动员的。据萧子升回忆,新民学会于1920年出现了分裂,那些热衷于共产主义的人在毛泽东的领导下暗中成立了一个秘密组织,毛泽东曾将新组织的情况告诉了萧子升并希望他参加。②1920年11月,毛泽东、彭璜、何叔衡、易礼容、贺民范以及陈子博等6人成立长沙共产党早期组织,这6人中除贺民范外均是新民学会会员。贺民范虽未加入新民学会,但五四运动后这位老同盟会会员思想上开始倾向马克思主义。后在陈独秀的推荐下,贺民范与毛泽东结识,成立俄罗斯研究会,创办文化书社,成为毛泽东、何叔衡在湖南开展建党活动的实际支持者和骨干力量。

　　1921年春,广州共产党早期组织在陈独秀的直接指导下成立。1920年底,在与共产国际和李大钊商议后,陈独秀应陈炯明之邀前往广州,出任广东省政府教育委员长兼预科大学校长。广州曾是革命的策源地,素有革命传统。因此,陈独秀的广州之行除了领导广东教育工作之外,还有重要使命,即要推动马克思主义在广州的广泛传播,并在那里建立党组织。到达广州后,陈独秀一面与无政府主义者划清思想界限,一面借用师生之谊③,与谭植棠、谭平山以及陈公博等人联系,商讨共产党早期组织的建立问题。1921年3月,在谭植棠等人的支持下,广州共产党早期组织成立。

　　济南共产党早期组织的成立同时受到上海、北京党组织的影响。陈

---

① 参见中国社会科学院现代史研究室、中国革命博物馆党史研究室选编:《"一大"前后——中国共产党第一次代表大会前后资料选编》二,人民出版社1985年版,第139页。

② 参见中共中央党史资料征集委员会编:《共产主义小组》下,中共党史资料出版社1987年,第575页。

③ 陈独秀在北京大学担任文科学长期间,谭植棠、谭平山和陈公博都是北京大学的学生。

独秀函约"王乐平在济南组织"①,王乐平本人不愿意参加,便推荐信仰马克思主义的王尽美、邓恩铭与上海共产党早期组织联系,着手筹建党组织。王尽美是北京马克思学说研究会外埠通讯会员,与李大钊、罗章龙等人有通讯联系。北京共产党早期组织成立后,其成员陈为人受李大钊派遣到济南联系王尽美、邓恩铭、王翔千等人,向他们介绍筹建党组织的经验。在北京、上海党组织的帮助与影响下,1921年春济南共产党早期组织建立。

旅法共产党早期组织成员中的张申府、赵世炎与陈公培,在出国前都已加入党组织。张申府出国前,陈独秀、李大钊曾委托其在国外继续发展党的组织。1921年初,张申府首先发展刘清扬入党。据刘清扬回忆,赴法途中,张申府给她讲苏联革命的概况和共产主义的基本知识,提高了她的认识。②刘清扬与周恩来是觉悟社战友,彼此熟悉,此后三人往来密切,时常对各种主义问题进行讨论。后由张申府、刘清扬一起介绍周恩来加入党组织。赵世炎、陈公培相继来到法国,在接到陈独秀的来信后,带着信与张申府接上关系。对于他们之间的联络,李达也曾回忆,党的上海发起组成立后,曾"函约巴黎的朋友在巴黎组织"③。至此,旅法共产党早期组织成立,以上5人即为早期组织成员。

旅日共产党早期组织成员施存统和周佛海都是在上海加入党组织的。据施存统回忆,在日期间与陈独秀、李达有联系,并根据陈独秀指示成为小组的负责人。④周佛海也曾接到陈独秀的来信,命其与施存统作为驻日代表,联络日本同志。⑤旅日党组织的创建及成员之间的联系受到陈独秀的直接推动。

---

①《李达文集》编辑组编:《李达文集》第四卷,人民出版社1988年版,第2页。王乐平早年参加同盟会,走上革命道路。五四运动时期他是山东地区爱国运动的组织者之一,社会威望较高。他主办齐鲁书社,与陈独秀的《新青年》有密切联系。

②参见李涛编:《亲历者忆——建党风云》,中央文献出版社2001年版,第281页。

③汪信砚主编:《李达全集》第十七卷,人民出版社2016年版,第365页。

④参见中国社会科学院现代史研究室、中国革命博物馆党史研究室选编:《"一大"前后——中国共产党第一次代表大会前后资料选编》二,人民出版社1985年版,第36页。

⑤参见[日]石川祯浩:《中国共产党成立史》,袁广泉译,中国社会科学出版社2006年版,第289页。

在筹备和创建各地共产党早期组织的过程中,各地共产主义者协同奋斗,极大地加速了早期组织成立的步伐。虽然这时的早期组织成员仅有几十个人,而且限于知识分子,其影响还没有深入到广大人民群众中去,但他们所认同的主义、所开展的活动,是把马克思主义从思想层面推进到实践层面的质的飞跃,从此中国革命将在新的领导力量下开启历史新征程。正如毛泽东所说:"这时,也只是在这时,中国人从思想到生活,才出现了一个崭新的时期。"①

三、开天辟地、敢为人先,为创建中国共产党而奋斗

1945年,在中共七大期间,毛泽东从苏联共产党的成立谈及无产阶级政党产生的一般过程,即经历了从学习与研究马克思主义小组的建立再到无产阶级政党建立的过程。中国共产党的创建也呈现这一特点和规律。各地共产党早期组织建立后,中国共产党人并未停止建党步伐,而是为建立全国统一性的政党作着积极准备。在建党条件日趋成熟的条件下,中国共产党的先驱们共赴信仰之约,完成了党的创建工作。

(一)深耕细作,酝酿建立一个全国性的无产阶级政党

中国共产党早期组织成立后,对马克思主义的研究与宣传、对工人阶级的组织与动员,由个别的、零散的活动进入到有计划、有组织的阶段。共产党早期组织成员已达成共识:"第一,我们是信仰马克思主义的;第二,我们是拥护苏联十月革命的;第三,我们是要搞工人运动的"②。"当时党的工作只有两种:第一是宣传主义,第二是组织工人。"③这种思想上的共识与行动上的一致,源于中国的先进分子对建立无产阶级政党的共同追求。他们认识到,共产党是工人阶级的先锋队,只有使工人阶级受到马克思主义的教育、掌握真理,才能让他们认识到自己受苦受难的根

---

① 《毛泽东选集》第四卷,人民出版社1991年版,第1470页。
② 中国社会科学院现代史研究室、中国革命博物馆党史研究室选编:《"一大"前后——中国共产党第一次代表大会前后资料选编》二,人民出版社1985年版,第200页。
③ 汪信砚主编:《李达全集》第十六卷,人民出版社2016年版,第2页。

源、自身蕴含的革命潜力,从而产生组织起来、为实现自身解放而斗争的内在驱动力。同时,建党时期中国共产党人多为知识分子,只有与工人群众相结合,才能使自己真正成为工人阶级的一分子,真切站在工人阶级利益面前。因此,各地共产党早期组织成员把促进马克思主义和中国工人运动的结合作为准备建党的主要工作来抓。历史证明,这是正确的选择。

那么,如何宣传? 如何开展工人运动呢? 仔细梳理各地早期组织的活动,我们会发现,主义宣传以及工运开展的方式大体呈现一致性。出版报刊,利用马克思主义研究组织是宣传工作的主要形式;创办通俗易懂的工人刊物,各种形式的补习学校,组织工会发动工人斗争,是开展工人运动的一种面向。这种一致性,是中国共产党人革命自觉性与陈独秀、李大钊等建党发起者共同推动的,且这种推动力更多地指向了后者。例如,在马克思主义宣传方面,发起和设立"马克思学说研究会"是各地中共组织的一个普遍工作项目,成为中共建党过程中的一项"传统"①。李大钊指导成立的北京大学马克思学说研究会以及陈独秀在上海成立的马克思主义研究会,对各地共产主义者来说具有明显的示范效应。王尽美即是北京大学马克思学说研究会的通讯会员,与邓恩铭于1920年冬发起成立济南马克思学说研究会,促进马克思主义在齐鲁大地的广泛传播。武汉、广州马克思主义研究组织的建立受到陈独秀的直接影响。又如,在开展工人运动方面,《劳动界》是上海共产党早期组织创办的第一份工人刊物,对各地党组织开展工人宣传产生较大影响。据张国焘回忆,北京共产党早期组织召开第一次会议时,就曾分发上海发起组创办的《劳动界》,这是"使会议生色的一件事"②。此后,《劳动者》《劳动音》《济南劳动周刊》等工人刊物在各地陆续创办,这些刊物在对工人阶级的宣传教育过程中遥相呼应。北京党组织从劳动补习学校入手接近工人,到成立长辛店工人俱乐部组织工人,积累了较为丰富的工运经验,成为各地开展工人运动的

---

① 袁超乘、冯玲:《中共建党前后的"马克思学说研究会"考辨(1920—1923)》,《党史研究与教学》2019年第6期。

② 参见李涛编:《亲历者忆——建党风云》,中央文献出版社2001年版,第93页。

参照和模板。北方铁路工人觉得这里是工人的"天国","油然而生羡慕之心",纷纷派代表来长辛店学习参观,且在回去后仿照长辛店组建工人俱乐部。①应该说,在共产党早期组织成立后,各地共产主义者的联系和交流进一步加强,他们携手共进,共同推动马克思主义与工人运动相结合,促使无产阶级政党成立条件日渐成熟。

此外,各地共产主义者为建立一个全国性的无产阶级政党,已开始对党章、宣言、纲领等重要问题进行思考。例如,1920年,上海发起组制定《中国共产党宣言》,提出了党的奋斗目标和任务,其领导下的第一份党刊《共产党》月刊宣传马克思主义建党学说以及有关共产党的知识、介绍俄国十月革命经验以及俄国共产党情况。1921年初,陈独秀与李汉俊曾先后起草中国共产党党章草案。二人虽然在主张中央集权制与主张地方分权之间存在分歧与矛盾,但毕竟表明中国共产党的先驱们为建立全国性的政党已开始实际的准备工作。同时,1921年3月,为筹备建党举行了一次预备会议,会上制定了党的临时纲领、发表了目标与原则的共同声明。党的早期组织成立后,各地共产主义者对建党问题的探讨以及对实际建党活动的推动,使一个新型的、全国性的无产阶级政党的成立呼之欲出。

(二)共赴信仰之约,成立中国共产党

随着政党创建条件的基本成熟,各地共产主义者开始酝酿召开全国代表大会、成立中国共产党。不可否认,1921年6月,共产国际代表马林以及共产国际远东书记处代表尼克尔斯基的到来,直接推动了这一伟大事件的实现。但真正促成中国共产党诞生的,是历史中的人,是中国共产党的先驱们。他们坚守马克思主义信仰、共赴信仰之约;担当救国救民历史使命,旗帜鲜明地指出奋斗方向。

上海发起组承担了大会的筹备和会务工作。李达、李汉俊在与马林、尼克尔斯基交换意见后,经与陈独秀、李大钊书信商议,即致函各地党的早期组织,请各地派两名代表来上海出席党的全国代表大会。各地共产

---

① 参见《邓中夏全集》下,人民出版社2014年版,第1359页。

党早期组织在收到建党函约之后,积极响应,选派代表出席中共一大。当然,由于当时各地党组织还处于不公开的秘密活动阶段,且初创时期又缺少系统完整的政党组织规章制度,因此,各地党组织产生中共一大代表的方式不尽相同,或是召开党员会选举,或是以发起人为当然代表秘密前往,或是由领导人指定等方式确定产生。无论以何种方式产生,他们都代表各地党的早期组织,了解此行的目的与任务,在当时封建军阀的高压统治之下,毅然选择赴沪完成这一秘密任务,共谋建党伟业。1921年7月23日,中共一大在上海法租界望志路106号召开,后因受到暗探和巡捕的侵扰而转移到浙江嘉兴南湖的游船上举行。

会议的中心议题是建立一个全国统一的中国共产党。面对黑暗腐朽的政治现状及社会环境,面对诸多社会上的不公平以及人们的悲惨生活,中国共产党如何解决这些摆在人们面前的任务并制订实际的工作计划,是大会要解决的重要问题。中国共产党的先驱们自觉意识到这一历史重任,专门休会两天,指定张国焘、李达、董必武等负责起草供讨论的党纲草案和今后实际工作计划,并连续三天举行会议进行较为详尽的讨论。①《中国共产党第一个纲领》《中国共产党第一个决议》成为建党时期中国共产党人集体意志的表达。党的第一个纲领确定党的名称为"中国共产党",规定党的奋斗目标是以无产阶级的革命军队推翻资产阶级,建立无产阶级专政,废除私有制,直至消灭阶级差别。此外,纲领还包含了党员条件、党的纪律、组织原则等党章性质的一些条文。与纲领规定的奋斗目标相适应,党的第一个决议对开展工人运动的组织与宣传工作作了具体规定。这即是对共产党早期组织开展工人运动经验的总结,更为党成立后工人运动的开展指明了方向。

马克思、恩格斯曾说过:纲领是"一面公开树立起来的旗帜"②。人们可以通过政党制定的纲领来衡量政党的运动水平。虽然当时中国共产党人在制定党的纲领时还没有认识到,在半殖民地半封建社会的中国,以实

---

① 参见中共中央党史研究室:《中国共产党历史》第一卷(上册),中共党史出版社2002年版,第85页。

② 马克思:《哥达纲领批判》,人民出版社2018年版,第41页。

行社会革命为党的根本政治目的暂不具备现实条件,但《中国共产党第一个纲领》的制定,是中国共产党人共产主义崇高理想的彰显,是革命旗帜的树立和初心使命的提出,在党的百年发展史上具有奠基性意义。虽然中国共产党人在制定党的工作决议时,聚焦对工人阶级的宣传和动员,还没有注意到如果不推翻帝国主义、封建主义在中国的统治,不完成民族民主革命,劳工阶层的根本利益是无法得到保障的,但这是他们自觉站到中国底层民众一边,俯身向下,自觉为人民谋利益的重要开端。

中共一大的召开,标志着中国共产党的诞生。这是中国共产党人勇担历史使命、共赴信仰之约的伟大壮举。中国共产党的诞生,不是任务的终结,而是使命的开始,中国共产党人将继续探索与斗争,以谋求社会之根本改造。

(三)制定符合中国实际的政治纲领,完成党的创建工作

中共一大完成了组织上建党的任务,但对中国革命的性质、目标以及现阶段的革命纲领没有作出回答。也就是说,只规定了"作为'共产党'应该怎么做",而没有具体说明"作为中国的'共产党',在中国应该怎么做"。①早在建党初期,早期中共领导人即已认识到这一问题。陈独秀在中共三大闭幕时指出,由于党的一大没有制定具体的革命纲领和党章,因此"党的要求……悬在半空"②。这就意味着,中共一大并没有完成党的创建工作。1922年中央二大宣言,对中国的社会性质、革命性质、革命对象、革命动力、革命策略以及革命任务目标、革命前途等问题进行了回答,其中中心议题与最大成果就是初步阐明了党的最高纲领和最低纲领,党的活动才得以"脚踏实地"③,党的创建工作才宣告完成。

时隔一年,中国共产党人就扭转了中共一大脱离中国现实国情的路线方针,从"悬在半空"变向"脚踏实地",离不开列宁和共产国际的直接帮

---

① 杨奎松:《关于早期共产党人"马克思主义中国化"问题——兼谈中共"一大"纲领为何没能联系中国实际》,《史林》2021年第1期。

② 李玉贞主编:《马林与第一次国共合作》,光明日报出版社1989年版,第243页。

③ 李玉贞主编:《马林与第一次国共合作》,光明日报出版社1989年版,第243页。

助。远东大会上对中国社会和经济发展情形作出判断,认为中国的封建
制度仍然存在,政治上表现为"军阀官僚组织的形式",经济上表现为"家
长式的小农经济制度"。中国共产党首先要做的是"把督军推倒,土地收
归国有,创立一个简单联邦式的民主主义共和国",同时必须援助民族革
命运动,否则便是"共产主义无产阶级革命的蟊贼"。①再加之,列宁亲自
接见国共两党赴会代表,派出共产国际驻中国代表达林等人参加1922年
5月召开的中国社会主义青年团第一次全国代表大会,会上极力说服陈
独秀等中共领导人接受民族殖民地理论,这些努力助推了中共二大革命
理论的骤变。

　　但值得注意的是,这一转变,不是中共被动接受共产国际关于民族殖
民地理论的结果,不是单向的一方主动灌输,另一方被动接受,而是共产
国际与中国共产党两者相互促进、共同推动的结果,②是中国共产党人通
过革命实践探索中国革命基本问题的结果。

　　张太雷较早对中国革命的对象、力量、前途与策略进行了研究与思
考。1921年6月,他向共产国际三大提交了一份书面报告和关于殖民地
问题的提纲草案。他提出,中国既不是"尚未开化"的落后国家,也不是
"工业发达的国家",而是"刚刚参加国际性贸易"初步发展的国家,革命的
任务不是"同时在反对帝国主义和本国资产阶级的两条战线上进行斗
争",而是要在开展民族革命运动的过程中,"尽可能暂时迫使资产阶级跟
随革命运动",并保持共产党自身"纲领和组织的独立性"。③这些思想观
点,否定了共产国际二大作出的判断,即中国作为远东国家,是资本主义
制度占优势地位的先进国家,革命的任务是要与民族资产阶级进行斗争。
张太雷对中国社会性质和革命策略的论述更为贴近实际。更为重要的
是,这一意见为共产国际逐渐接受,远东大会上对中国问题的认识是在接

　　① 中共中央党史研究室第一研究部编:《共产国际、联共(布)与中国革命文献资料选辑
(1917—1925)》,北京图书馆出版社1997年版,第278、283—284页。
　　② 参见周家彬:《灌输还是互动:中共初创时期革命理论转变的再认识》,《中共党史研究》
2015年第4期。
　　③ 《张太雷文集》,人民出版社2013年版,第32、34页。

受张太雷思想理论基础上的进一步发展。反过来,远东大会对民族殖民地理论的确认与修正,直接促进了以陈独秀为代表的中国共产党人,接受了一整套对于中国社会性质以及革命任务的全新判断,并将这一认识推向全党。因此,民主革命纲领的提出是双方互动的结果。

同时,蔡和森、李汉俊等人也已经开始有意识地结合中国实际和革命实践,逐渐深化对中国社会性质与革命性质的思想认知。例如,1921年5月1日,蔡和森在谈及中国工人运动的方针问题时指出,由于中国处于"半封建的武人政治之下",无论哪一派在政治中得势,都将是"恐怖的资本主义"。[①]虽然蔡和森此时仍然认为中国的社会性质是资本主义社会,但他第一次提出"半封建"的概念,已经看清无论是哪一派军阀,总是"尽先占领国家机关,和夺取政权",而后与国际资本相勾结,给中国带来的都将是"恐怖"。[②]对封建军阀对内专制独裁、对外投降卖国的本质,蔡和森有着清醒的认知。这一认知对蔡和森后期接纳反帝反封建民主革命纲领至关重要。再如,李汉俊在中共一大上即表示,共产主义革命在中国并不成熟,当前的革命任务是应当先支持孙中山的革命运动,待革命成功后,共产党人参加议会斗争。[③]1922年1月,李汉俊在《中国底乱源及其归宿》一文中,再次对中国的政治形势进行了深刻分析,他提出,中国的封建阶级本没有存在的实力,但由于资本—帝国主义的援助"似倒而不倒",中国的资产阶级由于深受帝国主义和封建势力的双重压迫,"似得而终不得","陷于不死不活的状态"。[④]李汉俊对革命对象及革命同盟者的思考与认识,有对中国国情和策略的考量,较为贴近中国实际。陈独秀亦开始承认中国确实存在封建残余,指出劳动阶级在自身力量还不足以建设革命政府以前,应在其他阶级开展反封建的革命活动中施以援助。[⑤]这些思想

---

① 《蔡和森文集》上,人民出版社2013年版,第88页。

② 《蔡和森文集》上,人民出版社2013年版,第87—88页。

③ 参见中国社会科学院现代史研究室、中国革命博物馆党史研究室选编:《"一大"前后——中国共产党第一次代表大会前后资料选编》二,人民出版社1985年版,第175页。

④ 中共一大会址纪念馆编:《中共一大代表早期文稿选编(1917.11—1923.7)》上,上海人民出版社2011年版,第505页。

⑤ 参见《陈独秀文集》第二卷,人民出版社2013年版,第246页。

认识的变化,为中国共产党人接受远东大会对中国社会封建势力依然存在,且需要与其他阶级联合起来共同反对帝国主义和封建主义的主张,奠定了思想基础。

在共产国际和中国共产党人的共同推动下,革命对象应是封建军阀及其背后的帝国主义势力,而不是本国的资产阶级;革命的策略与方法是要与国民党等革命的民主派组成民主的联合战线,而不是与这些革命的民主力量开展正面对抗;革命的性质应是民主革命,而不是直接进行社会主义革命,一步实现无产阶级专政。这些思想在中国共产党第一次对时局的主张中得到较为充分的阐释,并于中共二大宣言中予以明确确认,逐渐成为中国共产党人的思想共识。从此,中国共产党人奋斗在符合中国实际、贴近中国国情的民族民主革命运动第一线,党在创建阶段的任务得以完成。

中国共产党的创建,是中国共产党的先驱们在民族至暗时刻没有放弃救国拯民的如磐初心,依然坚信有了党,才有推进革命事业的坚强领导力量的结果;是中国共产党的先驱们坚信中国只有建立俄国布尔什维克式的政党,才是人民群众、中国前途真正之依靠力量的结果。简而言之,是中国共产党的先驱们紧扣时代脉搏、担当历史使命的结果。他们身体力行、躬亲实践,推动马克思主义在中国大地取得跨越式成果,实现质的飞跃。"中国产生了共产党,这是开天辟地的大事变,中国革命的面貌从此焕然一新。"①

中国共产党的先驱们以丹心绘赤诚,在伟大建党实践中将青少年时代朴素的爱国爱民情感转化为对人民幸福、民族独立、世界大同的理性思考与深刻洞察;以恒心践初心,在追求真理和探索救国道路上始终保持奋斗精神;以百姓心为心,在走向工农群体的伟大征程中厚植为民情怀。守住了初心,实践才没有迷失航向。在初心的引领下,中国共产党的先驱们抓住解决当时中国社会问题的"牛鼻子",在人们对民国时期

---

①《中共中央关于党的百年奋斗重大成就和历史经验的决议》,人民出版社2021年版,第4页。

政党普遍存有失望情绪与质疑态度的形势下,坚定建立政党的行为选择,知重负重、践诺履诺,以强烈的使命感和担当意识成就建党这一开天辟地的大事变。

第四章　不怕牺牲、英勇斗争是对党的先驱们实践品性的总结

如果说初心使命是对中国共产党的先驱们行为指向的集中概括,那么,这一实践过程既是"物质的角力",更是"精神的对垒",①必然镌刻着中国共产党人的实践品性。百余年前,中国共产党诞生于半殖民地半封建的中国,内有封建军阀反动统治,外有帝国主义侵略欺凌,要想实现救国理想与政党追求,更需要有强大的精神支撑与巨大的精神动力。中国共产党人在理想信念的牵引下,在初心使命的驱动下,面对艰难险阻砥砺不屈品格,面对生死考验彰显献身精神,面对个人利益与革命需要展示"大我"格局,在伟大建党实践中淬炼熔铸出不怕牺牲的意志品质。在这一坚定意志的支撑下,中国共产党人廓清斗争方向、深入斗争实践、注重斗争策略,在与反动势力的斗争中锻造了英勇无畏的斗争精神。

第一节　不惧艰险,甘洒热血沃中华

要想实现共产主义这一最高理想和最终奋斗目标,推翻一切剥削制度,非经历一个漫长的、艰苦卓绝的斗争过程甚至流血牺牲,是不可能取得最终胜利的。对此,中国共产党人有着充分的思想准备。如1921年,李大钊在发表《俄罗斯革命之过去、现在及将来》的讲演时就指出:"自由的花是经过革命的血染,才能发生的。"②也就是说,要革命、要斗争,就要砥砺不怕牺牲的坚定意志。只有在这一意志的支撑下,才能不断调节、支

---

① 习近平:《在全国抗击新冠肺炎疫情表彰大会上的讲话》,人民出版社2020年版,第16页。
② 中国李大钊研究会编注:《李大钊全集》第三卷,人民出版社2013年版,第367—368页。

配斗争行动,面对强大敌人与风险挑战,不回避、不退缩,始终敢于斗争、敢于胜利。中国共产党的先驱们面对困境与逆境,振奋精神,葆有矢志奋斗的坚定志向;面对风险与挑战,始终秉持彻底的不妥协的革命与献身精神,甚至不惜牺牲个人幸福乃至生命完成建党任务、推进革命事业,在伟大建党实践中淬炼了不怕牺牲的胆魄与风骨。

一、面对艰难险阻砥砺不屈品格

1919年10月,何孟雄谈及"现在的青年"的责任时说:"社会仍是这样黑暗,现在的青年,要彻底明白旧社会的罪恶,立定不屈不挠奋斗的志向,决不反被旧社会战胜。中国的改造,才有望咧!"[1]20世纪20年代前后的中国处于革命最艰难、最黑暗的时刻。为坚守理想与信仰、践行初心与使命,中国共产党人在困境与逆境中振奋精神、独立奋斗。

(一)面对逆境,挺身而出、开辟新路

在解决中国出路问题时,如前所述,部分先进分子放眼世界,挺身而出,留学运动培养和造就了一大批中国共产党人。他们怀着强烈的救国热忱,散落世界各地,丰富见识阅历、拓宽政治视野、探求改造道路,但这一负笈求学的过程历经坎坷与波折。在解决革命依靠力量时,"无产阶级的觉悟者""去唤醒同阶级的觉悟",[2]但动员人民投入革命洪流的过程也不是一帆风顺的。中国共产党人不畏难、不怕苦,矢志行进在追求正确革命道路、找寻可靠依靠力量的奋斗之路上。

中共赴法勤工俭学群体的赴法之旅以及到达法国后的实际学习生活情况,远不是一般人想象中的罗曼蒂克。首先,这些赴法勤工俭学生大多家境较为贫寒,学费不足使他们的赴法之旅异常艰辛。例如,李维汉为学费四处奔波、多方筹措,其中从家乡祠堂筹得30元,从一个远房族兄处借得10元,其老师朱炎和易培基分别资助其100元以及一张名画,名画典卖

---

① 《何孟雄文集》,人民出版社1986年版,第2页。
② 《蔡和森文集》上,人民出版社2013年版,第81页。

后李维汉与张昆弟解决了出国的服装问题;李立三的父亲卖掉家里祖传的16亩土地,为其筹得路费200银洋;葛健豪与曾国藩外孙聂云台既是同乡又是亲戚,利用这层关系借来600银洋,解决了部分勤工俭学生的经费困难问题。为节省船费,他们多购买价格低廉的船舱,在历时一个多月的海上漂泊中充满艰辛。例如,李维汉、李富春、张昆弟、李林、贺果、余增生、任理、张增益等人乘坐底层无等统舱,"在海上航行了近四十天,许多人因船身颠簸、震动,头晕呕吐,食量锐减。尤其臭虫多得吓人,扰得我们夜夜不得安宁。一些人只好把袜子套在手上,把裤角扎紧,用毛巾把脸和脖子包住,只露出鼻子和眼睛,以求睡个安稳觉"[1]。徐特立等人搭铺于船尾厕所旁的甲板上,开启了旅欧的航程。

其次,中共赴法勤工俭学群体到达法国后生活大多异常艰辛。为节省住宿费,李维汉和郭春涛合用一张床,轮流睡觉。初到法国,很多人一时难以找到工作,"安置不完的学生就在巴黎城外法华教育会的楼上、楼下地板上睡觉",每天发放的5法郎维持费难以维持最基本的温饱,陈毅、徐特立很多人都吃"冷水面包"。[2]即使找到工作,亦是劳动强度大、体力消耗大的工种且收入微薄。例如,当翻砂工的李立三经常要搬运重达百余斤的铸件,高温的熔炉、滚烫的铁水,经常是工作一天流汗一斗,但每天工资只有10多个法郎。在圣厦门钢铁厂学制模的王若飞,"鼻为灰砂窒塞,呼吸因之迫促,时时仰面嘘气以自苏,口时苦渴,吸冷水稍觉清爽,下工时仿如初出监狱之囚犯,觉天地异色,形状很是憔悴"[3]。但他们努力克服诸多困难,努力找寻救国道路。正如王若飞在留法勤工俭学日记中所写道的:"吾辈立志来勤工俭学时,即已决心和困苦奋斗,今日所受,并不甚苦,纵令为苦,也应努力将他打破"[4],而决不能玷污勤工俭学这四个字。

---

① 人民出版社编:《回忆蔡和森》,人民出版社1980年版,第18页。
② 清华大学中共党史教研组编:《赴法勤工俭学运动史料》第3册,北京出版社1981年版,第427页。
③ 中共贵州省委党校、中共安顺市委编:《王若飞文集》,人民出版社2014年版,第28页。
④ 中共贵州省委党校、中共安顺市委编:《王若飞文集》,人民出版社2014年版,第35页。

留苏群体的求学之路亦充满艰辛。任弼时、刘少奇、肖劲光等一行十几个人途中饿了就啃几口黑面包,渴了就喝几口凉水,但谁也不敢多吃,因为他们不知道路途还有多远,还要走多久。由于没有煤,火车靠烧木材来推动。为此,当火车停下来的时候,他们就要冒着严寒去搬运木柴;当遇到铁路被破坏时,他们就要下车修铁轨。①出于国际主义精神,苏俄给予留苏群体特别的照顾与优待。但战后的俄国物资紧张、粮食奇缺,正处于普遍的饥荒之中,留苏群体的生活依然是极为艰苦的。据肖劲光回忆,每天只供应一块两个巴掌合起来大小的黑面包和几个土豆,早上切一块面包后,中午就不敢切了,否则晚上就没有吃的。当时饿得连到教室上课爬到四层楼都要休息几次。②虽然物质生活极其匮乏,但这些留苏群体在亲眼看到苏俄人民在俄共(布)的领导下,打碎旧世界、建设新世界,展现出强大的生命力和战斗力之后,他们坚持留下来,继续寻求革命真理、寻求救国道路。

在确定革命道路、锚定奋斗目标后,"吸收一切革命的势力都参加这个奋斗"③,是中国的先进分子在酝酿建党时必须要解决的一个现实问题。但对工人的宣传动员与组织领导并不是一帆风顺的。在中共一大北京共产党早期组织的报告中就曾谈及工人运动初期面临的难题。当时听到工人罢工的消息,他们就立即乘火车奔赴罢工之地,想对罢工者给予指导和帮助,但工人并不相信他们,反而怀疑他们是奸细。要与工人阶级建立联系的尝试并没有成功。④广州共产党早期组织的汇报中对此也有提及,称他们很难与工人建立联系,与士兵群众建立联系就更加困难。⑤为此,中国共产党人不断总结经验教训,从与工人之间建立友好关系入手开展工人运动。

---

① 参见《肖劲光回忆录》,解放军出版社1987年版,第22页。
② 参见《肖劲光回忆录》,解放军出版社1987年版,第28—29页。
③《高君宇文集》,人民出版社2011年版,第94页。
④ 参见中共中央文献研究室、中央档案馆编:《建党以来重要文献选编(1921—1949)》第一册,中央文献出版社2011年版,第13页。
⑤ 参见中共中央文献研究室、中央档案馆编:《建党以来重要文献选编(1921—1949)》第一册,中央文献出版社2011年版,第17页。

彭湃初期开展农民运动亦是阻力重重。据他回忆:"除了三兄五弟不加可否外,其余男女老幼都是恨我刺骨,我的大哥差不多要杀我而甘心。此外同族同村的人,都是一样地厌恶我。"①晚上回到家没有人肯和他说话,像是对着仇人一样,彭湃只能吃点残羹剩饭来填饱肚子。地主豪绅乘机造谣、恶意中伤,称彭湃因被撤去教育局局长职务而精神失常。而"农民被人欺骗的多,总以为湃的话是谎的"②,见到彭湃认为他是来收捐收税的官吏或是官商子弟,应酬几句便躲开了。"食尽了四乡的茶饭,差不多日日是早出夜归"③,晚上回到家,彭湃"想把今天的成绩记在里头,结果只有一个零字"④。面对家人的反对、反动势力的讥讽、农民的抵触,重重困难,"几乎把要到民间去的念头打消",但彭湃的"决心是十二分坚决的,遂把这个形单影只的我,送到农村去作单独的奋斗"。⑤面对劳工群体的疏离,中国共产党人俯身向下、迎难而上,真正走到工人中间、走进田间地头,促进马克思主义与劳工群体的结合。

(二)面对困境,毅然奋起、执着坚定

建党时期中国共产党人创办、发行刊物宣传马克思主义,派人到各地建立工人学校、成立工会组织、发动工人运动等建党活动,自然会遇到诸多困难,而党的活动经费困难成为当时中国共产党人共同面临的困境。这在北京和广州共产党早期组织给中共一大的报告中有着直接陈述。例如,广州共产党早期组织直言因为缺少经费,《劳动界》以及两个工人工会已经停刊、停办,没有数百元的宣传费用很难维持下去。⑥活动经费匮乏,那么,是否继续推进建党工作,又该如何推进? 这是摆在中国共产党人面前亟待解决的现实问题。

---

① 《彭湃文集》,人民出版社2013年版,第123页。
② 刘林松、蔡洛编:《回忆彭湃》,人民出版社1992年版,第17页。
③ 刘林松、蔡洛编:《回忆彭湃》,人民出版社1992年版,第18页。
④ 《彭湃文集》,人民出版社2013年版,第124页。
⑤ 刘林松、蔡洛编:《回忆彭湃》,人民出版社1992年版,第17页。
⑥ 参见中共中央文献研究室、中央档案馆编:《建党以来重要文献选编(1921—1949)》第一册,中央文献出版社2011年版,第17页。

中共建党初期的活动经费主要来自共产国际。[①]这在1922年6月陈独秀给共产国际的报告中有着鲜明体现。[②]但有一点需要关注的是,两份报告所提及的共产国际的经济援助均是在中共一大召开,中国共产党作为全国性的政党组织成立之后的情况。也就是说,"直到'一大'召开后,共产国际的经费援助才逐步开始正规及定期化"[③]。在此之前,在建党的酝酿准备阶段,上海和武汉共产党早期组织亦曾接受共产国际的经费支持,但是这种支持带有临时性质。例如,据李达、包惠僧等人回忆,1920年12月,维经斯基回国后,上海共产党早期组织的活动经费即面临经费拮据的困难情况。[④]在没有国际援助、经费筹措困难的情况下,各地共产党早期组织自力更生,依靠"党员的自我支持"以及"社会募捐",[⑤]艰难地开展党的活动。

北京共产党早期组织活动经费,初期由李大钊每月捐出个人薪俸80元为各项工作之用。随着《劳动音》发行量的增加以及长辛店工人子弟学校的费用,各项开支每月达到250元左右,在经济捉襟见肘之时,他甚至将自己的衣物拿去典卖。后在党组织会议和青年团会议上对经费问题进行了专门讨论,规定每位同志都要量力捐献若干。此外,还向可以接受的同情者们筹集,如北大的李辛白先生每月捐助20元,俄文教员柏烈伟一次捐助了100元等。[⑥]在创办工人刊物《工人周刊》的过程中,据罗章龙回忆,大家齐心协力,现场捐款80多元,凑齐了创刊号的费用,李大钊还当场表示,近期可再拿出50元用于刊物使用。[⑦]长辛店劳动补习学校是北

---

① 参见杨奎松:《共产国际为中共提供财政援助情况之考察》,《社会科学论坛》2004年第4期;徐元宫:《中共建党初期活动经费来源的历史考察》,《当代世界社会主义问题》2013年第1期。

② 参见孙武霞、许俊基编:《共产国际与中国革命资料选辑(1919—1924)》,人民出版社1985年版,第159页。

③ 刘小花:《中共创建时期的经费来源情况考察》,《红广角》2011年第8期。

④ 参见汪信砚主编:《李达全集》第十七卷,人民出版社2016年版,第366页;知识出版社编:《一大回忆录》,知识出版社1980年版,第28页。

⑤ 刘小花:《中共创建时期的经费来源情况考察》,《红广角》2011年第8期。

⑥ 参见中国社会科学院现代史研究室、中国革命博物馆党史研究室选编:《"一大"前后——中国共产党第一次代表大会前后资料选编》二,人民出版社1985年版,第153页。

⑦ 参见罗章龙:《椿园载记》,生活·读书·新知三联书店1984年版,第128页。

京共产党早期组织成员在工人中深入开展阶级教育以及革命动员的重要纽带,其创办经费是由募捐得来的。邓中夏在《晨报》《铁路协会会报》上发表《长辛店旅行一日记》,文中发布了补习学校的募捐启事和简单预算案。①北京马克思学说研究会主要靠会员缴纳会费来维持。

上海共产党早期组织成员在维经斯基回国没有国际援助的情况下,以卖文章赚取稿费以及其他方式维持党组织的艰难运转。据李达回忆,维经斯基走后,"党的经费是由在上海的党员卖文章维持的"②。李汉俊供稿给《小说月报》赚取稿费,时任主编的沈雁冰给出千字五元的最高稿酬。③上海外国语学社的图书室是靠沈雁冰捐的80元稿费才得以成立的。不仅如此,李达、李汉俊、陈望道、沈雁冰等人在为《新青年》《劳动界》等刊物撰写文章亦或翻译马列经典著述时,不收取稿费。此外,这些党的先驱者还以其他形式支持党组织的工作。例如,李汉俊借出其兄寓所作为"一大"会场;李达的住所即是"人民出版社"的实际出版地和《共产党》月刊的编辑之地;陈独秀的寓所老渔阳里2号既是《新青年》编辑部所在地,又是上海共产党早期组织成立之处以及中央局机关办公场所。这不仅为党开展活动提供了方便,更节省了部分活动经费。

为解决经费困难问题,广州共产党早期组织每月抽取党员收入的10%,以维持《共产党》月刊以及工人夜校的费用支出。④对此,广州共产党早期组织成员回忆,谭平山、谭植棠等都在学校当教授,以每月的赢余充作党的费用,这样辛辛苦苦支持了一年。⑤除了个人捐献,广州共产党早期组织还利用政府资源开展建党活动。例如,陈独秀在任广东省教育委员会委员长期间,以政府名义、由政府出资创办"宣讲员讲习所",宣传

---

① 参见心美:《长辛店旅行一日记》,《晨报》1920年12月21日;心美:《长辛店旅行一日记》《铁路协会会报》1921年第105期。

② 汪信砚主编:《李达全集》第十七卷,人民出版社2016年版,第366页。

③ 参见李涛编:《亲历者忆——建党风云》,中央文献出版社2001年版,第180页。

④ 参见中共中央文献研究室、中央档案馆:《建党以来重要文献选编(1921—1949)》第一册,中央文献出版社2011年版,第17页。

⑤ 参见中国社会科学院现代史研究室、中国革命博物馆党史研究室选编:《"一大"前后——中国共产党第一次代表大会前后资料选编》二,人民出版社1985年版,第428页。

和普及马克思主义,培养革命干部。

长沙的文化书社、俄罗斯研究会以及湖南自修大学,是湖南地区传播马克思列宁主义、培养革命干部的重要机构。这些书社、教育研究机构在创办过程中亦面临经费困难。据易礼容回忆,文化书社初办仅有借来的20元作日常开支。[1]为解决资金问题,毛泽东、彭璜、何叔衡等在个人出资的基础上,四处奔走,广泛寻求社会支持,为书社募集资金。社会各界人士解囊相助,长沙县长姜济寰,教育界方维夏、朱剑凡、易培基、贺民范、匡日休等都是投资者。据《文化书社第一次营业报告》记载,从1920年8月成立到10月第一次议事会,文化书社共筹集资金519元。[2]这不仅为文化书社的工作打开了局面,对团结社会各界同情并支持革命事业也起了重要作用。俄罗斯研究会由个人捐助以及会员自认会费来维持。在毛泽东、何叔衡以及贺民范等人的共同努力下,湖南自修大学不仅将校址设置于长沙船山学社,还获得一定的经费捐助。再如,董必武、陈潭秋等人在创办武汉中学过程中,为克服办学经费困难,职教员"低薪或不支薪,自愿尽义务干事或教课"[3],董必武作为学校的主要董事、率先垂范,带头不支取薪水。济南励新学会以收取会员的会费来开展马克思主义的研究与宣传。

在中国共产党的创建过程中,中国共产党人以建党为己任,通过党员自我筹措、自我支持以及社会募捐等多种形式筹集一定数量的经费,维持党的工作的开展。当然,党的活动经费依然拮据,刊物停办或延期出刊等情况时有发生。但不可否认的是,这些困难并没有让中国共产党人停止建党工作,他们仍以各种形式积极为党筹措经费,甚至牺牲个人利益来维持党组织的运转。

1926年,董必武在为纪念俄国十月革命九周年而撰写的文章《十月革命与中国革命》中谈道:"一个国家,要想从严重的压迫之下解放出来,必须有独立奋斗的精神与勇气。专等他人做好了饭来享现成的,结果必

---

① 参见中国革命博物馆、湖南省博物馆编:《新民学会资料》,人民出版社1980年版,第528页。
② 参见中国革命博物馆、湖南省博物馆编:《新民学会资料》,人民出版社1980年版,第256页。
③《董必武选集》,人民出版社1985年版,第507页。

要饿死。"而"中国革命的青年,看了这件事实,不期然而然地都振奋起来了,自重心与自信力都油然而生了。"①这是对中国共产党人葆有奋斗精神的中肯评价。他们无论是在探索救国道路遭遇逆境、还是在组党建党活动中面临困境,都始终不屈不挠、坚持奋斗,这是中国共产党人历尽艰险与磨难而能发展壮大的意志支撑。

二、面对生死考验彰显献身精神

革命"是一个阶级推翻一个阶级的暴烈的行动"②。这一"暴烈的行动"需要革命者具有毫不妥协的斗争精神和英勇无畏的牺牲精神。面对极其复杂的斗争环境以及极为艰巨的革命任务,建党时期中国共产党人随时都有被捕的可能。但他们始终抱有"出了研究室就入监狱,出了监狱就入研究室"③的顽强革命精神,即使身陷囹圄,也绝不退缩与屈服,而是积极地开展对敌斗争,彰显了对革命负责到底的大无畏精神。

(一)"出了研究室就入监狱,出了监狱就入研究室"

"我们青年要立志出了研究室就入监狱,出了监狱就入研究室,这才是人生最高尚优美的生活。从这两处发生的文明,才是真文明,才是有生命有价值的文明。"④这是陈独秀为声援和鼓舞五四爱国运动中被捕的学生而写的《研究室与监狱》一文,字里行间透露着革命者的乐观主义精神以及顽强的斗争精神。

"陈独秀是五四运动的总司令。"⑤他不仅是吹响号角的精神领袖,更是直接行动的模范代表。中国共产党创建时期,陈独秀先后三次被捕。第一次是1919年6月11日,他亲自参加街头运动并散发《北京市民宣言》传单,被反动当局逮捕。第二次是1921年10月4日,从广州回到上海积

---

①《董必武选集》,人民出版社1985年版,第2—3页。
②《毛泽东选集》第一卷,人民出版社1991年版,第17页。
③《陈独秀文集》第一卷,人民出版社2013年版,第487页。
④《陈独秀文集》第一卷,人民出版社2013年版,第487页。
⑤《毛泽东文集》第二卷,人民出版社1993年版,第403页。

极开展建党工作,因有"过激言论",与包惠僧、柯庆施、杨明斋等人被法国巡捕房逮捕,后褚辅成和邵力子去陈家拜访时也被捕收监。时隔不到一年,1922年8月9日,陈独秀再次被捕。但"什么监狱什么死"[1],什么强权与威力都动摇不了他对真理的追求与道路选择后的坚定。正如李达在《陈独秀与新思想》一文中所写道:"捕去的陈先生,是一个'肉体的'陈先生,并不是'精神的'陈先生,'肉体的'陈先生可以捕得的,'精神的'陈先生是不可以捕得的"[2]。

不仅仅是陈独秀这样的革命先驱者有坚强的革命意志,五四前后,走在斗争队伍前列的青年知识分子亦曾遭到逮捕与拘禁。北京曾是五四风暴初期的斗争中心,中国共产党的先驱们怀着极大的爱国热忱投身爱国斗争,面对反动军警的逮捕与镇压,他们没有畏惧与退缩,以大无畏的革命气概同反动势力进行坚决斗争。五四运动之初,杨明轩、谭平山、刘含初、车向忱等人参加天安门集会、游行示威以及痛捣赵家楼等爱国行动,被反动军警逮捕。从6月3日开始,为抗议北洋军阀政府保护卖国贼、镇压爱国学生的丑陋行径,北京爱国青年恢复街头讲演,不顾军警横行,坚持发表演说与游行示威。对于青年学生的爱国活动,北洋政府进行大逮捕,何孟雄、施滉、刘仁静、瞿秋白、冀朝鼎、杨明轩、任国桢等人终亦昂然入狱。出狱后,中国共产党的先驱们选择继续投入新的战斗,他们或是以笔为枪、口诛笔伐,或是以直接的行动反抗北洋政府的卖国行为。例如,刘仁静曾以《论不签字》为题,写信给恽代英,反对北洋政府在巴黎和约上签字。恽代英对刘仁静的见解及坚决的斗争姿态给予肯定,在日记中写道:"快极透极,益长进矣"[3]。瞿秋白在北京《晨报》发表《不签字后之办法》,指出"今日政府万不可靠",号召"中国国民唯有与日人拼命",[4]继续战斗。杨明轩先后两次被捕,出狱后继续投入到向北洋政府请愿交涉、拒签和约的直接行动中。

---

① 李大钊:《欢迎独秀出狱》,《新青年》1919年第6卷第6期。
② 鹤:《陈独秀与新思想》,《民国日报》副刊《觉悟》1919年6月24日。
③《恽代英全集》第三卷,人民出版社2014年版,第255页。
④《瞿秋白文集(政治理论编)》第一卷,人民出版社2013年版,第2页。

　　天津地处京畿,天津地区的青年知识分子在五四运动中勇往直前、不畏艰险,展现出彻底的、不妥协的革命精神。这在先驱者的被捕次数、被捕过程以及狱中斗争中有着直接体现。于方舟先后被捕两次,第一次是1919年8月,因在街头讲演,揭露山东镇守使马良枪杀爱国民众的罪行,被反动警察拘押半个月。第二次是1920年1月,因要求释放爱国人士前往直隶公署请愿,与周恩来、郭隆真等人被捕入狱。天津妇女运动和学生运动的领袖人物郭隆真于1919年8月、1919年10月以及1920年1月先后三次遭到反动军警逮捕。马骏于1919年8月以及1920年1月两次遭到逮捕。屡次被捕的经历不仅没有浇灭这些先驱者们的革命斗志,反而让他们越战越勇。从被捕过程看,中国共产党的先驱们表现出前仆后继、誓将斗争进行到底的英雄气魄。为抗议马良镇压山东人民的罪行、声援山东惨案,1919年8月23日,受天津各界联合会派遣,郭隆真、刘清扬等人到北京总统府请愿,后被拘留扣押。得知消息后,马骏与周恩来等人积极准备、组织队伍赴京营救被捕代表,马骏作为京津学生运动总指挥再遭逮捕。之后,周恩来等人又来到北京开展营救工作。1920年,周恩来、郭隆真、于方舟等人因营救爱国人士入狱期间,邓颖超等人更是直接到警察厅要求代替被捕的代表受监禁。①再者,虽然身居囚室,但党的先驱们始终充满革命乐观主义精神,坚持狱中斗争。从1920年1月29日被捕至1920年7月17日"期满"释放,周恩来、郭隆真、于方舟等人先后被警察厅以及河北地方检察厅看守所拘留近半年之久。周恩来等人组织狱中难友进行绝食斗争,争取读书聚会权利,举办读书会,召开职业讨论会等各种类型的讨论会,关注重大社会问题;开展爱国文化娱乐活动、召开具有教育意义的纪念会;他们还举行演说会,周恩来用五个晚上的时间向难友们宣讲马克思学说。②

---

　　① 参见中国社会科学院近代史研究所《近代史资料》编译室主编:《五四运动回忆录》,知识产权出版社2013年版,第73页。

　　② 参见天津历史博物馆、南开大学历史系《五四运动在天津》编写组编:《五四运动在天津——历史资料选辑》,天津人民出版社1979年版,第568—570、813、820—824页。

"纵使许多人都给政府捕去,那许多人的'精神'还是无恙的。"①中国共产党的先驱们把监狱当作学习革命理论、研讨救国道路、砥砺革命斗志的课堂,以实际行动践行了"出了研究室就入监狱,出了监狱就入研究室"的豪迈宣言。

(二)"自由的花是经过革命的血染,才能发生的"

与强大的反动势力进行斗争,不仅要有跌倒爬起、继续战斗的顽强革命斗志,更要有不畏强敌、不怕牺牲的英雄胆魄,随时准备付出生命的代价。对此,中国共产党人有着清醒的认识。周恩来为纪念黄爱写下《生别死离》一诗:"没有耕耘,哪来收获? 没播革命的种子,却盼共产花开! 梦想赤色的旗儿飘扬,却不用血来染他。天下哪有这类便宜事?"②革命是新旧势力之间的生死对决,中国共产党人以生命赴使命,将个人生死置之度外,即使饱受监狱之苦,但绝不放弃信仰、绝不背叛组织;面对反动势力举起的屠刀,选择挺起胸膛、慷慨赴死。

这种大无畏的牺牲精神在中共早期工人运动领袖身上有着深刻烙印。建党时期,工人运动风起云涌,引起帝国主义和反动军阀政府的极端仇视,它们加紧了对工人运动的镇压。党内最早从事工人运动的领导人之一李启汉,在上海组织领导工人运动期间长期受到反动当局的监视,两次被捕入狱。1922年1月,李启汉领导的"香港海员罢工后援会",挫败了香港当局通过企图招募新工人破坏罢工的阴谋,遭到反动当局的逮捕。经党组织营救保释出狱后,李启汉继续组织领导上海邮局工人开展罢工斗争。1922年6月9日,李启汉再次被捕并判处3个月的刑期。按照判决,刑期满理应出狱、重获自由,但等待他的是更为漫长与残酷的牢狱生活,2年4个月后才得以出狱。期间,李启汉饱受肉体的折磨与精神的摧残,反动当局给他戴上几十斤重的铁制手铐和脚镣,并施以酷刑,但李启汉始终没有动摇和屈服。出狱后,经过短期休养后,李启汉又向党组织申

---

① 鹤:《陈独秀与新思想》,《民国日报》副刊《觉悟》1919年6月24日。

② 中共中央文献研究室、南开大学编:《周恩来早期文集(1912.10—1924.6)》下卷,中央文献出版社、南开大学出版社1998年版,第454页。

请为其分配工作,旋即投入到新的斗争中。邓中夏曾评价说:"坐狱最早最苦的同志,要以李启汉同志为第一人"①。再如,1922年开滦五矿工人大罢工中,中国劳动组合书记部特派员彭礼和到矿区指挥,不幸被捕。1923年初,安体诚在奉天从事工人运动时被奉系军阀逮捕,受尽折磨,但依然严守党的秘密,在同乡狱卒的帮助下越狱出逃,随后立即投入京汉铁路工人大罢工。

对帝国主义以及反动当局利益的触动,使得这些中共早期工人运动领袖随时都有牺牲的可能。黄爱与庞人铨是中国最早为无产阶级事业牺牲的工运领袖。1922年1月,他们组织湖南第一纱厂工人开展罢工斗争,被捕后即被杀害。二人此时为中国社会主义青年团团员,虽还未加入党组织,但在毛泽东等人的影响与帮助下,已经实现了由倾向无政府主义到信仰马克思主义的根本转变,并积极投身工人运动。他们是"为救助他的劳动界的同胞脱离资本阶级的压制而死,为他所信仰的主义而死"②。

1923年京汉铁路工人大罢工是党领导的第一次工人运动高潮的顶点,吴佩孚等反动军阀予以血腥镇压。中共早期工人运动领袖在这场大罢工中多人横遭逮捕,甚至惨遭杀害。京汉铁路总工会江岸分会委员长林祥谦被捕后坚贞不屈,连砍数刀后誓死也不下达复工命令,惨遭斩首。湖北工团联合会暨京汉铁路总工会法律顾问施洋,被反动派以"煽动工潮"的罪名,在汉口逮捕,法庭上施洋怒斥反动军阀对工人运动的镇压,于2月15日被枪杀。罢工委员会总干事项英在营救被捕工友时遭到军阀扣押,断然拒绝下复工命令,在军阀将其押赴刑场时亦慷慨凛然。后许白昊带领工人和工人纠察队赶来,项英得以被释放。正定分会委员长康景星被捕后,"曾受了四五百鞭子,直打得脊梁上,全无完肤",即要枪毙他之时,他"要求稍延数分钟","从容叙述工人争自由之意见,滔滔不绝,言词慷慨,历一小时半,听者泪下如雨,狂号震天地,卒使某军官慑服,不敢加害"③。长辛店罢工领导者史文彬、陈励懋、洪永福等11人于2月6日晚被捕,时值寒

① 《邓中夏全集》下,人民出版社2014年版,第1375页。
② 李守常:《黄庞流血记序》,《民国日报》副刊《觉悟》1922年3月26日。
③ 中国革命博物馆编:《北方地区工人运动资料选编》,北京出版社1981年版,第365、380页。

冬,他们"被剥去全身衣履,赤身送往旅部"①,后被押送保定军法处讯办。他们被用脚镣钉住双足,用铁链锁住脖颈,史文彬和洪永福"曾受了几百鞭子,并罚跪铁链,真是鲜血遍流,自膝盖以至脊梁上,青的红的紫的伤痕,在在皆是"②。虽备受酷刑,但这些工运领袖没有一人屈服,他们"在斗争中锻炼了自己,检查了自己的力量"③。

此外,中共早期工人运动领袖还受到反动当局的严密侦缉。例如,邓培参与组织开滦五矿工人大罢工后,成为"杨以德长期地用最大力量要逮捕"④的重点对象。他不惧敌人的追捕,在工人群众的掩护下,辗转京、津、唐之间秘密开展工人运动。蒋先云、谢怀德在领导安源路矿工人斗争取得胜利后,受中共湘区委员会派遣赴水口山指导工作。水口山矿局得知消息后,派人四处侦查并表示一经拿获就地正法。他们不顾个人安危,深入水口山铅锌矿,组建工人俱乐部,酝酿开展罢工斗争。

面对血与火的考验,建党时期中国共产党人身先士卒,以坚如磐石的理想信念、舍生忘死的英雄气概,展现了大无畏的牺牲精神,其播下的革命火种激励着中国工人阶级不断斗争。正如李大钊所说:"流血的事,非所必要,然亦非所敢辞。要知道牺牲永是成功的代价。"⑤

三、面对个人利益与革命需要展示"大我"格局

中国共产党人的牺牲精神不仅体现在面对国家需要与组织需要时,个人生命权的让渡,还彰显于他们在处理个人情感问题与革命事业需要之间的关系上。在中华民族传统文化中,"父母在,不远游,游必有方"的赡养之孝备受尊崇,"执子之手,与子偕老"的永恒爱情被视为经典,"海内存知己,天涯若比邻"的坚固友情为世人所追求。这些情感亦是中国共产党人个人情感中亲密且重要的组成部分。他们重视情感生活,但当个人

---

① 罗章龙编著:《京汉铁路工人流血记》,河南人民出版社1981年版,第37页。
② 中国革命博物馆编:《北方地区工人运动资料选编》,北京出版社1981年版,第365页。
③ 中国革命博物馆编:《北方地区工人运动资料选编》,北京出版社1981年版,第386页。
④ 中国革命博物馆编:《北方地区工人运动资料选编》,北京出版社1981年版,第217页。
⑤ 李守常:《黄庞流血记序》,《民国日报》副刊《觉悟》1922年3月26日。

情感与国家需要、组织需要产生冲突时,牺牲"小我",离亲别友,个人情感让位并服从于革命斗争的需要,让位并服从于党组织的需要,往往成为建党时期中国共产党人的伦理抉择。

(一)对父母的情感:不为家庭伦理所束缚

以血缘传承为纽带的亲子关系,超越地域、种族以及文化的差别,成为人类伦理的基石。对于绝大多数人而言,父母是人们的第一个情感归属,这种情感强大、稳定且持久。新文化运动时期,对旧礼教、旧道德、旧伦理的批判,"改变了新青年对旧家庭的观感","青年们试图借着家庭革命来解决人生、社会和政治的整体问题,但这也使得所有对人生、社会和政治问题的不满将反噬于他们对家庭的认知和感受"。他们"再也不愿按照父辈的样子展开自己的人生",而是走出传统的现实家庭生活,用"'奋斗'取代'烦闷'","走上了一条真正的革命道路"。①中国共产党人在这一思想解放浪潮的裹挟下,在对国运不济的深切焦虑以及拯国救民的强烈愿望中,他们割舍亲情,去拥抱、去实践新思潮所呈现的理想社会。

打破家族制度、与家庭脱离关系,对父母意志的尊崇、对父母的情感依恋逐渐减弱,是中国共产党人在处理革命事业与原生家庭关系中的一种情感面向。"非孝青年"施存统是直接向封建道德宣战、与封建家庭决裂的典型代表。在新文化运动的影响下,施存统的思想"已经有了根本的变动","对于'孔孟之道'已不再信仰,对于旧礼教已表示反对"。②在浙江省立第一师范学校,他与同学共同组织"全国书报贩卖部",创办《浙江新潮》周刊,积极宣传新思想、新文化。思想上的启发,再加之其母罹患眼疾后,专制的父亲非但不予送医救治,反而百般虐待这一事实的刺激,施存统写下《非"孝"》一文,对"不自然、不平等、不自由、无人格、无爱、无互助的'孝'"③给予批判。母亲去世后,施存统如释重负:"我再没有内顾之

---

① 赵妍杰:《烦闷因家庭而生:"五四"前后家庭革命的一个情感面相》,《社会科学战线》2020年第1期。
② 施复亮:《我写"非孝"的原因和经过》二,《展望》1948年第2卷第23期。
③ 田丹:《施存统〈非"孝"〉释读》,《鲁迅研究月刊》2021年第8期。

忧,我可以把我的全部时间和精力贡献于社会国家了。我不再怀念我的家庭,我觉得我对于那样的父亲实在没有尽孝的义务。"①告别封建家庭的施存统,在李大钊等人的帮助下,走上改造社会的革命之路。正如他在《回头看二十二年来的我》中所言:"我要救社会,我要救社会上和我母一样遭遇的人! 我母已无可救,我不能不救将成我母这样的人!""我的非'孝'目的不单在于一个'孝',是要想借此问题,煽成大波,把家庭制度根本推翻,然后从而建设一个新社会。"②俞秀松、何孟雄、陈公培、傅彬然等人在参加工读互助团时曾对脱离家庭达成共识。以俞秀松为例,他在已认同无政府主义自由与平等思想,并决定将工读互助付诸实践之后,给父亲写信,称自己未及告诉家人就去报名,是因为他认为"要做我自己的人","要正真(真正)做人去了"③,且"要做一个有利于国,有利于民的东南西北的人"④。从浙江到北京,试验工读互助团;从中国到苏俄,推进党团建设,俞秀松一生再未回过家乡诸暨。

　　虽然这种与家庭的脱离,大多"不是丢弃父母而不顾养"⑤,而是个体为自我的解放与自由、为社会的改造与变革,跳出传统伦理要求后作出的行为选择,但思想观念上的分歧使得这些青年知识分子与父辈之间的矛盾难以调和,与父母日渐疏离,情感无形之中受到冲击。当然,更多的中国共产党人对父母双亲至爱深沉,只是在救国救民责任与忠诚于党的事业面前,他们将对父母的情感、对家庭的眷恋从属于为党、为国、为人民的深厚情感,作别父母、远离故土,不是为一家一隅而奋斗,而是要"拯父老出诸水火,争国权以救危亡"⑥。

　　向警予出生于湖南省溆浦县一个殷实的商人之家,为家中最小的女

---

　　① 施复亮:《我写"非孝"的原因和经过》三,《展望》1948年第2卷第24期。

　　② 存统:《回头看二十二年来的我》续,《民国日报》副刊《觉悟》1920年9月23日。

　　③ 中共浙江省委党史资料征集研究委员会、浙江省档案馆编:《浙江革命烈士书信选》,浙江人民出版社1986年版,第140—141页。

　　④ 人民出版社编:《不屈的共产党人》四,人民出版社1984年版,第292页。

　　⑤ 中共浙江省委党史资料征集研究委员会、浙江省档案馆编:《浙江革命烈士书信选》,浙江人民出版社1986年版,第140页。

　　⑥ 周均伦主编:《聂荣臻年谱》上,人民出版社1999年版,第29页。

孩子，深受父母兄长宠爱。怀着"作大事业，须大准备"①的向警予，于1919年12月赴法勤工俭学，面对父亲的不舍，她在家书中这样写道："我的爹爹呀，不要愁，你的九儿在这里，努力做人，努力向上"②。1922年初，回国后的向警予即加入党组织，投身中国妇女解放运动。直至中共二大结束，向警予借去南方联系工作的机会，才回到家乡溆浦。此时，她的父母年事已高、体弱多病，兄长又性命危急，但向警予在家只住了两个多月便匆匆踏上归途。途径长沙时，得知二哥在她离家三日后即病逝的噩耗，向警予万分悲痛，责备自己"不近人情""不孝不友"，然这样匆匆，为的是"造真学问储真能力"，这是"对国家对两亲对兄弟对自身的惟一光明惟一希望"，愿父母"多加训迪"，"亦当格外奋发，兢兢业业以图成功于万一耳"。③一边是父母亲情、牵挂至深，一边是革命事业、使命所系，向警予选择把党的事业放在了第一情感归属。1921年5月，任弼时在上海共产党早期组织的安排下即将赴俄留学之时，内心也是充满矛盾，"连夜不安，寝即梦及我亲，悲愁交集"④。5月4日，他接到父亲来信，劝其在上海谋事，从长计议。任弼时十分理解父亲的不舍与牵挂，捧读书信之余，潸然泪下。但决心已下，他在启程当天给父亲的信中表述了自己的不悔选择："现今社会存亡生死亦全赖我辈青年将来造成大福家世界，同天共乐，此亦我辈青年人的希望和责任"⑤。王尽美在家国之间的取舍同样令人动容。父亲早逝，王尽美是家中独子，自幼在祖母与母亲的抚养下长大。成长的遭遇，使得他对改变受剥削受奴役命运的愿望十分强烈。1918年，20岁的王尽美决定到济南继续求学深造，探索真理、有所作为。面对祖母和母亲的反对，王尽美反复恳求，终获同意。考入山东省立第一师范学校后，王尽美开始接受新思想，历经五四运动洗礼，从此走上革命之路。"贫富阶级见疆场，尽善尽美唯解放。"⑥志向与主义，让这位忠贞的共产

---

①《向警予文集》，人民出版社2011年版，第7页。
②《向警予文集》，人民出版社2011年版，第304页。
③《向警予文集》，人民出版社2011年版，第306页。
④ 中共中央文献研究编：《任弼时书信选集》，中央文献出版社2014年版，第1页。
⑤ 中共中央文献研究编：《任弼时书信选集》，中央文献出版社2014年版，第1页。
⑥《王尽美文集》，人民出版社2011年版，第34页。

主义战士告别年迈的祖母与慈祥的母亲,告别家乡,为山东地区的建党工作作出突出贡献。

中国共产党人不为传统的家庭伦理所束缚,他们选择走出家庭,有决裂、有脱离,亦有眷恋与不舍,无论与父母之间的感情呈现何种样态,其中都内含着对亲情的割舍。而这种割舍有着更为重要的意义,即"决非一衣一食之自为计,而在四万万同胞之均有衣有食也。亦非自安自乐以自足,而在四万万同胞之均能享安乐也"①。

(二)夫妻情感:不为儿女私情所羁绊

出于救国救民的历史使命以及对共产主义事业的无限忠诚,建党时期中国共产党人不辞辛劳、四处奔走,因此,他们很难拥有正常的家庭生活,夫妻异地、关山阻隔,聚少离多甚至分隔多年,成为当时中国共产党人夫妻相处的常态。

中国共产党创建时期,部分中国共产党人因共同的革命志向与理想信念结为革命伴侣,他们的夫妻情感既基于爱情、相知相恋,又与革命信仰、革命实践相随相守。革命情势的迅速变化以及革命任务的艰巨复杂,使得这些革命伉俪经常天南海北、劳燕分飞。但他们在对待夫妻关系与党的事业的关系时,有着高度的一致认同,即忠于党的事业是第一情感归属。1920年冬,毛泽东与杨开慧喜结连理。此时的毛泽东已建立起对马克思主义的信仰,在辗转各地推进中国共产党的创建工作。仅以二人结婚后1921年至1922年毛泽东的行动轨迹进行简要梳理,即可看到毛泽东与杨开慧为党的事业作出的情感牺牲。1921年春夏间,毛泽东和易礼容等到岳阳、华容、南县、常德、湘阴等地,对学校教育进行考察并开展社会调查。6月29日至8月初,与何叔衡共赴上海参加中共一大。10月中旬,赴衡阳,在湖南第三师范学校研究党员发展以及党组织成立的问题。10月和12月分别对粤汉铁路、安源煤矿工人情况进行调研考察。1922年2月,为黄爱、庞人铨被害一事,赴上海组织开展反对赵恒惕运动,参加黄、

①周均伦主编:《聂荣臻年谱》上,人民出版社1999年版,第29页。

庞追悼会。4月中旬回到长沙后,又和夏曦等人到常宁水口山,了解铅锌矿工人情况。随后,毛泽东又到衡阳三师了解党团组建情况,在湘南学联参加五一国际劳动节纪念会并发表演讲。6月初,与长沙新河站铁路工人一道赴岳州,了解岳州铁路工人情况。9月再次到安源组织筹备工人罢工运动。①在结婚后的两年时间里,毛泽东大多在外调研考察,推动党团组织成立及工人运动开展,即使身在长沙,亦是一直忙于建党活动。1922年10月24日,长子毛岸英出生当天,毛泽东还在率领任树德等泥木工人同湖南政务厅厅长进行说理斗争。②纵然有"夜长天色总难明,寂寞披衣起坐数寒星"的眷恋和思念,但为了党的事业他们选择牺牲个人情感。对此,杨开慧坚决支持,并成为毛泽东推进湖南地区建党活动的得力助手。

中共一大结束后,何孟雄与缪伯英结为夫妻。婚后,他们双双投入建党活动。何孟雄集中精力从事北方工人运动,经常秘密前往北京丰台、长辛店、南口和唐山、石家庄、张家口等产业工人较为集中的地方,深入工人群体宣传马克思主义,推动工人运动。而缪伯英积极推动妇女运动开展,特别是在中共二大后,根据党组织要求建立民主联合战线的决定,她参与筹建"北京民权运动大同盟",负责筹备北京女权运动同盟会,还一度南下南京,帮助南京进步妇女创建"女权运动同盟南京分会";奔赴武昌,协助成立"湖北全省民权运动大同盟会"等群众组织。何孟雄与缪伯英经常聚少离多,夫妻二人难得见上一面。

革命夫妻的聚少离多,看似是夫妻情感的缺失,但他们在革命道路上彼此支援、配合默契,在对共产主义革命事业的不懈追求以及对马克思主义的坚定信仰中,他们的情感获得新的升华,即超越简单的爱恋,在对革命事业的忠诚与奉献中彼此倾慕、互相欣赏。不仅在革命夫妻之间有着这样的情感割舍,还有一些中国共产党人,他们的夫妻关系虽然是封建制

---

① 参见中共中央文献研究室编:《毛泽东年谱(1893—1949)(修订本)》上册,中央文献出版社2013年版,第81—83、86—87、89—93、96页。

② 参见中共中央文献研究室编:《毛泽东年谱(1893—1949)(修订本)》上册,中央文献出版社2013年版,第101页。

度安排下的结合,但他们也没有为世俗所羁绊,而是舍小家为大家,毅然走上为国、为民、为党的革命之路。

何叔衡与妻子袁少娥虽是旧式婚姻,但夫妻二人感情甚笃,育有两个女儿,没有儿子,这在当时的封建伦理观念下便是"无后"。为此,亲友们劝其纳妾,但何叔衡坚决不同意,并将刚出生的小女儿取名为"实嗣",以示女儿亦是实际的继承者。对妻子的尊重、对女儿的重视,是何叔衡的"一堆感情"①,但"他的感情是统制在高度的正义感下面的"②。这一"高度的正义感"即是要为国家与民族干一番事业的远大志向。37岁时,他毅然放弃在乡村学校教书的工作,考入湖南省立第四师范③,寻求改变社会的路径。从一师毕业后,他的父亲和妻子都希望何叔衡能够回乡教书,但他看到"世道乖漓,人心浇薄"的社会,下定决心决不能株守家园,决不能计较个人与家庭利益的得失,要舍身忘家、四海为家,由此走上了他革命的一生、战斗的一生。吴玉章与妻子游丙莲结婚50年,但共同生活时间只有6年。1903年,吴玉章别妻弃雏赴日留学,自此,夫妻二人44年分隔两地。何以让他超越家庭、献身革命事业? 1903年,吴玉章离开故乡时作《东游述志》一诗:"不辞艰险出夔门,救国图强一片心;莫谓东方皆落后,亚洲崛起有黄人。"④1947年,妻子去世后,吴玉章在悼文中再诉衷肠,他谈道,面对国内民不聊生、战火硝烟、满目疮痍的景象,个人儿女私情是要置于救国救民神圣职责之后的。一诗一文间,对爱人的情感与对国家的情感孰先孰后表达得淋漓尽致。

正是这些中国共产党人的无私奉献,"建立起牺牲自我、牺牲家庭的组织伦理"⑤,使革命事业获得了巨大的凝聚力与战斗力。

---

① 中国革命博物馆、湖南省博物馆编:《新民学会资料》,人民出版社1980年版,第503页。

②《谢觉哉文集》,人民出版社1989年版,第543页。

③ 湖南省立第四师范后并入湖南省立第一师范,何叔衡转入湖南省立第一师范讲习科一班就读。

④ 中共四川省委党史工作委员会《吴玉章传》编写组编:《吴玉章文集》上,重庆出版社1987年版,第3页。

⑤ 张永:《家庭伦理与革命伦理:中国共产党早期党员的伦理归属抉择》,《东南学术》2020年第3期。

(三)对朋友的情感：政见不同而选择分道扬镳

因乡缘、地缘、学缘等因素，中国共产党人为实现改造社会的历史任务，曾寻求志同道合者共同奋斗。但在逐渐完成思想转向、逐步确立革命的社会主义道路过程中，中国共产党人与部分友人之间遭遇思想分歧。对此，他们坚守自身对主义和道路的选择，与政见不同的朋友分道扬镳。

陈独秀、李大钊与胡适之间从并肩作战到走向分裂较具有代表性。三人曾共事于北大，先后投身于《新青年》，共同致力于反封建的新文化运动，个人交往与感情也随之日趋密切。三人虽是朋友，但他们之间的分歧早已潜伏，尤其是在是否"谈政治"这个问题上。胡适主张借助思想文化途径解决问题，宣称二十年不谈政治、不干政治，而李大钊"感于国势之危迫，急思深研政理，求得挽救民族、振奋国群之良策"[1]，对政治问题有着难以抑制的浓厚兴趣。陈独秀也在1918年表示要谈"关系国家民族根本存亡的政治根本问题"[2]。《每周评论》创办之后，陈独秀、李大钊同胡适之间的矛盾逐步明朗化。特别是1919年七八月间的"问题与主义"之争，虽然在这场论争中，李大钊与胡适始终秉持理性态度，且"在陈独秀出狱后，他们又团结在《新青年》周围"[3]，但思想观点的根本分歧已经显露。1920年2月，出狱后的陈独秀南下上海，在共产国际代表的影响下，也逐渐实现了从民主主义者向共产主义者的转变，移编上海的《新青年》成为"宣传马克思主义、社会主义和俄国革命的刊物"[4]。对于《新青年》的政治转向，胡适由于思想上的分歧则很少再寄送稿件。1920年底至1921年初，陈独秀与胡适之间针对《新青年》办刊方针与编辑之地发生分歧与争论，胡适认为应移编至北京，恢复以往不谈政治的特色；陈独秀则认为"没有理由宣言可以不谈政治"[5]，后来因形势所迫将《新青年》移编至广州。《新

①中国李大钊研究会编注：《李大钊全集》第五卷，人民出版社2013年版，第297页。
②《陈独秀文集》第一卷，人民出版社2013年版，第305页。
③龚书铎、黄兴涛：《胡适与李大钊关系论》，《史学月刊》1996年第1期。
④耿云志：《〈新青年〉同人分裂过程中的一个重要细节》，《广东社会科学》2018年第5期。
⑤欧阳哲生：《新发现的一组关于〈新青年〉的同人来往书信》，《北京大学学报(哲学社会科学版)》2009年第4期。

青年》精神上的团结不复存在,陈独秀与胡适之间也走向分裂。面对政见之根本分歧,李大钊与陈独秀坚持立场,与胡适等人渐行渐远。

　　毛泽东与萧子升一度是志趣相投的挚友,还在湖南省立第一师范读书期间,二人经常交流思想、砥砺志向。仅从《毛泽东早期文稿》收录内容看,1915年7月至1916年7月一年的时间里,二人之间有着频繁的信件往来,毛泽东写给萧子升的信就有13封。①毛泽东和萧子升还于1917年暑假以游学的方式共同开展了长达一个月的农村社会调查,1918年共同创办新民学会,还积极推动赴法勤工俭学。这种深厚的友谊,恰如毛泽东所说:"相违咫尺数日,情若千里三秋。"②然而1919年至1920年,二人改造社会的思想开始沿着两个方向发展。面对"蒙达尼会议"上蔡和森与萧子升之间的争论,毛泽东态度鲜明地站在了蔡和森一边,对组建中国共产党的主张表示极力支持与赞成,同时否定了萧子升温和改良的道路。萧子升回国后,"两人多次讨论社会主义革命问题,发生根本分歧"③。对于这份深厚的友谊,毛泽东极为重视,但在无法说服对方的情况下,选择与萧子升分道扬镳。又如,向警予与吴家瑛既是同窗好友,又是新民学会的战友。向警予自法国回国后,二人在社会改造与妇女解放根本道路问题上发生争论。此时吴家瑛已是湖北省议会议员,她认为妇女解放的问题通过提案,进行议会的合法斗争即可解决。而向警予认为,要把大多数的劳动妇女发动起来才能获得解放。这场争论,其实质是妇女问题的解决是走马克思主义的革命道路还是走资产阶级改良主义道路之间的争论。面对政治立场的根本分歧,向警予毅然决然与昔日好友分道扬镳。

　　中国共产党人对个人感情的割舍,并不意味着他们不讲感情,而是因为对党的事业、对民族的前途命运、对人民的利益福祉怀有深厚的感情,因此在大义面前个人情感让位于革命需要,舍"小我"铸"大我",以"无情"

---

　　① 数据统计来源于中共中央文献研究室、中共湖南省委《毛泽东早期文稿》编辑组编:《毛泽东早期文稿(1912—1920)》,湖南人民出版社2013年版,第12—27、30—46页。

　　② 中共中央文献研究室、中共湖南省委《毛泽东早期文稿》编辑组编:《毛泽东早期文稿(1912—1920)》,湖南人民出版社2013年版,第31页。

　　③ 中共中央文献研究室编:《毛泽东年谱(1893—1949)(修订本)》上册,中央文献出版社2013年版,第80页。

之举浇筑共产主义革命之花。

第二节　敢于斗争,英雄胆魄铸风骨

面对黑暗的政治局势和腐败的社会环境,要想寻求"真正的解放,不是央求人家'网开三面'","不是仰赖那权威的恩典",①而是要靠自己的力量、要靠自己的努力,从黑暗中开出一道光明。在中国共产党创建过程中,中国共产党的先驱们把握斗争方向、深入斗争实践、提升斗争策略,在与反动势力的对抗对决中锻造了英勇无畏的斗争精神。

一、找准革命对象,牢牢把握正确的斗争方向

方向决定着革命的前途命运。斗争不是漫无目的地为了斗争而斗争,也不是毫无原则、立场的"瞎斗"和"乱斗",而是要明确斗争方向,在斗争中把握主动。确定革命方向,需要明确革命的对象与目标以及为达到这一革命目标而采取的方针政策与具体进路。中国共产党创建时期虽不成熟,但基于马克思主义基本原理以及中国革命实际需要,不断明确斗争对象、调整斗争方式,从而使得党领导下的一切革命斗争在正确方向的指引下都成为有效的斗争。

(一)在共产国际的指导以及革命实践的探索中,中国共产党人不断厘清革命对象、廓清斗争方向

"谁是我们的敌人？谁是我们的朋友？这个问题是革命的首要问题。"②毛泽东的这一重要论断鲜明指出了找准革命对象的重要性。近代以来,各方政治力量寻求救国出路无果,一个重要原因在于没有真正认清谁是真正的敌人、谁是真正的朋友。如仅就对帝国主义这一革命对象的

---

① 中国李大钊研究会编注:《李大钊全集》第二卷,人民出版社2013年版,第492页。
② 《毛泽东选集》第一卷,人民出版社1991年版,第3页。

认识而言,基本处于感性认识阶段,洪秀全等太平天国运动的领袖们把信奉西方天父上帝的都视为"洋兄弟",康有为等戊戌维新人士幻想帝国主义帮助自己变法维新,孙中山等资产阶级革命派在"三民主义"的阐释中未涉及反帝内容。直至中国共产党成立后,才对革命的这一首要问题进行了正面回答。

推翻资本阶级的政权,消灭资本主义私有制,这是党的一大制定的革命纲领。也就是说,中共一大时,中国被视为资本主义制度统治的国家,中国共产党以推翻资产阶级的政治统治以及经济基础为己任。以资产阶级为敌,展示了中国共产党作为无产阶级政党,必然要支援无产阶级的历史担当。但需要承认的是,这一革命斗争对象的确立,在很大程度上是共产国际意志的产物,是中国共产党人基于国际共产主义运动的视角,从资产阶级与无产阶级的对立中寻找的革命对象。这与中国的现实国情和革命实际大相径庭,因为当时"中国的资本阶级,是国际的",只有"最少数的中国人在内",[1]且不过是"五大强国资本阶级的附属"[2]。张太雷称是"虚弱的民族资产阶级"[3]。因此,很难说在中国存在完整意义上的资产阶级,更不用说其可以构成中国革命的首要敌人了。

那么,中国革命到底要革谁的命？虽然中共一大提出的革命对象与中国实际相脱节,但并不意味着当时中国共产党人没有认识到谁才是中国革命真正的敌人。从国内而言,武人政治、封建军阀割据被视为中国政治的乱源。早在1918年,陈独秀就指出排斥武力政治是挽救时局的首要政治举措。[4]1919年,在发表对国内和平的意见时,他又表示,对废除督军特别赞成,认为这是涉及国家生死存亡的重大问题,否则一切都是空谈。[5]1920年,谭平山也指出,"稍有思想的……没有一个不愿意推倒那种军阀和官僚的",除了"现在倚靠军阀和官僚为生活的寄生虫外"。[6]

---

① 汪信砚主编:《李达全集》第一卷,人民出版社2016年版,第44页。

②《蔡和森文集》上,人民出版社2013年版,第82页。

③《张太雷文集》,人民出版社2013年版,第10页。

④ 参见《陈独秀文集》第一卷,人民出版社2013年版,第306页。

⑤ 参见《陈独秀文集》第一卷,人民出版社2013年版,第376页。

⑥《谭平山文集》编辑组编:《谭平山文集》,人民出版社1986年版,第84页。

"武人政治""督军""军阀"等,尽管表述各有不同,但斗争指向是同一的,就要推翻北洋军阀的统治。这是建党时期中国共产党人基于封建军阀统治下中国四分五裂、民不聊生乱象与惨状而阐发的革命诉求。与此同时,近代中国饱受侵略与欺压的历史,让中国共产党人始终对帝国主义保持高度警惕,对帝国主义的认识逐步深化。如1919年,李汉俊提出要提防日本帝国主义图谋中国东北;1920年,面对日本提出的两国直接交涉山东问题的提议,高君宇深刻揭露日本帝国主义此举的险恶用心,并尖锐指出,中国封建军阀正是在帝国主义供给军械、供给金钱的情况下,"闹成了舞刀弄枪南北战","产生了寡廉鲜耻的安福鱼"。① 1921年,蔡和森在给陈独秀的信中以俄国革命的发生推论中国,指出中国深受资本帝国主义的压迫,社会革命是必然趋势;毛泽东、瞿秋白公开提出推翻帝国主义。出使苏俄的张太雷是较早接触并系统运用列宁的帝国主义理论分析、研判中国社会的先驱。他指出,世界帝国主义将中国肢解成若干势力范围,在其控制下,中国政治不统一,它们千方百计地挑动中国各派政治力量互相争斗;经济不独立,被套上殖民剥削的锁链。②这些思想认识逐步触及帝国主义的本质及其侵略对中国社会经济以及政治发展的影响,推翻帝国主义的斗争方向日渐为中国先进分子所认同。

当然,中国共产党人对帝国主义以及封建军阀的抨击与批判,并不意味着它们已然构成了近代中国民主革命斗争的对象与目标。无产阶级政党的性质以及苏俄革命的经验启示,使得无产阶级与资产阶级的斗争依然是党内思想的主旋律。中共认识的转向离不开共产国际对中国社会性质、革命性质以及革命对象等基本问题观点与看法的转变。其中,1922年1月召开的远东大会是重要一环。大会指出,中国不再是资本主义占优势地位的国家,而是经济"在外族战胜国鞭策之下走这资本主义路途上

①《高君宇文集》,人民出版社2011年版,第8页。
②参见《张太雷文集》,人民出版社2013年版,第7、13页。

的初步","大半是农业现状"。①政治上中国的封建制度依然存在,表现为一种军阀官僚组织形式。而这些封建军阀在帝国主义的挑拨与鼓动之下,常常内讧导致中国四分五裂,大会号召向英美日法等世界强盗宣战、向剥削中国的军阀宣战。②这就改变了1920年共产国际二大对中国社会性质以及革命性质的论断,革命对象亦自然不再是"在欧洲资本和本国市场中间做一个媒介物"③的资产阶级。当参加远东大会的中共代表将会议精神带至国内,潜藏于中国共产党人思想深处对本国封建军阀与帝国主义的认识被重新审视与评价,他们开始接受远东大会的思想,尝试运用新的民族殖民地理论研判国际国内形势,阐释中国革命任务。如1922年5月召开的第一次全国劳动大会,在党的领导下直接提出了"'打倒帝国主义''打倒军阀''中国共产党万岁'"④的口号。团的一大深刻指出,帝国主义与督军武人的联结造成了中国的分裂与内乱,提出要"铲除武人政治和国际资本帝国主义的压迫"⑤。中国共产党发表的第一次对时局的主张指出,帝国主义与军阀勾结的结果是使得中国"永远不能发展实业,永远为消费国家,永远为他们的市场"⑥。通过剖析阐述帝国主义与反动军阀对中国社会的影响,中国共产党人关于中国革命对象的思想逐渐趋于统一,认识到"中国的政治舞台,演出者是反动军阀和反动政客,操纵者却是帝国主义"⑦。因此,目前的敌人是"资本帝国主义和军阀官僚的封建势力",当下的任务是"打倒军阀""推翻国际帝国主义的压迫",建立"真

① 中共中央党史研究室第一研究部编:《共产国际、联共(布)与中国革命文献资料选辑(1917—1925)》第二卷,北京图书馆出版社1997年版,第276页。
② 参见孙武霞、许俊基编:《共产国际与中国革命资料选辑(1919—1924)》,人民出版社1985年版,第144、150页。
③ 孙武霞、许俊基编:《共产国际与中国革命资料选辑(1919—1924)》,人民出版社1985年版,第148页。
④《邓中夏全集》下,人民出版社2014年版,第1402页。
⑤ 中共中央文献研究室、中央档案馆编:《建党以来重要文献选编(1921—1949)》第一册,中央文献出版社2011年版,第74页。
⑥ 中共中央文献研究室、中央档案馆编:《建党以来重要文献选编(1921—1949)》第一册,中央文献出版社2011年版,第89页。
⑦ 林志友:《建党初期毛泽东对中国革命对象的认识理路》,《毛泽东邓小平理论研究》2021年第8期。

正民主共和国"。①经过不懈探索和深入思考,中国共产党人在革命对象的问题上达成共识,从而为革命斗争的开展廓清了方向。

(二)在能否以及如何与其他党派合作的问题探索中,中国共产党人实现了革命斗争方式认识上的重大飞跃

既然开展社会主义革命是相当遥远的事情,当前革命的切要是要开展反帝反封建的民族民主革命,那么,是选择孤军奋战、独立开展革命活动还是与其他民主革命力量合作,建立统一战线,是当时中国共产党人需要作出的方向选择。

要保证无产阶级政党的独立性与纯洁性,还能否与其他党派开展合作? 要不要与其他民主党派合作? 这是当时中国共产党人作出方向选择需要厘清的首要问题。早在1852年,马克思就指出:"在政治上为了一定的目的,甚至可以同魔鬼结成联盟,只是必须肯定,是你领着魔鬼走而不是魔鬼领着你走。"②这就是说,为实现一定的政治目的,无产阶级政党可以与其他政治力量进行合作,建立统一战线,这是革命的策略选择。而中国共产党成立之初,中国共产党人是要站在完全独立的立场上开展政治斗争的,即不与任何党派特别是资产阶级党派建立联系。这一选择,一方面,是共产国际作用与影响的结果。因为一战后,共产国际认为,世界革命形势的发展已经进入"无产阶级共产主义革命时代",国际共产主义运动处于进攻态势,无产阶级要与资产阶级彻底决裂。另一方面,是基于辛亥革命后对中国现存政党的失望。陈独秀、李大钊、李达都曾对当时南北各政党予以抨击,对此前文已有论及。因此,早期中共选择的是不与任何党派合作,这自然包括他们认为"注重上层、勾结土匪、投机取巧、易于妥协、内部分子复杂、明争暗斗"③的国民党。这一选择也表明,早期中共还

---

① 中共中央文献研究室、中央档案馆编:《建党以来重要文献选编(1921—1949)》第一册,中央文献出版社2011年版,第132—133页。
② 中共中央马克思恩格斯列宁斯大林著作编译局编译:《马克思恩格斯全集》第11卷,人民出版社1995年版,第552页。
③ 张国焘:《我的回忆》上,东方出版社2004年版,第199页,转引自李蓉:《中共二大轶事》,人民出版社2015年版,第38页。

不够成熟,对中国革命的性质、对象、动力、前途等基本问题尚未形成深刻而理性的认知。

但中国共产党人对待其他党派的态度并没有僵硬固化,而是随着共产国际的政策转轨以及"一大"后党的斗争实践不断地调整与转变。如前所述,1922年的远东大会对中国社会以及革命基本问题的看法发生改变,要求"一切中国的民主主义者必须联合"①,无产阶级政党要与民族革命组织联合。会议期间,列宁还抱病接见了中国代表团部分成员,向他们询问国共两党合作的可能性。同年5月召开的青年团一大,实则是少共国际代表达林等人要"说服陈独秀等中共领导,接受经张太雷、萨发洛夫完善后的民族殖民地理论,特别是联合战线的思想"②。最终,陈独秀等早期中共领袖接受了这一新的革命理论,思想发生转变。如团的一大在议决青年团与中国各团体的关系时提出,要援助民主革命的政党,这是在党的领导下通过的议决案,是中共意志的产物。团的一大结束后,陈独秀在《共产党在目前劳动运动中应取的态度》一文中,承认中国共产党单独从事劳动运动的力量微弱,要与国民党等其他党派结成联合战线。③应该说,共产国际对远东革命理论的转变以及政策的输出,是中国共产党建立民主革命统一战线最初的思想来源和最直接的动力来源。

当然,中国共产党之所以最终决定建立民主的联合战线,亦与当时中国共产党人对中国社会性质、革命性质、革命对象等革命基本问题的研判密不可分,前文已有论及。同时,这种转变还蕴含着一定的实践基础,即"国共两党在重大政治行动上的协作"④。如在宣介马克思主义以及工人运动方面,由国民党人邵力子等人主编的《星期评论》,与《新青年》被誉为南北两颗新星。在共产党早期组织创建过程中,戴季陶、沈玄庐、邵力子等人都曾参与其中,且不论后期的分化与敌对,在当时确实起到过积极作

---

① 孙武霞、许俊基编:《共产国际与中国革命资料选辑(1919—1924)》,人民出版社1985年版,第155页。

② 周家彬:《灌输还是互动:中共初创时期革命理论转变的再认识》,《中共党史研究》2015年第4期。

③ 参见《陈独秀文集》第二卷,人民出版社2013年版,第251页。

④ 汪谦干:《国共两党在实现"党内合作"前的协作》,《安徽史学》1993年第2期。

用。在实际工人斗争中,国共两党进行了不自觉的联合与协作,如1922年的香港海员大罢工由国民党组织的中华海员联合会及联义社领导,广东政府给予经济援助;中共广东支部负责接待、街头演讲,组织成立"香港罢工后援会",妥善安置罢工工人等。此外,与北洋军阀对共产主义革命运动严厉镇压的情况相反,陈独秀、谭平山等共产党人可以在国民党的大本营广东地区公开活动,陈独秀还曾担任广东政府教育委员会委员长。这些事实上的短暂合作,亦让早期中共领袖深切地认识到,"只有国民党比较是革命的民主派,比较是真的民主派"①,在共同的敌人面前,两党能够容纳与协作。1922年6月,中国共产党发表第一个对时局的主张,向社会各界公开宣告决定建立民主的联合战线。

回答了合作的必要性这一问题,那么,中国共产党以何种方式与民主党派进行合作呢? 这是需要解决的第二个重要问题。中共一大后,共产国际驻华代表马林数次向中国共产党提出建议,"放弃对国民党的不介入态度,而在国民党内开展政治活动,同时保持共产党的独立性"②。这一建议受到早期中共领袖及普通党员的强烈反对。为此,陈独秀于1922年4月、6月两次给共产国际远东局负责人维经斯基写信,明确表示全党反对同国民党实行党内合作并陈述理由。他认为,两党主义不同、宗旨不同、政策不同,如若加入国民党,将有损政党形象,影响无产阶级革命运动发展。在中共二大上,早期中共阐明了自己选择的合作方式是"党外合作",即是要与国民党等革新团体组成"民主主义大同盟",这是一种松散的联盟。且早期中共在民主的联合战线中特别强调无产阶级政党的独立性问题,指出其与民主派是一种联合与援助的关系,并不是投降附属与合并,而是还要带领无产阶级在自己政党的旗帜之下,独立开展革命运动。③然而对于中共二大所设想的合作方式,马林极度不满。此时,再次

---

① 中共中央文献研究室、中央档案馆编:《建党以来重要文献选编(1921—1949)》第一册,中央文献出版社2011年版,第91页。
② 中国社会科学院现代史研究室组织选编:《马林在中国的有关资料(增订本)》,人民出版社1984年版,第264页。
③ 参见中共中央文献研究室、中央档案馆编:《建党以来重要文献选编(1921—1949)》第一册,中央文献出版社2011年版,第139页。

从莫斯科返回中国的马林已经说服共产国际,同意其提出的共产党员加入国民党内,实现党内合作。马林指责"党外合作"是"空洞不能实行的左倾思想"①,中共中央应再次召开会议,讨论共产国际指示如何落地。

在此情形下,中共中央于8月底召开西湖会议,主要议题即是共产党员加入国民党的问题。会上,马林态度坚决并陈述五点理由;对于国民党的性质,力言其"不是一个资产阶级的党,而是各阶级联合的党"②。对此,陈独秀、蔡和森等人强烈反对,指出不能因国民党内部一些非资产阶级分子的存在,就改变对国民党是资产阶级政党这一性质的认识,如若中共加入,"乃混合了阶级组织和牵制了我们的独立政策"③。党的早期领导人对国民党性质的认识以及对实行党内合作后可能面临诸多复杂而不易解决的问题的预测,是合乎事实的,但作为共产国际的一个支部,当马林提出党内合作是共产国际已经决定了的原则后,陈独秀等党的早期领导人表示尊重与服从。但他们并没有完全接受马林提出的没有任何条件与限制地加入国民党的主张,而是指出"只有孙先生取消打手模及宣誓服从他等原有入党办法,并根据民主主义的原则改组国民党,中共党员才能加入进去"④。这些要求是对马林党内合作主张的修正,表明当时中国共产党人有着清醒的认识,共产党员加入国民党不是出于对个人的服从,而是要基于共同的政治基础开展合作;国民党不应仅以资产阶级利益为宗旨,而应该成为各阶级阶层利益的代表。这就为新三民主义的阐释以及国民党的改组奠定了基础。从排斥与其他党派合作到决定建立民主的联合战线,合作方式由党外合作到党内合作,这是中国共产党人对中国革命斗争方式认识上的一个重大飞跃,由此拉开了国共两党第一次合作的序幕,促使中国共产党从秘密走向公开,深刻影响了中国民主革命的进程。

无论是革命对象的厘清,还是革命斗争方式的确立,这些思想认识上

---

① 中国社会科学院现代史研究室组织选编:《马林在中国的有关资料(增订本)》,人民出版社1984年版,第123页。

② 《陈独秀文集》第四卷,人民出版社2013年版,第248页。

③ 《陈独秀文集》第四卷,人民出版社2013年版,第248页。

④ 中国社会科学院现代史研究室组织选编:《马林在中国的有关资料(增订本)》,人民出版社1984年版,第127页。

的重大飞跃很大程度上是共产国际影响与推动的结果,有维护苏联利益的现实考量,其中包含着如陈独秀所言的"为尊重国际纪律遂不得不"①的被迫成分。但梳理与还原这一时期党的政策演变历程,会发现中国共产党人对共产国际的决议与指示并不是亦步亦趋,一味被动地选择与接受,而是"有条件地服从"②,敢于表明自身的意见与原则,对中国革命道路有着自己的理性思考。正是在国内外因素的合力作用下,中国共产党人不断廓清斗争方向,为伟大建党实践指明方向。

二、深入斗争实践,始终行进在斗争队伍最前列

习近平总书记指出:"建立中国共产党、成立中华人民共和国、实行改革开放、推进新时代中国特色社会主义事业,都是在斗争中诞生、在斗争中发展、在斗争中壮大的。"③建党时期,中国共产党人始终行进在斗争队伍的最前列,在斗争中坚守马克思主义宣传高地、在斗争中创建党的组织、在斗争中推动群众运动的发展。

(一)在险恶的政治环境下坚守马克思主义宣传阵地

研究与宣传马克思主义,是中国共产党人推进建党工作的重要内容。但马克思主义所宣扬的阶级斗争与阶级革命的观点被帝国主义和封建军阀等反动势力视为过激主义,他们极端恐惧与仇视马克思主义,对中国共产党人开展的马克思主义传播活动进行残酷打压。进步报刊是当时宣传新思想的主要载体和媒介,因此报刊随时都有被查禁或被没收的可能,从事进步刊物工作的报人群体亦有被捕或是遭到通缉的危险。对此,中国共产党人坚守宣传阵地,以不屈不挠的斗争谋得进步报刊的生存空间,促进了马克思主义在中国的广泛传播,推动了马克思主义与中国工人运动

---

①《陈独秀文集》第四卷,人民出版社2013年版,第248页。

② 中国社会科学院现代史研究室组织选编:《马林在中国的有关资料(增订本)》,人民出版社1984年版,第127页。

③《发扬斗争精神 增强斗争本领 为实现"两个一百年"奋斗目标而顽强奋斗》,《人民日报》2019年9月4日。

的结合。

　　一方面,置身报业的中国共产党人在秘密状态下编辑、印刷、发行进步刊物。《共产党》月刊是中国共产党第一本党刊,旗帜鲜明地打出"共产党"的旗号。这就决定了在北洋军阀和租界当局反动统治下的上海,其不可能公开出版发行。《共产党》月刊的实际编辑之地为李达寓所,编辑大多为上海共产党早期组织成员,但在《新青年》刊登的广告中,其销售地址在广州,且涉及广州双门底共和书局、广州昌兴新街人民出版社、广州双门底蒙学书局等多个地方。同时,《共产党》月刊在全国秘密发行,主要通过《新青年》赠送各地党的早期组织。1920年,在上海共产党早期组织推动下成立的"人民出版社",因其出版的是宣传马克思列宁主义的丛书,故也是秘密出版。在所出版的丛书中对编辑、印刷以及发行地址均不予以明确标注,如出版社社址实际在上海法租界辅德里625号,但在实际出版时把社址改为"广州昌兴马路"。秘密出版、发行进步刊物、书籍,并通过提供虚假地址、写文章不署真名等方式转移反动势力的视线,为中共早期报刊谋得了一定的生存空间。

　　另一方面,在进步刊物的出版发行屡遭破坏的情况下,置身报业的中国共产党人坚持与敌人周旋,仍不屈不饶地办刊办报,推动主义的传播与革命的发展。1920年初,随陈独秀由北京移编至上海的《新青年》,政治色彩日趋鲜明,并在上海共产党早期组织成立后成为机关刊物。1921年2月,《新青年》"八卷六号排印将完的时候,所有稿件尽被辣手抓去,而且不准在上海印刷"①。此后,陈独秀将《新青年》迁移至广州。同年9月,陈独秀回上海主持中央局工作,《新青年》又从广州迁回上海。10月,陈独秀在上海被法租界巡捕逮捕,《新青年》被封禁。《新青年》的出版发行历经磨难,但陈独秀等中国共产党人在《新青年》遭到多次查禁的情况下,以转移编辑之地、秘密出版等方式坚守这一引领青年的思想舆论阵地,直到1926年停刊。《共产党》月刊也曾因被查禁而转移各地,导致刊物延期出版。其第1、2号顺利出版发行,但原本应于1月7日出版的第3号,推迟至

---

　　①《编辑室杂记》,《新青年》1921年第9卷第1期。

4月7日才得以出版。从张太雷给共产国际的报告中,可以窥见当时刊物未能如期出版的原因。报告中提到"由于最近的一个时期,中国北洋军阀的警察开始查禁这份杂志,为保守秘密,我们将该杂志不断地从一个城市迁到另一个城市出版。我们还利用了中国军阀与帝国主义者之间的矛盾,其中的一期中央机关刊物,甚至是在法租界里印刷的"[1]。北京地方团组织的《先驱》也曾在遭到北洋军阀查禁后由北京转移到上海继续出版发行。1919年8月,毛泽东主编的《湘江评论》被湖南督军兼省长张敬尧查封后,他又担任湘雅医学专门学校学生会主办的《新湖南》周刊的总编辑,继续传播革命思想,"魄力非常充足"[2]。后《新湖南》也被张敬尧查封,毛泽东又在湖南《大公报》《女界钟》等报刊发表抨击旧制度、旧思想的文章。王右木在成都创办的《人声报》,大力讴歌十月革命、宣传马克思主义。对此,成都卫戍司令部发出训令,认为该刊言论离奇,要求其"嗣后言论务求中正"[3],否则将其停刊。王右木等人坚持办刊,继续宣传马克思主义,在创刊五个月后被反动当局勒令停刊。江西改造社出版的刊物《新江西》原定为季刊,但因公开宣传马克思主义、号召从事反帝反封建的政治斗争,遭到"警务厅的几回照顾",即要求停刊。但袁玉冰等人公开呼吁要"为自由而战","不自由毋宁死",[4]在极为艰难的情况下,出版了三期内容。

　　除了转移或秘密编辑出版,中国共产党人还以变更刊物名称、创办新的同类刊物等方式,应对反动当局对进步刊物的管制与镇压。例如,北京共产党早期组织创办的工人刊物《劳动音》被北京政府查禁后,改名为《仁声》后继续出版,不久也停刊。但李大钊等人都认为,为加强党的宣传教育,有必要再建立一个宣传和介绍工人运动的舆论阵地。在邓中夏、罗章

　　① 中共中央党史研究室第一研究部编:《共产国际、联共(布)与中国革命文献资料选辑(1917—1925)》第二卷,北京图书馆出版社1997年版,第97页。
　　② 中共中央马克思恩格斯列宁斯大林著作编译局研究室编:《五四时期期刊介绍》第二集(上),生活·读书·新知三联书店1959年版,第358页。
　　③ 张际发:《有关王右木与〈新四川〉、〈人声〉旬报的几件史料》,《民国档案》1990年第1期。
　　④ 张允侯、殷叙彝、洪清祥等编:《五四时期的社团》三,生活·读书·新知三联书店1979年版,第256页。

龙等人的推动下,《工人周刊》应运而生。

置身险恶的政治环境中,反动势力对进步思想、进步舆论的管制与镇压,并没有阻止中国共产党人研究宣传马克思主义的决心,他们以报刊为武器,笔耕不辍、运笔如枪,在思想舆论领域同帝国主义、封建军阀展开坚决斗争。

(二)在严密的政治监视下开展共产主义革命活动

中国共产党诞生之时,是代表大地主和买办资产阶级利益的北洋军阀反动政权统治时期。无产阶级政党的根本属性,决定了其创党建党过程不可能是一帆风顺的,必然受到帝国主义以及反动当局的阻挠与破坏。

中共一大在上海召开期间,遭密探干扰而被迫中止会议。危急时刻,李汉俊主动选择留下来,"声言他是屋主不应离开"①,待法租界巡捕对会场进行包围和搜查时,他用法语与法租界巡捕机制周旋,使大会转危为安。分途散去的代表们②在王会悟的建议下转移至嘉兴南湖的一艘游船上,继续召开最后一天会议,宣告了中国共产党的诞生。为了避免引起反动当局以及租界巡捕房的注意,中共一大召开后,党中央工作一直处于秘密状态。这从王会悟的回忆中可以略知一二。她和李达的寓所一大后成为党的通讯联络站,党内会议在这里召开时,她就在门口守卫。李达作为中央局宣传组工作负责人,白天很少出门,信、稿等日常事务都由王会悟负责传递。③鉴于中共一大召开时会址暴露、遭受侵扰的教训,为保障会场安全,中共二大采取灵活的小组会议形式,不同小组分散在上海部分党员家里,小组讨论的结果向大会进行汇报,且代表们集中的会议也不断变换地点,以免引起租界巡捕和密探的注意。

中国共产党人在反动势力的搜捕下艰难地推动工人运动向纵深发

---

① 中国社会科学院现代史研究室、中国革命博物馆党史研究室选编:《"一大"前后——中国共产党第一次代表大会前后资料选编》二,人民出版社1985年版,第179页。

② 陈公博未参加中共一大最后一天的会议。

③ 参见中国社会科学院现代史研究室、中国革命博物馆党史研究室选编:《"一大"前后——中国共产党第一次代表大会前后资料选编》二,人民出版社1985年版,第76—77页。

展。作为党领导工人运动的公开机关,中国劳动组合书记部总部办事处数次转移与搬迁,从中可以看出当时反动当局对中共组织领导工人运动的阻挠与破坏。在第一次工人运动高潮中,中国劳动组合书记部及时支援、组织领导罢工斗争,当时外国租界工部局发现对其不利,会动摇其统治,1922年7月总部办事处被封闭,中国劳动组合书记部其他成员被通缉。[1]于是,中国劳动组合书记部被迫由上海迁往北京。1923年2月,遭军阀查禁又迁回上海。建党时期中国共产党人组织领导工人罢工使得反动当局大为恐慌,即便是宣传动员亦是他们所不能容忍的。例如,1921年,纪念五一劳动节的活动在上海外国语学社筹备,期间受到法国包探的监视及搜查,宣传传单、人像等资料被拿走。[2]

此外,当时中国共产党人在国外的革命活动亦受到当地政府的监视与驱逐。在日本,随着社会主义思潮的广泛传播以及社会主义运动的发展,日本政府加紧了对持有"过激"思想的社会主义者的警戒。彭湃在日留学期间,深受日本社会主义思想的影响,1920年参加了堺利彦等人发起组织的可思母俱乐部,被日本警探侦查得知,"嗣后,遂时有'刑事'追随彭湃。彭湃姓名,亦遂列入淀桥警署内社会主义者'黑表'上,为八百注意人物中之一分子。自是以后,至一九二一年归国止,彭湃始终是日本警察眼中一个注意人物"[3]。施存统因与日本社会主义者过从甚密,受到日本政府的严密监视。在察觉到日本警方的这种监视之后,施存统依然继续翻译日本社会主义者著述并投稿给国内刊物,向国内宣介社会主义思想。特别是在张太雷作为共产国际密使赴日期间,他不仅介绍张太雷与日本社会主义者堺利彦、近藤荣藏等人取得联系,还安排张太雷向近藤荣藏提供活动经费。这些活动,引起日本当局的极度仇视,1921年12月20日,日本警视厅逮捕施存统并在狱中对其开展严厉审

---

① 参见中国社会科学院现代史研究室、中国革命博物馆党史研究室选编:《"一大"前后——中国共产党第一次代表大会前后资料选编》二,人民出版社1985年版,第205页。

② 参见中国社会科学院现代史研究室、中国革命博物馆党史研究室选编:《"一大"前后——中国共产党第一次代表大会前后资料选编》二,人民出版社1985年版,第59页。

③ 刘林松、蔡洛编:《回忆彭湃》,人民出版社1992年版,第13页。

讯,勒令其限期离境。

"革命是压迫环境的必然结果,是阶级对阶级的群众行动。"①革命的成功,要"养成与恶势力奋斗的惯性"②。中国共产党的先驱们投身革命洪流,坚持战斗,越是艰险越向前,以实际行动坚决回击反动势力的打压与破坏。

(三)在反动势力面前勇往直前,展开正面对决

建党时期中国共产党人的斗争精神还体现在,他们以战斗员的身份,勇敢地站在斗争的最前沿,组织和领导人民群体与反动势力展开直面对决,反复较量。这在五四运动与工人罢工斗争中有着突出表现。

李大钊与陈独秀是五四运动主要领导者和推动者。在领袖人物的影响下,五四运动时期,"英勇地出现于运动先头的则有数十万的学生"③,先进青年知识分子是五四运动的先锋,中国共产党人正是这一"急先锋"中的骨干力量。五四运动爆发之际,相当一部分中国共产党的先驱者正在学校接受中等教育或高等教育,在爱国主义浪潮的席卷下纷纷投入反帝反封建的斗争,并在斗争中身先士卒,成为学生爱国运动领袖。例如,邓中夏、高君宇等人在北京学生联合会组织学生爱国运动;马骏、马千里、刘清扬、于方舟、韩致祥等人都在天津学生联合会担任职务;王尽美、邓恩铭分别为山东省立第一师范学校北园分校、济南省立一中学生负责人;宣中华、俞秀松、梁柏台等人成为杭州学生爱国运动的重要领导人物;彭璜、柳直荀、蒋先云、夏明翰等人在湖南学生联合会抑或湘南学生联合会领导学生运动;林育南被选为武汉学联负责人之一;阮啸仙、刘尔崧、周其鉴等组织领导广州地区学生运动。召开大会、游行示威、散发传单、街头讲演、抵制日货、推动各地社会各界联合会等群众组织的成立等活动,成为中国共产党人领导学生开展反帝爱国运动的主要斗争形式。董必武、毛泽东、周恩来、恽代英、陈潭秋、施洋等知识分子也积极投入到这场轰轰烈烈的

---

① 《高君宇文集》,人民出版社2011年版,第91页。
② 《高君宇文集》,人民出版社2011年版,第45页。
③ 《毛泽东选集》第二卷,人民出版社1991年版,第558页。

运动中。他们推动学联成立,参加请愿活动,发动商人罢市,以律师身份提出援救学生议案等。

五四运动时期,中共早期留日学生群体也开展了反日爱国斗争。1919年5月6日,北京五四运动消息传至日本后,留日学生的爱国热情空前高涨,他们向各国驻日使馆递送宣言书,举行集会,请愿示威,横遭日本警察镇压,彭湃被打得"头部手足破皮流血"[①],杨闇公与日本军警展开搏斗,后以所谓违反社会治安罪,被捕入狱并判处8个月的刑期。中国共产党人"抱着不可思议的'热烈'参与学生运动"[②],历经五四洗礼,锤炼了不畏强敌、敢于斗争、敢于胜利的革命风骨。

当时中国共产党人不仅宣传发动、组织领导工人罢工,更是亲自站在斗争的第一线。例如,在安源路矿工人大罢工前,路矿当局对蒋先云、朱少连、蔡树藩等工人俱乐部成员大施恐吓手段,"催其速走,否则必有杀身之祸"。反动当局以为将这些人"先行吓走,则俱乐部必自然溃散"。但这些中共早期工运领导者"强硬异常,不为所动,且切实申明秉正大光明之宗旨,作正大光明之事业,死也不怕"。9日,李立三从湖南来到安源,"态度尤为坚决,誓死不离安源"。[③]9月17日,李立三代表安源路矿工人同路局、矿局以及商绅代表谈判,达成13个条件。据萍乡煤矿矿长李寿铨日记记载:"李隆郅云,条件无可再让步,允则开工,不允则走开,离安源,听众工所为等语,即是听其暴动"。[④]在这些早期工运领袖的坚强领导下,安源路矿工人大罢工取得重大胜利。水口山铅锌矿工人罢工,邓中夏赞"其雄壮不亚于安源"[⑤],这是对中共早期工运领袖及工人阶级英勇斗争的中肯评价。罢工中矿局企图以谈判为名,诱骗蒋先云等人入局,然后将其杀害。蒋先云、刘东轩明知有诈,但为了争取工人权益,他们毅然赴

---

① 《彭湃文集》,人民出版社2013年版,第360页。

② 瞿秋白:《瞿秋白游记》,东方出版社2007年版,第26页。

③ 长沙市革命纪念地办公室、安源路矿工人运动纪念馆编:《安源路矿工人运动史料》,湖南人民出版社1980年版,第524—525页。

④ 长沙市革命纪念地办公室、安源路矿工人运动纪念馆编:《安源路矿工人运动史料》,湖南人民出版社1980年版,第592页。

⑤ 《邓中夏全集》下,人民出版社2014年版,第1371页。

约谈判,面对荷枪实弹的军警和矿警,镇定地陈述罢工宣言与复工条件。不为武力威胁而屈服、不为重金利诱而妥协,蒋先云等人与工人一道,坚持了23天的罢工终于取得胜利。再如,1923年,京汉铁路总工会的成立遭到吴佩孚、赵继贤等军阀官僚的阻挠与破坏,总工会筹备委员会议决如期开会。在大会成立当天,"路上布满军警,特别是到会场一条大马路(会场在普乐园戏园),有千余武装军队,梯子形横列在马路上约有半里之长"①。但陈潭秋、林育南、项英、施洋等工运领袖与工人一道冲破军警阻拦,涌入会场宣告总工会成立。建党时期中国共产党人与工人并肩战斗,提升了中国工人阶级的斗争士气,培养和锻炼了一批革命彻底、信念坚定的工人运动骨干。

深入斗争一线,与反动势力正面对决,淬炼了中国共产党人的斗争精神与斗争意志。他们以越是艰险越向前的大无畏英雄气概,有效应对革命道路上各种可以预料和难以预料的风险挑战,推动建党伟业一往无前。

三、注重斗争策略,探索富有实效的斗争路径

"斗争是一门艺术,要善于斗争。"②中国共产党创建时期,外有侵略奴役中国80余年的帝国主义,内有手握私兵、割据称雄、盘剥压榨中国人民的封建军阀,再有对政治问题漠不关心的人民群众,他们"把政治看作是帝王个人的事情","看作是军人个人的事情","看作是那些在争夺各种特权的斗争中只追求个人目的的各种政客的事情"。③与异常强大的反动势力进行对抗,对政治冷漠的中国人民进行动员,这对于当时的中国共产党人来说着实是不小的考验与挑战。他们需要在斗争中注重斗争的方法与策略,提升斗争的本领与智慧,如此才能取得斗争胜利。

从组织、领导、参与五四运动,到发动工人运动,青年学生、工人成为

① 《项英文集》上,人民出版社2019年版,第106页。
② 《发扬斗争精神 增强斗争本领 为实现"两个一百年"奋斗目标而顽强奋斗》,《人民日报》2019年9月4日。
③ 中共中央文献研究室、中央档案馆编:《建党以来重要文献选编(1921—1949)》第一册,中央文献出版社2011年版,第8页。

中国共产党人开展斗争实践的主要团结对象与依靠的群体。梳理考察他们在学生运动、工人运动中策略方法的运用,可以初步勾勒出中国共产党人推进建党实践中的斗争智慧与斗争艺术。

(一)情感的激发与斗争的联合是开展学生运动的切入点和着力点

青年学生具有一定的智识水平,具有"一种勇敢进取的精神和天真烂漫的性格,目击社会黑暗、政治腐败种种不平的现象,自易感着不满而起改造之念",他们"最易受我们的宣传最易对无产阶级革命表同情的","若我们宣传得法,投其所需,则必有多数人聚集于我们主义旗帜之下"。①不难看出,学生成为中国共产党人组织发动群众、开展革命实践与革命斗争的着手点。

一方面,中共早期多以爱国情感激发为切入点,动员青年学生投身改造中国的革命事业。青年学生富于感情,特别是在国家日趋沦亡的黑暗局势中,以天下为己任的壮志豪情激荡于内心深处。五四反帝的怒火是青年学生热烈、赤诚爱国情感的总迸发。运动中比较年轻的左翼骨干抓住这一情感纽带,动员更多的青年学生投入到这场爱国运动之中。1919年5月10日,恽代英在武昌学生团成立大会上明确表示:"吾等求学,以为我中华民国利益"②继而在致湖北督军省长的公函中再次声明:"组织武汉学生联合会,以唤起国民爱国热诚","生等受国重恩,投身学界,被教育之薰陶,念国耻之大辱,无日不以投效国家自期许"。③"利社会、利国家、利天下"的呼喊在青年学子心中极易引发情感共鸣。5月17日,武汉学生联合会成立;18日,武汉各校学生三千余人齐集阅马场开展游行示威。青年学子在接受爱国情感的同时,更是将这份深沉的情感再次传递。1919年6月4日,由彭璜任会长的湖南学生联合会在长沙《大公报》发表罢课宣言:"外交失败,内政分歧,国家将亡,急宜挽救",湖南学生

---

① 中共中央党史和文献研究院、中央档案馆编:《中国共产党重要文献汇编(1923)》第三卷,人民出版社2022年版,第235页。
② 《恽代英全集》第三卷,人民出版社2014年版,第17页。
③ 《恽代英全集》第三卷,人民出版社2014年版,第19页。

"力行救国之职责,誓为外交之后盾"。①宣言中急于救国之心昭然若揭。这在青年学生中更具鼓动性,因为他们的年龄、生活经历以及知识结构等方面较为接近,呈现出一定的同质性。在共同的情感激励下,青年学生群体一鼓而动、一呼而起。

另一方面,五四左翼骨干积极推动学生之间以及学生与社会各阶层之间斗争的联合。其一,积极推动学生群体内部的联合。五四运动由北京一地发展至席卷全国200多个城市的伟大爱国运动,是多种因素促成的。其中,各地学生组织相互联络,推动了学生群体的大联合。在这一过程中,毛泽东、邓中夏等左翼骨干奔走其间,发挥了重要作用。例如,1919年五六月间,京津学联代表分赴各地,推动各地学联的成立。5月中旬,邓中夏代表北京学生联合会到湖南开展联络事宜,介绍北京学生运动情况,并与毛泽东、何叔衡等商讨原湖南学生联合会的恢复和改组问题。②5月28日,新的湖南学生联合会宣告成立。新学联又派代表赴衡阳联络各学校,发起组织了湘南学生联合会。在各地学联成立的基础上,1919年6月,全国学生联合会成立。李大钊在《大联合》一文中谈到五四时期学生的联合情况:"'五四'、'六三'以来,全国学生已成了一个大联合。"③学生组织之间的联合,极大地促进了斗争中的联合,他们彼此声援、彼此支持,推动了五四运动的星火燎原。其二,极力促进学生与社会各界的联合。青年学生富于政治敏感性,有爱国热情与战斗激情,但中国共产党人认识到,他们"并不是一个独立的阶级或阶层"④,"没有确定的经济基础,因此,他们也没有确定的阶级倾向"⑤,这就决定了学生"难以充当坚定、持久的革命力量"⑥,"学生离了民众,便一事无成……学生虽能引导各种

---

① 中共中央文献研究室编:《毛泽东年谱(1893—1949)(修订本)》上册,中央文献出版社2013年版,第41页。

② 参见中共中央文献研究室编:《毛泽东年谱(1893—1949)(修订本)》上册,中央文献出版社2013年版,第40页。

③ 中国李大钊研究会编注:《李大钊全集》第三卷,人民出版社2013年版,第181页。

④ 彭明:《五四运动史(修订本)》,人民出版社2022年版,第90页。

⑤ 其颖:《青年学生与职工运动》,《中国青年》1925年第4卷第91、92期。

⑥ 黄金凤:《从学生运动到工农运动:中共早期动员策略再探讨》,《党史研究与教学》2018年第5期。

运动,如果得不着民众的后援,结果总不免于失败"①。这一清醒认识,使得他们在斗争中极为重视学生与社会阶层的联合行动。五四时期,各地学联在先进分子的影响下,积极推动社会各界联合会的成立,并与社会各阶层一道开展反帝爱国运动。施洋等人受全国学联委派,分赴南京、杭州、江西、湖南、武汉等地,在各地学联组织的帮助与支持下,积极推动各地社会各界联合会的成立。1919 年 7 月 9 日,湖南学联邀请各界代表召开各界联合会。学联会长彭璜任会议主席,他在报告中阐明了联合的迫切性:"现在我国前途危险已达极端,我们是处于极危险之地位,欲求从速挽回,非与各界联络一气,共策进行不可。至学生此次所抱之决心,专在除去障碍物,推翻武人政治,排斥官僚派及阴谋家,故拟组织各界联合会,造成真正平民团体。"②天津各界联合会成立之时,学联代表马千里任副会长,因商会会长卞月庭坚辞不就天津各界联合会会长之职,因此实际会长职务由马千里担任。韩致祥③、刘清扬等青年学生亦参与其中,并担任评议部干事。

中国共产党人对青年学生实施情感动员,使其成为当时社会运动的急先锋。与此同时,从青年学生自身弱点和客观斗争形势出发,中国共产党的先驱们积极推动学生运动在自我联合以及与广大群众的联合中彰显青春力量。

(二)坚持思想启蒙与组织动员相结合,斗争中"哀而动人"的情感策略与斗争要合理合法的理性原则相结合,是中共早期开展工人运动行之有效的斗争模式

1922 年 1 月至 1923 年 2 月,中国掀起第一次工人运动高潮,其中中国共产党人的深耕细作功不可没,同时又与他们能够采取合理斗争方式、运用适当斗争策略密不可分。当时中国的工人阶级虽然过着牛马不如的生

---

① 其颖:《青年学生与职工运动》,《中国青年》1925 年第 4 卷第 91、92 期。
② 吕芳文主编:《五四运动在湖南》,岳麓书社 1997 年版,第 65 页。
③ 韩麟符,又名韩致祥,五四时期天津学联代表,天津最早的社会主义青年团团员之一,1923 年 1 月加入中国共产党。

活,但他们"素来认为工人是命运安排才受苦受难"①,"搞政治不是下等人的事"②,宿命论思想在工人阶级中普遍存在。

那么,如何使工人阶级认识"只有做工的是台柱子","只有做工的人最有用最贵重",③了解自己受苦受难的根源以及以何种方式摆脱剥削与压迫?打开思想的阀门是关键。中国共产党人抓住了这一关键要素,他们创办工人刊物、开办补习学校,旨在教"中国工人晓得他们应该晓得他们的事情"④。《劳动界》《劳动音》《仁声》《工人周刊》《劳动周刊》《济南劳动周刊》等都是中共早期创办的工人刊物。这些刊物在"促一般劳动者的觉悟,好向光明的路上去寻人的生活"⑤方面发挥了重要作用。项英原为武昌模范大工厂工人,阅读《劳动周刊》后认识到工人组织起来、拥有自己团体的重要性,主动联系当时中国劳动组合书记部武汉分部负责人包惠僧,表示愿意从这方面努力,希望包惠僧指导如何造就自己、如何参加工作。⑥之后在包惠僧等人的指导与帮助下,项英从一名纺织工人逐渐转变为一个坚定的共产主义战士、中共早期工运领袖。同时,中共早期还创办工人补习学校,例如,邓中夏、张太雷等人创办长辛店劳动补习学校,李启汉等人创办上海第一工人补习学校,于树德、安体诚等人创办天津工余补习学校等。此外,在张家口工人区、广州机器工人区、安源路矿区、粤汉铁路徐家棚站等多处都举办过工人补习学校。工人聚合于共同的学习场域之中,无疑有助于阶级意识的启蒙与政治觉悟的提升。

提高工人阶级觉悟的目的为何?在于使他们参与革命斗争的主观意

---

① 中国革命博物馆编:《北方地区工人运动资料选编》,北京出版社1981年版,第12页。

② 中共中央文献研究室、中央档案馆编:《建党以来重要文献选编(1921—1949)》第一册,中央文献出版社2011年版,第8页。

③《陈独秀文集》第二卷,人民出版社2013年版,第10页。

④ 中共中央党校党史教研室选编:《中共党史参考资料(党的创立时期)》一,人民出版社1979年版,第189页。

⑤ 中共中央党校党史教研室选编:《中共党史参考资料(党的创立时期)》一,人民出版社1979年版,第342页。

⑥ 参见中国社会科学院现代史研究室、中国革命博物馆党史研究室选编:《"一大"前后——中国共产党第一次代表大会前后资料选编》二,人民出版社1985年版,第326页。

愿不断增强,在于"使他们认识到成立工会的必要"①。基于此,中国共产党人积极推动工会、工人俱乐部等工人组织的成立,不断促成工人阶级坚固的团结。但这一过程煞费周折。这是因为,成立新的工会组织,这是对工人阶级原有社会关系网络的重构。而当时的工会或工厂中,封建意识形成的帮口组织较为普遍。所谓帮口,是底层社会群体"互相帮助寻找工作,和别帮人争夺工作的组织"②。长辛店存在天津帮、德州帮以及本地人等不同帮口组织。在安源路矿,洪帮最为厉害,工头就是洪帮头子,工人若不加入就没有工作。因所属帮派不同,工人之间互相排挤、互相斗争。因此,帮会不瓦解,工人组织是难以建立起来的。③对此,中国共产党人从两方面入手,一面联络帮口领袖、调和帮口之间的冲突,例如,李立三带着酒和肉主动拜访洪帮头子,放低姿态,争取帮会对工人罢工的同情。罢工结束后又巧妙地送走洪帮头子,瓦解帮口组织。④再如,包惠僧、陈潭秋等人对湖北帮领袖杨德甫、福建帮领袖林祥谦等人的团结与说服工作亦是极为成功的,引导他们放下成见,参与京汉铁路工人大罢工的组织与领导。策略的另一面是对工人晓之以革命大义,帮助他们认识到"互相排挤,互相争斗,酿成各地工友有互相不容的恶感。使资本家坐得大利"⑤,疾呼"怎样要分什么帮来自己害自己的同类呢"⑥!

当时中国共产党人还积极利用社会关系网络动员工人阶级加入俱乐部。例如,包惠僧等人筹建粤汉铁路工人俱乐部的过程较为曲折。据包惠僧回忆,"经过了一个多月的东投西摸,仍然是两眼漆黑,还没有找着接

---

① 中共中央文献研究室、中央档案馆编:《建党以来重要文献选编(1921—1949)》第一册,中央文献出版社2011年版,第5页。

②《邓中夏全集》下,人民出版社2014年版,第1348页。

③ 参见中共萍乡市委《安源路矿工人运动》编纂组编:《安源路矿工人运动》下,中共党史出版社1991年版,第900页。

④ 参见中共萍乡市委《安源路矿工人运动》编纂组编:《安源路矿工人运动》下,中共党史出版社1991年版,第900页。

⑤ 中共中央马克思恩格斯列宁斯大林著作编译局研究室编:《五四时期期刊介绍》第二集(上),生活·读书·新知三联书店1959年版,第118页。

⑥ 启汉:《工友们,我们为什么要分帮?》,《劳动周刊》1921年第14期。

近工人、组织工人的门路,真叫我发急到好几夜睡不着觉"①。后来在黄负生的介绍下认识孙瑞贤②。孙瑞贤的父亲是粤汉铁路徐家棚总段机务工厂厂长,由孙瑞贤又认识了他的叔叔孙叠芳。基于这层关系,包惠僧等人得以接近徐家棚工人。之后,包慧僧在工人的介绍下到郑州找机务厂工匠凌楚藩,又带着凌楚藩的介绍信,与陈潭秋、李汉俊到江岸联系杨德甫等人,共同筹备京汉铁路江岸工人俱乐部。③李立三到安源筹备工人俱乐部的过程中,因安源工人中醴陵人较多,他就利用自己醴陵人的身份联络工人。

提高觉悟、组织动员,其最终目的是组织工人开展实际的斗争。斗争过程中,中国共产党人坚持情感动员与理性斗争相结合,在广泛获得社会支持的过程中,努力赢得斗争的合理性与合法性。

一方面,罢工采取"哀而动人"的宣传策略,以争取社会各界的广泛同情与支持。罢工伊始,迭发通电与罢工宣言,把工人窘迫的生存境况诉诸于众,以争取社会各界道义上的支持与援助,成为各地工会组织共同采取的方法。1921年10月,粤汉铁路武长段机车工人在罢工宣言中陈述,每日工资收入为二角四分,折合300多钱,但每日只吃饭不吃菜就要花去200多钱,工人哀嚎:我们"是赤身露宿只顾吃饭呢? 还是露宿枵腹只顾穿衣呢? 还是枵腹赤身只顾住屋呢?""天地昏暗,人饿将死,苟具恻隐,能不救之,望你们仗义执言,维持人道。"④长辛店工人向各界人士涕泣详陈:"有入厂十余年或七八年未有加过一次工薪者,值此米珠薪贵之际,工人之苦况艰难"⑤,迫不得已,只得罢工。安源路矿工人罢工中提出哀而动人的口号:"从前是牛马,现在要做人"。《正太大罢工宣言》中工人呼号:"作工20余年没有加过一次薪,而我们的工资又极低⋯⋯以那时所得的

---

① 《包惠僧回忆录》,人民出版社1983年版,第383页。

② 黄负生当时在汉口私立致中中学教书,孙瑞贤是该校学生。

③ 参见中国社会科学院现代史研究室、中国革命博物馆党史研究室选编:《"一大"前后——中国共产党第一次代表大会前后资料选编》二,人民出版社1985年版,第323—325页。

④ 《粤汉路工人罢工宣言——劳动界之血泪》,《民国日报》1921年10月13日。

⑤ 中共中央党校党史教研室选编:《中共党史参考资料(党的创立时期)》一,人民出版社1979年版,第364页。

工资,欲谋现在社会上的生活,怎样不饿肚皮。现在我们想拼命作工,也快要无命可拼了","这次罢工实因被生活的压迫不得已而出此"。①水口山工人哀叹:"米也贵了,布也贵了,百物都贵了,只有我们的工钱,还是照从前一样……我们要救命,不得不罢工!"②

为生存而奋斗的底线型诉求、迫于生计的无奈选择,易于激起人们的悲悯之心,工人的罢工斗争得到了全国各界劳工团体的有力声援以及社会舆论的广泛同情、支持。例如,在开滦五矿工人罢工过程中,京奉铁路唐山制造厂(南厂)职工会、京奉铁路山海关工人俱乐部、长辛店工人俱乐部、安源路矿工人俱乐部等劳工团体发出通电或快邮代电,一方面,声援开滦五矿工人,谴责反动当局对工人的暴行;另一方面,直接表示将从经济援助以及实际罢工行动方面给予支援。北京大学马克思学说研究会成员、唐山大学等青年知识分子发起募捐,并为开滦矿工奔走呼吁。胡鄂公、蒲伯英、张汉章、江浩等议员提出质问书,公开站在开滦矿工一边,谴责杨以德以武力镇压工人。甚至连英国人主办的《泰晤士报》也对开滦五矿工人表以极大的同情,刊出总经理纳尔逊与普通工人的收入对比,感叹中国工人所受剥削严重。"哀而动人",工人罢工胜利的取得与社会各界的同情与有力支援是分不开的,即便像开滦五矿这样的工人罢工遭遇失败,也让其处境为社会所不忍,从而让更多的人同情与关注这一群体,为其立言发声。这是中国共产党人政治智慧的体现。

另一方面,注重为工人运动争取合法性,开展有理、有力的斗争。罢工是工人阶级反抗资本家剥削与压迫的直接行动,但并不意味着对抗与冲突是斗争的唯一向度,合法性支撑尤为重要。水口山铅锌矿工人斗争中,湖南省工团联合会所属工团代表在毛泽东的领导下,与湖南省各有关方面直至省长赵恒惕的军阀政府进行交涉,从法律上、道义上确定了水口

① 中国人民政治协商会议石家庄市委员会文史资料委员会编:《正太铁路史料集》(《石家庄文史资料》第十三辑),石家庄市政协文史资料委员会1991年版,第256—257页。
② 中共中央党校党史教研室选编:《中共党史参考资料(党的创立时期)》一,人民出版社1979年版,第379页。

山工人罢工的合法性和合理性。①被称为"劳工律师"的施洋,身兼武汉人力车工会最高顾问,粤汉铁路总工会、江岸工人俱乐部、武汉工团联合会等多个劳工团体的法律顾问,为维护工人权益提供法律援助。例如,1922年,他以英国香烟厂工人聘请的仲裁人的身份与资方进行谈判,针对工厂规则是否与工会协定的问题,他详细介绍了工厂法制定的规则,并援引世界各国制定工厂法的情况,为工人据理力争,迫使资本家接受工人提出的要求。当时中国共产党人还利用军阀内部的争斗与矛盾,为开展工人运动争取合法条件。李大钊借着直系吴佩孚与交通系之间的矛盾以及吴佩孚提出"保护劳工"的政策,通过私人关系安排张昆弟、安体诚、陈为人、何孟雄、包慧僧等5人进入北京政府交通部,在京汉、津浦、京绥、京奉、陇海、正太六条铁路上担任密查员。利用这一合法身份,他们经常往返各车站和厂矿,成为党从事职工运动的特派员,极大地推动了北方铁路工人运动的发展。

更为重要的是,中国共产党人积极推动劳动立法工作,第一次劳动大会通过"八小时工作制案""罢工援助案"等决议案;第一次对于时局的主张中提出废止治安警察条例及压迫罢工的刑律,制定保护工人的相关法律;中共二大强调经济改良运动要进于为劳动立法运动。1922年下半年,借着北京政府鼓吹重开国会和制定宪法的机会,在邓中夏主持下的中国劳动组合书记部掀起劳动立法运动热潮,倡议以宪法保护劳动者应有之权利,以增进劳动界的声势。为此,早期中共一方面制定《劳动立法大纲》,对工人应享有之权利、劳动时间、工资待遇等内容予以明确规定;另一方面,从舆论上号召各地向国会、媒体等发出通电,要求将劳动立法内容以宪法形式确认。这一通电得到各地工厂积极响应,或是复电劳动组合书记部表示绝对赞成并誓做坚强后盾;或是致电、写请愿书于国会,声援劳动组合书记部;或是通电全国,寻求援助,一时间形势发展如火如荼。中国劳动组合书记部还多次组织各地工会来京,对劳动立法内容进行商议。虽然这些法案未能迫使国会通过,但这一过程使工人阶级的法律意

① 参见龙新民:《中国工运史上的光辉篇章——水口山工人运动》,《中共党史研究》2021年第2期。

识进一步提升,在识破北洋军阀沽名钓誉的制宪骗局后,更加激发了他们的斗争意识。同时,党的主张为更多的人所了解,政治威信得以提高,为下一步工人运动的组织与开展奠定了良好基础。这其中凝聚着中国共产党人的斗争智慧。

从思想上的觉悟、产生主观斗争意愿,到组织上的筹建、保证工人阶级团结;从罢工中付诸情感的力量、获取道义的支持,到斗争中采取合法的手段、获取斗争的正当性,建党时期中国共产党人与中国工人阶级建立联系、开展工人运动的理念与进路清晰而准确。适宜的方法与策略推动工人运动风起云涌,中国共产党人也于此间不断提升斗争本领。

中国共产党的先驱们对理想信念执着坚守、对初心使命践行担当的过程,实际上是面对国内外复杂的政治环境不怕牺牲、英勇斗争的历史。虽然这一时期以武装的革命反对武装的反革命斗争仍未开始,中国共产党的先驱们主要从事马克思主义传播与工农运动发动的工作,但在风雨如晦的旧中国,在北洋军阀与帝国主义相勾结的反动统治中,中国共产党的先驱们为国家、为民族、为人民,高扬社会主义和共产主义的伟大旗帜,在五四运动、党的创建、工农运动的队伍前列奔走呐喊,在打倒列强除军阀的历史洪流中挺身而出,积聚起敢为人先、舍我其谁的浩然正气,砥砺了不怕牺牲、英勇斗争的意志品质与鲜明品格。没有舍生忘死的钢铁意志、没有赴汤蹈火的斗争姿态,就没有中国共产党的创建这一开天辟地的事变,就没有中国共产主义事业的开创这一壮举。不怕牺牲、英勇斗争的伟大精神,由中国共产党人在火热的斗争一线所淬炼与熔铸,是党与生俱来的实践品性。

第五章　对党忠诚、不负人民是对党的先驱们党性立场的升华

　　坚守真理理想、践行初心使命、勇于牺牲奋斗,这背后蕴含的是中国共产党人的党性立场。忠诚品格是马克思主义政党对党员的根本要求。列宁对此曾有论述:"徒有其名的党员,就是白给,我们也不要。"①这就是说,一个真正的共产党员,仅有政治身份是不够的,必须时刻忠诚于党。作为一个无产阶级政党,新生的中国共产党要想在帝国主义分而治之的中国站稳脚跟,其成员更要从思想上、组织上、行动上都无条件地忠诚于党,如此才能最大限度地凝聚战斗力。探寻中国共产党人对马克思主义信仰的坚守程度、对党组织的归属意识以及对党的路线方针政策的践履程度,可以审视对党忠诚的政治品格是如何在中国共产党创建之时即已印刻于共产党人灵魂深处的。

　　对党忠诚与对人民负责是高度统一的,这是由无产阶级政党的性质所决定的。无产阶级政党"始终代表最广大人民根本利益,与人民休戚与共、生死相依,没有任何自己特殊的利益,从来不代表任何利益集团、任何权势团体、任何特权阶层的利益"②。唯有不负人民,才能获得中国共产党立党执政的最大底气。建党时期中国共产党人在处理党群关系、维护群众利益以及彰显人民群众主体地位与主体价值的过程中,淬炼出不负人民的伟大建党精神。

---

　　① 《列宁全集》第37卷,人民出版社2017年版,第217页。

　　② 习近平:《在庆祝中国共产党成立100周年大会上的讲话》,人民出版社2021年版,第11—12页。

第一节　对党忠诚,一心向党终生不渝

忠诚品格,不是抽象的、有条件的,而是具体的、无条件的,要有矢志不移的深厚信念来支撑,要有强烈的归属意识,以坚决服从组织为保证,更要有自觉的行为践履。正如习近平总书记所强调的,对党忠诚"必须体现到对党的信仰的忠诚上,体现到对党组织的忠诚上,体现到对党的理论和路线方针政策的忠诚上"①。这种忠诚品格,自中国共产党诞生之时起,即彰显于中国共产党人的思想与行动之中。

一、不改其心、始终若一的对党的信仰的忠诚

内心对信仰的坚定、对信念的执着是对党绝对忠诚的基础和关键。没有虔诚而执着、至信而深厚的信仰信念,忠诚问题也就无从谈起。建党时期中国共产党人在完成信仰选择之后,即将马克思主义信仰、社会主义和共产主义的信念镌刻于内心、渗透到灵魂;即将这份对信仰信念的要求写入党的文献,成为中国共产党人对党忠诚的集中表达。

一方面,对马克思主义真理性与科学性的服膺,促使中国共产党人自觉坚守其理论信仰。如前所述,尽管中国先进分子选择马克思主义的道路虽不尽相同,但在信仰选择确立后,即坚持运用这一科学理论观察中国、改造中国。

在苏维埃俄国,先进知识分子在研读经典、实地考察的过程中,更加坚定了要以马克思主义作为救国真理的决心以及走社会主义道路的信心。以北京《晨报》特派记者身份来到苏俄的瞿秋白,完全放弃"旧我"的改良主义思想,盛赞"马克思在其关于社会革命的天才学说里给我们指出了创造人类的无产阶级文化和文明的道路"②,并表明了自己要为共产主

---

① 习近平:《在中央和国家机关党的建设工作会议上的讲话》,《求是》2019年第21期。
②《瞿秋白文集(政治理论编)》第一卷,人民出版社2013年版,第172页。

义事业而奔走的坚定态度。他说:"'我'不是旧时代之孝子顺孙,而是'新时代'的活泼稚儿。固然不错,我自然只能当一很小很小无足重轻的小卒,然而始终是积极的奋斗者。我自是小卒,我却编入世界的文化运动先锋队里,他将开全人类文化的新道路。"①刘少奇、肖劲光、任弼时、罗章龙、柯庆施等这些由上海外国语学社选派的社会主义青年团优秀成员,其赴俄目的是把自己训练成忠诚于革命事业的共产主义者。苏俄学习和生活的经历让他们认定马克思主义"确实是真理,确能救中国",由此增强了"献身革命事业的决心和坚定性"。②

在欧洲,蔡和森是赴法勤工俭学群体中较早接受并确立马克思主义信仰的,他称自己"为极端马克思派"③,对工团主义、无政府主义、基尔特社会主义等一律持排斥与批评的态度。其对马克思主义信仰的忠贞不渝可见一斑。更为可贵的是,这种忠诚的信仰不仅仅停留于理论上的清醒与坚定,蔡和森在与毛泽东的通信中明确提及,要在中国成立一个主义明确、方法与俄国一致的政党,并希望毛泽东能够有所准备。④周恩来于1921年秋确立共产主义信仰之后,1922年给天津觉悟社友人的信中再次郑重声明,"我们当信共产主义的原理和阶级革命与无产阶级专政两大原则",并表示"我认的主义一定是不变了,并且很坚决地要为他宣传奔走"。⑤身处异国的先进青年在寻得真理后,毅然将共产主义之花在欧洲播撒,从旅法共产党早期组织组建到旅欧中国少年共产党、中共旅欧总支部的成立,即是这些中共早期赴法勤工俭学群体信仰信念忠诚的生动写照。

在国内,毛泽东早年也曾被自由主义、民主改良主义、空想社会主义等不同主义学说所影响,"憧憬'十九世纪的民主'、乌托邦主义和旧式的

---

① 瞿秋白:《赤都心史》,上海三联书店2012年版,第88页。

② 中共中央文献研究室编:《刘少奇年谱(1898—1969)》下卷,中共中央文献研究室1996年版,第289、499页。

③《蔡和森文集》上,人民出版社2013年版,第78页。

④ 参见《蔡和森文集》上,人民出版社2013年版,第58页。

⑤ 中共中央文献研究室、南开大学编:《周恩来早期文集(1912.10—1924.6)》下卷,中央文献出版社、南开大学出版社1998年版,第451、453页。

自由主义",而"一旦接受了马克思主义对历史的正确解释以后,我对马克思主义的信仰就没有动摇过"。①何叔衡从清朝秀才到马克思主义者的转变,虽漫长但坚决。1921年新民学会新年大会上,在讨论为实现"改造中国与世界"这一共同目的须采用何种方法时,何叔衡首先发言,"主张过激主义",他深信"一次的扰乱,抵得二十年的教育"。②何叔衡之于马克思主义的信仰忠诚,谢觉哉曾给予高度评价:"叔衡同志对党的认识和坚定,是超人一等"③。王尽美在自身臣服于马克思主义这一科学理论后,还努力尽"先觉者"传播之责,认为"当这大多数未觉悟之先,少数觉悟者,不得不先尽传播酝酿的责任"。④邓中夏在《少年中国学会会员终身志业调查表》"终身欲研究之学术"中写道:"达尔文生物学说、马克思经济学说⑤。这表明,邓中夏此时已经把对马克思主义学习与研究作为终身的学术追求。何孟雄曾言:"从参加革命的那一天起,我就献身于党了。"⑥何孟雄一生坎坷,5次入狱,但正是源自这份爱党护党的忠诚,无论是在狱中还是在反对党内"左"倾错误遭受打击之时,始终宗旨不改,映照出一个革命者对信仰的坚定与执着。同声相应、同气相求,中国共产党人对马克思主义真理的赤胆忠诚早已写入血脉深处。

另一方面,马克思主义政党自身所具有的先进性与纯洁性特质,规定了中国共产党人必须坚守其理论信仰。马克思主义政党是建立在共同理想信念基础上、有着坚定不移的主义信仰和远大政治理想的政党,而不是某个或是某些团体的利益结合。这就要求,政党成员要始终恪守对马克思主义的认同与尊崇、始终保持对远大理想的不懈追求。只有这样,马克思主义政党方能经久不衰、行稳致远。正如习近平总书记所指出:"世界社会主义实践的曲折历程告诉我们,马克思主义政党一旦放弃马克思主

---

① [美]埃德加·斯诺:《西行漫记》,董乐山译,东方出版社2010年版,第140、147页。

② 中国革命博物馆、湖南省博物馆编:《新民学会资料》,人民出版社1980年版,第23页。

③《谢觉哉文集》,人民出版社1989年版,第543页。

④《王尽美文集》,人民出版社2011年版,第28页。

⑤ 张允侯、殷叙彝、洪清祥等编:《五四时期的社团》一,生活·读书·新知三联书店1979年版,第430页。

⑥《革命回忆录》九,人民出版社1983年版,第124页。

义信仰、社会主义和共产主义信念，就会土崩瓦解。"①研读党的早期文献，党纲、宣言、决议中印记着中国共产党人对信仰信念的忠诚。

其一，明确入党者信仰信念的忠诚要求。《中国共产党第一个纲领》规定："凡承认本党纲领和政策，并愿成为忠实党员的人，经党员一人介绍，不分性别、国籍，均可接收为党员，成为我们的同志。"②"本党党纲和政策"规定了党的奋斗目标是进行无产阶级革命、建立无产阶级专政，废除私有制、实行社会革命。这一纲领和政策是基于马克思主义基本原理而制定的，擘画了党的奋斗目标和实现手段。至中共二大，承继了中共一大对入党标准的信仰要求；通过的宣言坚持了一大纲领所规定的党的最终奋斗目标，并进一步认识到要达到共产主义社会要有一个过程；通过的《中国共产党章程》是根据马克思主义政党的组织原则而制定的。无论是要求党员承认党的纲领和政策，还是承认党的宣言及章程，这些都是要求入党者坚守马克思主义信仰，认同共产主义理想。同时，对马克主义的信仰要忠诚、更要纯粹，规定如与反对本党纲领的政治派别有联系，在加入中国共产党之前需与这些集团或党派切断一切联系。③对信仰信念的忠诚不是一时的，而是要求始终如一。对于信仰不坚定者、动摇者，党的早期文献明确规定了处置办法，即如若党员言行与党的宣言、章程以及大会通过的决议案等相违背，地方执行委员有权将其开除。④

其二，明确党员行为要时刻以马克思主义的观点和方法为指导。中共一大在明确党的主要任务是集中精力组织工厂工人的基础上，提出要用共产主义的精神对工人施以教育，进而使得一切工团组织实现共产主义化。⑤即是说，要求党员在这一过程中传递马克思主义信仰、传递共产

①《习近平谈治国理政》第二卷，外文出版社2017年版，第326页。
② 中共中央文献研究室、中央档案馆编：《建党以来重要文献选编(1921—1949)》第一册，中央文献出版社2011年版，第1页。
③ 参见中共中央文献研究室、中央档案馆编：《建党以来重要文献选编(1921—1949)》第一册，中央文献出版社2011年版，第1—2页。
④ 参见中共中央文献研究室、中央档案馆编：《建党以来重要文献选编(1921—1949)》第一册，中央文献出版社2011年版，第168页。
⑤ 参见中共中央文献研究室、中央档案馆编：《建党以来重要文献选编(1921—1949)》第一册，中央文献出版社2011年版，第24、144页。

主义理想。中共二大审议通过的《关于共产党的组织章程决议案》中指出,中国共产党是做革命运动的群众党,为此,"党的内部必须有适应于革命的组织与训练"。而在党的"组织与训练"过程中,"个个党员须了解共产党施行集权与训练时不应以资产阶级的法律秩序等观念施行之,乃应以共产革命在事实上所需要的观念施行之"。①这就是说,党员要依据马克思主义的建党原则开展党的组织工作。此外,要求党员基于马克思主义的原则方法开展活动,这在建党时期中国社会主义青年团的工作中亦有体现。社会主义青年团由最初并没有确定信仰哪一派社会主义,只是带有社会主义的倾向,到旗帜鲜明地表明其信奉马克思主义,并以完全解放无产阶级作为奋斗目标。这其中带有中国共产党人坚守信仰信念的鲜明烙印。这是因为,中共一大时,所有共产党员都参加青年团,"团内的党员占三分之一"②,至青年团第一次全国代表大会召开,团中央书记及中央执行委员会委员均为中共党员,党在青年团的组织与重建过程中充当了领导者的角色。因此,党组织对党员信仰忠诚的要求必然会体现于其影响下的青年团工作。

对信仰信念的自觉坚守与马克思主义政党组织对成员信仰信念明确规定的双重作用下,中国共产党人一经确立信仰、一旦确立理想,即"忠诚印寸心,浩然充两间"③,不改其心、不移其志、不毁其节,彰显对党的信仰信念的绝对忠诚,这是实现对党的组织忠诚以及对党的理论和路线方针政策忠诚的逻辑起点。

二、在党言党、表里如一的对党组织的忠诚

马克思主义政党承担着开展政治斗争、实现夺取政权的历史任务。对于党的组织形式,列宁曾深刻指出:"只有集中的战斗组织,坚定地实行

---

① 中共中央文献研究室、中央档案馆编:《建党以来重要文献选编(1921—1949)》第一册,中央文献出版社2011年版,第162—163页。

② 中国社会科学院现代史研究室、中国革命博物馆党史研究室选编:《"一大"前后——中国共产党第一次代表大会前后资料选编》二,人民出版社1985年版,第73页。

③《蔡和森文集》上,人民出版社2013年版,第23页。

社会民主党的政策并能满足所谓一切革命本能和革命要求的组织，才能使运动不致举行轻率的进攻而能准备好有把握取得胜利的进攻。"①这表明，马克思主义政党必须具有高度的组织性。中国共产党是依照俄共（布）的模式创建起来的，这就意味着，其在构建自身组织形式与形成组织作风过程中存在着对俄共组织模式的路径依赖，即党的成员要始终葆有对党组织的绝对忠诚。这份忠诚，在党的初创时期尤为重要。

其一，以纯洁党的组织忠诚于党。中国共产党是无产阶级的先锋队，是具有革命理想、坚守马克思主义信仰的先进分子建立的具有严密组织体系的政党组织。但各地共产党早期组织成立初期，都不同程度地受到无政府主义的影响，其成员不完全是无产阶级先进分子，而是混入了无政府主义分子。其中，北京和广州情况尤为复杂。双方因信仰信念、斗争方法、最终目标不同，导致冲突不断。中国共产党人认识到："政党能够成为同质的先进分子，非有长时期的争斗以训练不可。"②为此，一方面，各地共产党早期组织成员同无政府主义者进行斗争，努力使党成为"同质的先进分子"；另一方面，不断清除无政府主义思想对共产主义者的影响，纯洁党的组织。

1920年10月，北京共产党早期组织成立。李大钊、张国焘、张申府为小组成员，张申府应邀赴中法里昂大学任教后，组织扩大为10人，其中无政府主义者有6人。③无政府主义者的加入，究其原因，与政党形成之初找寻政治同盟者的需要不无关系。当时无政府主义思潮在中国特别是在知识分子中，已有相当的宣传和影响，各地共产主义者刚"开始工作时，在上海、广东、北京不与无政府主义者合作是不行的"④。再加之，因斗争对象的相同，当时李大钊等人曾有组建社会主义者同盟的设想，在某种程度上希望中国所有的社会主义者能够聚集于马克思主义旗帜之下。与此同

---

① 列宁：《怎么办?》，人民出版社2018年版，第137页。
② 中共中央党史和文献研究院、中央档案馆：《中国共产党重要文献汇编（1926.5—1926.7)》第八卷，人民出版社2022年版，第352页。
③6人分别是黄凌霜、陈德荣、袁明熊、张伯根、华林、王竟林。
④《蔡和森文集》下，人民出版社2013年版，第809页。

时,无政府主义者虽然对无产阶级专政抱有看法,但在无产阶级革命这一点上与马克思主义者是一致的,因此他们也愿意参与进来。①但这种"携手并进"的局面从一开始就存在分歧,埋下了分裂的伏笔。例如,对于组织分工,无政府主义者主张"各项职务不必用甚么确定的名义,小组决定应做的工作,由各人自由分担"②,因此,当时党组织采取自报公议的方式进行了分工。对于组织领导,无政府主义者反对任何有组织的形式,因此,当时小组会议不设主席、没有记录。同时,无政府主义者否认无产阶级专政思想。双方围绕组织问题与无产阶级专政问题的分歧与争论,严重干扰了党组织工作的正常开展。对此,李大钊坚持马克思主义的原则性,接连撰写《自由与秩序》《团体的训练与革新的事业》等文章,对无政府主义思想进行批驳。经过一番论争,无政府主义者退出了党组织,北京共产党早期组织得以真正组建。

广州的情况则更为复杂。对于广州共产党的情况,陈公博在《广州共产党的报告》中称,在广州成立了"无政府主义的共产党"③。蔡和森在莫斯科中山大学作《中国共产党史的发展》演讲时,亦曾谈及广东党部无政府党人占多数的情况。④当时广州的无政府主义者谭祖荫、刘石心在回忆时,对广州存在共产党的情况予以否认。⑤无论广州当时是否存在共产党组织,毋庸置疑的是,无政府主义思潮当时在广州影响较大,且无政府主义者已开展实际的工人运动等组织工作。这对组建"真正的共产党"是极为不利的。且在广州社会主义青年团内部,互助团的无政府主义者与谭平山等马克思主义者矛盾日益激化,双方"有时甚至动武,组织上表现得十分冲突"⑥。陈独秀到达广州了解这一情况后,决定率领马克思主

---

① 参见李涛编:《亲历者忆——建党风云》,中央文献出版社2001年版,第93页。
② 李涛编:《亲历者忆——建党风云》,中央文献出版社2001年版,第93页。
③ 参见中共中央党史和文献研究院、中央档案馆编:《中国共产党重要文献汇编(1921.7—1921.12)》第一卷,人民出版社2022年版,第17页。
④ 参见《蔡和森文集》下,人民出版社2013年版,第809页。
⑤ 参见中国社会科学院现代史研究室、中国革命博物馆党史研究室选编:《"一大"前后——中国共产党第一次代表大会前后资料选编》三,人民出版社1984年版,第120、128页。
⑥《蔡和森文集》下,人民出版社2013年版,第809页。

义者与无政府主义者决裂。他先后在广州公立法政学校、广东省教育会、广东省立女子师范学校、甲种工业学校、广东省女界联合会等地发表演讲，并积极撰文发表于《新青年》《广东群报》等刊物。他还与区声白互相致信三封，宣传科学社会主义，系统批判无政府主义等社会思潮。这些活动促使广州的先进分子对马克思主义与无政府主义之间作出了区分，划清了界限。与此同时，陈独秀于1921年3月两次约谈无政府主义者，在涉及今后的合作问题时，陈独秀拒绝了无政府主义者提出的合作推翻资本家，待成功后再各走各路的意见，态度坚决地表示，既然双方的主义、目的、手段等都不同，就无法走同一条路。在陈独秀的领导与推动下，广州地区的马克思主义者与无政府主义者由矛盾冲突最终走向决裂。1921年3月，陈独秀、陈公博、谭平山、谭植棠等马克思主义者创立了真正的共产党。

同反对严密组织与统一领导、反对无产阶级专政的无政府主义者彻底决裂，组织上的分化与重新组合，是建党时期中国共产党人决心以马克思主义为理论武器，决定走科学社会主义道路的必然选择，是中国共产党人思想成熟、组织忠诚的鲜明标志。各地共产党早期组织的无政府主义者相继退出，使得党的思想更为统一、组织更为纯洁。

其二，以严守党的纪律忠诚于党。马克思与恩格斯曾就党内纪律问题作出探讨，指出必须保持党的纪律，否则会一事无成。列宁继承了马克思、恩格斯关于无产阶级政党纪律建设的思想，进一步强调："如果我们党没有极严格的真正铁的纪律……那么布尔什维克别说把政权保持两年半，就是两个半月也保持不住。"[1]革命斗争的残酷性和复杂性，要求共产党人必须严守党的纪律规矩，如此才能增强党组织的行动力与战斗力。基于马克思主义的建党原则，中国共产党自创建之初，已经意识到"若是缺少严密的集权的有纪律的组织与训练，那就只有革命的愿望便不能够有力量去做革命的运动"[2]。因此，早期中共对党的组织和全体党员提出明确

---

[1] 列宁：《共产主义运动中的"左派"幼稚病》，人民出版社2016年版，第5—6页。

[2] 中共中央党史和文献研究院、中央档案馆编：《中国共产党重要文献汇编（1922）》第二卷，人民出版社2022年版，第258页。

的纪律和忠诚要求,这些纪律与要求亦成为中国共产党人的行为遵循。

在党的全部纪律中,政治纪律是基础。这是因为,政党成员是否具有坚定的政治立场以及明确的政治方向,直接关乎马克思主义政党的生存与发展。1921年中共一大和1922年中共二大虽没有明确提出"政治纪律"这一意涵,但其内容蕴含了这方面的要求。有与原其他一切政治党派断绝联系、宣告脱离或不得加入的要求;有个人言论与党的言论一致、地方党组织与党中央言论一致、宣传出版不得与党的原则政策决议相背离的要求。例如,"无论何时何地个个党员的言论,必须是党的言论,个个党员的活动,必须是党的活动,不可有离党的个人的或地方的意味"①。"任何出版物,无论是中央的或地方的,均不得刊登违背党的原则、政策和决议的文章。"②这些规定,与当前所强调的政治纪律和政治规矩"五个必须"中的第一条,即"必须维护党中央权威,决不允许背离党中央要求另搞一套……必须在思想上政治上行动上同党中央保持高度一致,听从党中央指挥"③,指向内容基本相同,是中国共产党人坚决维护党中央权威和集中统一领导的意志表达。在建党实践中,中国共产党的先驱们切实执行与维护党的政治纪律。例如,1922年11月,周恩来、赵世炎等人写信给团中央,明确表示旅欧中国少年共产党愿附属于国内青年团,成为其旅欧支部。陈独秀等人赴苏参加共产国际第四次大会时,他们再次写信表达愿望。接到陈独秀的复信后,周恩来等人立即召开改组大会,决定加入中国社会主义青年团,并更名为"旅欧中国共产主义青年团"。改组后在给国内团中央的报告中,再次表达了服从统一领导的坚定态度,"立在共产主义的统一旗帜之下""表示极诚恳的归依"。④又如,1921年7月,恽代

---

① 中共中央党史和文献研究院、中央档案馆编:《中国共产党重要文献汇编(1922)》第二卷,人民出版社2022年版,第259页。

② 中共中央党史和文献研究院、中央档案馆编:《中国共产党重要文献汇编(1921.7—1921.12)》第一卷,人民出版社2022年版,第5页。

③ 中共中央纪律检查委员会、中共中央文献研究室编:《习近平关于严明党的纪律和规矩论述摘编》,中央文献出版社、中国方正出版社2016年版,第27页。

④ 中共中央党校党史教研室选编:《中共党史参考资料(党的创立时期)》一,人民出版社1979年版,第401、404页。

英、林育南、林育英、李求实、李书渠、廖焕星等人在湖北黄冈浚新小学成立共存社,这一团体具有共产主义小组的性质。在闻讯中国共产党成立后,大部分成员选择入党。中国共产党人以坚决维护中央统一领导、顾全大局的实际行动诠释着对党组织的忠诚。

党的组织纪律是维护党的集中统一领导的基本条件与保障。"四个服从"是党最基本的组织原则和组织纪律。这一纪律要求在中国共产党创建时期即已萌发。据陈潭秋、刘仁静以及张国焘回忆,在中共一大会议上,以李汉俊为代表的"公开马克思主义派"和以刘仁静为首的极"左"派,在无产阶级政党的组织原则、党员入党条件、党的基本任务等方面存在争议。而李汉俊在主张多被否决的情况下,服从多数决定,这一态度在刘仁静和张国焘的回忆中都有提及。[1]虽然当时还没有组织纪律方面的明确要求,但是中国共产党人已开始自觉运用马克思主义的建党原则规范、约束自身行为。刘少奇后来回忆在莫斯科东方大学8个月的学习与生活时也谈道:"懂得组织上的一些东西,讲纪律、分配工作不讲价钱、互相批评、一切服从党,这些东西我脑子里种得很深。"[2]正是在这样的组织纪律观念下,当1922年国内工人运动发展、迫切需要工运干部之际,刘少奇等人坚决服从党组织的决定,提前结束在莫斯科东方大学的学习,回国后旋即投入工人运动之中。及至中共二大,在《中国共产党章程》《关于共产党的组织章程决议案》中对党的组织纪律进行了明确规定,如:"全国大会及中央执行委员会之议决,本党党员皆须绝对服从之","下级机关须完全执行上级机关之命令","本党一切会议均取决多数,少数绝对服从多数","个个党员须牺牲个人的感情意见及利益关系以拥护党的一致"等。[3]此外,《中国共产党章程》纪律专章第25条还规定了党员不能触碰的6种红线,规范党员言行和党内生活并在实际工作中予以严格执行。中共一大代表

---

[1] 参见中国社会科学院现代史研究室、中国革命博物馆党史研究室选编:《"一大"前后——中国共产党第一次代表大会前后资料选编》二,人民出版社1985年版,第178、212页。

[2] 中共中央文献研究室第二编研部编著:《刘少奇自述》,国际文化出版公司2009年版,第27页。

[3] 中共中央党史和文献研究院、中央档案馆编:《中国共产党重要文献汇编(1922)》第二卷,人民出版社2022年版,第259、263—264页。

陈公博即是因违反党的纪律而被开除出党的第一个人。1922年6月,陈炯明发动叛乱、炮轰孙中山在广州的总统府。此时,中共中央正在积极推进国共合作,要求广州党组织断绝与陈炯明的关系,停办《群报》。陈公博作为广东区委负责人,非但不执行党的决定,反而在广州与陈炯明沆瀣一气,写文章公开支持陈炯明。后张太雷前往广东,向陈公博传达中共中央指示,并要求其亲自赶赴上海向党组织解释。但陈公博不但予以拒绝且还宣称"自今以后独立行动,绝不受党的羁束","从此脱离共产党"。[1]鉴于陈公博这种严重违反组织纪律、擅自脱离组织的行为,党中央于1923年春将其开除出党。

"在党处于秘密状态时,党的重要主张和党员身份应保守秘密。"[2]这是《中国共产党第一个纲领》中对党的保密纪律的明确规定。党的二大再次强调保守党的秘密的重要性,并将其提升至党的纪律高度,规定:凡"泄漏本党秘密"的党员,"该地方执行委员会必须开除之"。[3]这是因为,中国共产党所秉持的主义思想、所开展的革命活动、所要达到的革命目标,都是为当时帝国主义以及北洋军阀反动统治阶级所不容许的。无产阶级政党的性质决定了党的组织及党的工作必须处于不公开的、秘密的状态,"保守党的秘密"也就成为中国共产党创建时期中国共产党人忠诚于党的重要体现。

为此,中国共产党的先驱们自发地采取了各种各样的保密措施。例如,党组织或党员的行文经常以代号或是暗语的方式进行记录。沈雁冰在商务印书馆担任《小说月报》主编期间,经常收到转给"钟英"小姐的信。这里的"钟英"即是当时党中央的化名,这些信件即是各地党组织给中央的信件。谢觉哉在1921年6月29日的日记中写道:"午后六时,叔衡往上海,偕行者润之,赴全国○○○○○之招。"[4]这段文字记述的是毛泽东和

---

① 《民国丛书》编辑委员会编:《寒风集甲篇》,上海书店1989年版,第226页。

② 中共中央党史和文献研究院、中央档案馆编:《中国共产党重要文献汇编(1921.7—1921.12)》第一卷,人民出版社2022年版,第2页。

③ 中共中央党史和文献研究院、中央档案馆编:《中国共产党重要文献汇编(1922)》第二卷,人民出版社2022年版,第264页。

④ 谢觉哉:《谢觉哉日记》上卷,人民出版社1984年版,第49页。

何叔衡代表湖南共产党早期组织出发参加中共一大的情形。日记中的五个圆圈，即代表"共产主义者"。党领导的第一份理论刊物《共产党》月刊，其作者多为上海共产党早期组织成员，但他们在刊文时均采用化名，如陈独秀署名"T.S."，李达化名为"胡炎"和"江春"，李汉俊化名为"汗"和"均"，沈雁冰用"P.生"，施存统用"C.T."，袁振英用"震寰""震瀛""震雷"等。①这些情况说明，当时无论是上下级党组织之间的行文还是党员个人记述，都使用了一定的暗语，以保守党的秘密。再如，当时各地共产党早期组织的活动多处于秘密状态，一般以公开的群众团体作革命活动的掩护。各地社会主义青年团、马克思主义研究会成为党开展革命活动的公开或半公开组织形式。再有，长沙文化书社、武汉中学等都是当时党组织从事建党活动的秘密联络点。又如，当时中国共产党人多以各种职业身份为掩护从事党的革命活动。中共一大召开前，从外地来沪的代表以"北大师生暑期旅行团队"的名义住进法租界的博文女校。湖北党员董必武、陈潭秋、恽代英、黄负生、刘子通等都曾以教师身份为掩护，在学校宣传革命道理、发展进步学生加入党团组织。据董必武回忆，陈潭秋工作的"武昌高师附小有一个时期简直成了湖北革命运动的指挥机关"②。前文所述沈雁冰也是以《小说月报》主编的身份为掩护，担任直属中央的联络员，保持党中央与各省党组织之间信件、人员的联络和往来。在组织约束与个体自觉的双重作用下，中国共产党人保守党的秘密，革命力量得以不断壮大，革命组织得以存续发展。

"党的力量来自组织，组织能使力量倍增。"③中国共产党的先驱们以实际行动坚决维护党组织的先进性和纯洁性，以对党的纪律规矩的严格遵守与执行坚决维护党组织的权威和团结统一，时刻保持对党组织的忠诚，统一意志与行动，这是年幼的中国共产党在恶劣的政治环境下得以诞

---

① 参见韦明：《〈共产党〉月刊作者、译者笔名考述》，《上海党史与党建》2018年第2期；中共中央马克思恩格斯列宁斯大林著作编译局研究室编：《五四时期期刊介绍》第二集，人民出版社1959年版，第616—618页。

② 湖北省社会科学院编：《回忆陈潭秋》，华中工学院出版社1981年版，第3页。

③ 中共中央文献研究室编：《十八大以来重要文献选编》上，中央文献出版社2014年版，第765页。

生、发展、壮大的关键。

三、为党尽职、知行合一的对党的理论和路线方针政策的忠诚

忠诚品格既是潜藏于人们内心深处的情感表达,更是外显于人们行为践履的担当作为,由实践锤炼。对信仰、对组织的忠诚,关键还是要体现于行动之中,成为党的理论和路线方针政策的坚定执行者、忠实捍卫者。早在中国共产党创建时期,中国共产党的先驱们即已认识到,"个个党员不应只是在言论上表示是共产主义者,重在行动上表现出来是共产主义者。"[①]他们不是坐而论道、空谈主义,而是紧跟党的脚步,以党的中心任务为神圣使命,全部工作和一切活动都围绕党的战略部署展开,在革命实践的洪流中浇筑对党忠诚的政治品格。

(一)以党的旗帜为旗帜,宣传马克思主义以及党的政治纲领和主张

面对动荡之政局,不同政治力量基于各自利益提出了不同的救国理论与道路,如直系军阀的"武力统一"、地方军阀的"联省自治"、资产阶级改良派的"好人政府"等。作为一个新兴的无产阶级政党,中国共产党有必要及时发出自己的声音,将党的理论主张与纲领政策广布于社会,从而不断提升党的吸引力与号召力。正如毛泽东所指出的:"我们的政策,不光要使领导者知道,干部知道,还要使广大的群众知道。"[②]建党时期中国共产党人紧跟党的脚步,积极回应党的政治期待,公开地宣传无产阶级的政见。

中国共产党创建时期,中国共产党人的宣传工作紧紧围绕党的中心工作展开,宣传内容呈现阶段性特点。1922年以前,或者说中共二大召开之前,宣介马克思主义是宣传工作的重要内容。这一时期的宣传主要是从理论层面对马克思主义进行研究与阐释,论证在中国创建无产阶级

① 中共中央党史和文献研究院、中央档案馆编:《中国共产党重要文献汇编(1922)》第二卷,人民出版社2022年版,第259页。
②《毛泽东选集》第四卷,人民出版社1991年版,第1318页。

政党的必要性与正当性、马克思主义作为救国拯民理论的真理性与必然性。对此，前文已有论及。党的二大召开前后，随着中国共产党人对社会性质、革命任务等基本情况认知的转变，这一时期的宣传内容更加注重对党的纲领、路线、方针、政策等方面内容的宣传，旨在不断扩大党组织的政治影响力，动员广大民众积极投身到反帝反封建的民族民主革命中来。

具体来说，一是通过揭露国际帝国主义对中国殖民侵略的罪行、国内军阀的黑暗统治，宣传阐释反帝反封建的民主革命纲领。如陈独秀的《造国论》，从政治、经济等方面阐述了帝国主义之于中国的压迫，并提出解决的方法"只有两阶级联合的国民革命"①。面对读者对陈独秀上述观点的质疑，高君宇以"记者"名义回答读者来信，重申帝国主义和封建军阀对幼弱资产阶级以及无产阶级的压迫。蔡和森的《武力统一与联省自治——军阀专政与军阀割据》一文指出，封建军阀是中国社会的乱源，推翻军阀、进行民主革命是唯一出路。②同时，他们还以鲜活的事实呈现进行引导，如陈独秀就英国对威海卫问题、帝国主义对中东路问题，蔡和森和向警予就日本帝国主义与张作霖关系等，让人们认识帝封勾结对中国利益的掠夺。这些论述表明，中国共产党人已接受党的二大制定的反帝反封建的民主革命纲领，并结合中国社会实际进行理论宣传，引导人们在斗争对象的思想认识上取得一致。

二是指出要反对强大的敌人，必须结成广泛的统一战线。接受民主联合战线的主张，对于早期中共领导人来说，是一个艰难的过程，甚至带有些许被迫的成分。但他们还是从大局出发，在对中国社会性质、革命任务以及自身革命力量进行深入思考的基础上，积极进行宣传教育和舆论引导，不断扩大建立民主联合战线的思想共识。陈独秀即是其中的典型代表，他由明确反对到团的一大接受了包含联合战线在内的新的民族殖民地理论，于会后不久便发表了对劳动运动的态度，承认中国的劳动运动极为幼稚，主张在同一目的下结成联合战线的必要性。③在党的二大上，

---

① 《陈独秀文集》第二卷，人民出版社2013年版，第284页。
② 参见《蔡和森文集》上，人民出版社2013年版，第110、113页。
③ 参见《陈独秀文集》第二卷，人民出版社2013年版，第251页。

陈独秀将建立民主联合战线的革命理论推向全党。当然,中国共产党人还对要联合到何种程度、联合的对象包含哪些群体以及国民革命中无产阶级的地位等这些具体问题予以澄清,不断消解这一革命策略在实践中推行的阻力。同时,他们还对国民党这一比较革命的民主派给予特别关注,蔡和森、高君宇等共产党人多次撰文对孙中山和国民党提出中肯的批评意见,在《统一、借债与国民党》《福建现下的局势与国民党》《国民党人应当做胡帅的宣传员吗?》等文章中,对孙中山等人幻想依靠军阀的妥协政策、脱离群众的倾向等问题提出中肯的批评意见,向国民党人宣传了民主革命纲领,这是中国共产党人对党的二大作出的同国民党等民主派组织统一战线这一政策主张的积极贯彻。

这一时期,中国共产党人积极投入其中,以《向导》《先驱》等党团刊物为阵地,对党的纲领路线、方针政策进行思想宣传与阐释,从而做好舆论推动。以《向导》周刊为例,这一刊物是党的二大后为满足新形势新任务下党的宣传工作需要而创办的,以宣传党的路线、方针、政策以及评论国内外时事政治为主要内容。以陈独秀为代表的中共中央领导人成为舆论宣传的核心人物;蔡和森、瞿秋白等人既是刊物主编,又是主要撰稿人;高君宇、张太雷、向警予、罗章龙等人既负责编辑、组稿、通讯、联络等工作,也是重要撰稿人。中国共产党人在实际的政治活动中成为党的政策主张的拥护者与宣传者。

(二)以党的意志为意志,发展党团组织,培养后备力量

党的意志主张要想落地,要想在中国政治实践中激起涟漪,就需要中国共产党人的坚决执行与贯彻。建党初期,党员人数较少、地方组织尚不健全,这是摆在中国共产党人面前迫切需要解决的问题。1921年11月中央局发出的第一个通告,即将党的地方组织的发展列为最低限度必须办到的四项事宜之一。①各地党组织认真贯彻党中央指示,将进行党的建

---

① 参见中共中央党史和文献研究院、中央档案馆编:《中国共产党重要文献汇编(1921.7—1921.12)》第一卷,人民出版社2022年版,第82页。

设、建立并扩大党的地方组织作为工作重点予以推进。

一方面,中国共产党人认真贯彻党中央指示,不断建立和扩大党的地方组织。严密的组织架构是马克思主义政党的显著优势。但在中共一大召开之时,国内外只有八个共产党早期组织,各组织之间以及组织内部尚未形成明晰的组织架构。对此,党的一大纲领规定,党组织实行地方和中央两个层级的"委员会"制度,有党员五人以上的成立地方委员会,三十人以上的成立地方执行委员会,党员人数超过五百抑或同一地方设有五个委员会时,应成立中央执行委员会。这就对党的各级组织建设进行了初步的设计。为了能够成立正式的中央执行委会,毛泽东、谭平山、包惠僧、罗章龙、何孟雄、陈望道、王尽美等人以不同的方式发展党的地方组织,建立地方委员会或支部并接受中央局的领导。且随着党员人数的发展,各地党组织逐步建立区执行委员会,如1922年5月,湖南成立中共湘区执行委员会;1922年7月,中共上海地方委员会改组为中共上海地方执行委员会兼区执行委员会,负责上海、江苏以及浙江等地党的工作。这就意味着,中国共产党人以实际行动践行了坚决维护党的集中统一领导的忠诚观。党的二大规定要建构起从党小组到地方支部,再到区执行委员会、中央执行委员会,从基层至中央较为系统完整的组织架构。按照党中央的组织设计,中国共产党人不断搭建起覆盖不同地域、不同层级的党组织系统。

另一方面,各地党组织派出党员深入近代工业发达地区抑或是铁路沿线等地进行党员发展工作。如徐梅坤作为上海地委兼区委负责人,1922年下半年受党的指派,专程到杭州进行组织发展,成立浙江最早的地方组织——中共杭州小组,后又到绍兴、宁波等地指导建党工作,发展的党员中有青年军人、教师、工人等。北京党组织的活动较为频繁,北京大学及其马克思主义学说研究会成为其吸收知识分子入党的重要渠道。同时,党组织还派出罗章龙、邓中夏、高君宇、何孟雄、陈为人等早期党员到北京长辛店、天津、唐山、太原等地活动,侧重培养产业工人加入党组织。湖南的党员发展工作亦较为出色,毛泽东、何叔衡在一大结束返回长沙后,注重吸收进步学生和工人入党。毛泽东、夏明翰等人深入到安源、衡阳、岳州等地发展党员。1922年上半年,安源、湖南第一师范学校、湖南自修大学、衡阳湖南省立第三师范学校、粤汉铁路岳阳段等都建立了党支部或党小组。陈独秀在党的三大上对当时湖南组织发展工作给予了肯定。此外,武汉、广州、济南等地也根据自身情况,开始发展党员、建立党的组织。从一大时的50多人,到二大时的195人,再到三大时的420人,党员规模的发展壮大,是中国共产党人始终贯彻党的意志主张、使其不断外化彰显的结果。

与此同时,为培养党的后备力量,团结教育青年与党同向同行。早在陈独秀筹划建立上海共产党早期组织以及思考早期组织如何开展实际工作的过程中就曾提出,要"组织一个社会主义青年团,为中共的后备军,或可说是共产主义的预备学校"①。1920年8月,俞秀松、施存统、陈望道等人积极贯彻陈独秀及上海发起组的要求,成立上海社会主义青年团。此后,李大钊、张太雷、董必武、毛泽东、谭平山等人在北京、天津、武汉、长沙、广州等地先后建立社会主义青年团。此时的团组织大多是带有社会主义倾向的青年政治团体,政见不一,再加之活动经费的缺乏以及人员的变动,1921年5月前后,大多停止了活动甚至自行解散。中国共产党成立后,对青年团工作的巩固与发展给予极大关注,发出通告要求各地党组织切实注意青年运动,发展团员,并给各地寄发有关建团文件及团的临时章程。张太雷、施存统等人受党的委托,着手恢复与整顿社会主义青年团,思想上宣布青年团为信奉马克思主义的团体,组织上建立起青年团临时中央局同各地团组织之间的联系。尽管由于政治环境的不同,青年团恢复与建立的方式不尽相同,但一个共同点是,在党的指示和要求下,各地中国共产党人都领导并参加了这项工作。在张太雷、瞿秋白、蔡和森、施存统等中国共产党人的积极筹备下,1922年5月,共青团宣告诞生。

青年群体从力量分散到力量集结,地方青年团组织从停止活动到恢复整顿直至建立起一个中央领导机构,中国共产党的先驱们是直接的推

① 中国社会科学院现代史研究室、中国革命博物馆党史研究室选编:《"一大"前后——中国共产党第一次代表大会前后资料选编》二,人民出版社1985年版,第139页。

动者和组织者。他们按照党的指示，统一团员的意志与活动，引导青年在思想上、行动上与党保持一致，不断建构、扩大党的青年群众基础，不断吸纳更多的青年精英聚集于党的周围。

（三）以党的方向为方向，组织工人阶级，发动工人运动

中国共产党是无产阶级政党，政党性质决定了其在建党之初就聚焦工人阶级，以工人运动为中心开展党的各项工作。党的一大通过的决议集中研究了如何开展工人运动的问题，成立产业工会、工会必须放在党的领导之下、开展对工人的宣传教育等成为主要内容。党的二大宣言以及通过的《关于"工会运动与共产党"的议决案》，1922年11月制定的《中国共产党对于目前实际问题之计划》等文件，都对开展工人运动的方针政策作出了规定。宣传动员、工会组织以及罢工斗争成为贯穿其中的一条红线，亦成为各地中国共产党人开展工运活动的重要遵循。

一是对工人进行宣传教育，不断激发工人阶级意识、养成阶级自觉。按照党组织以及中国劳动组合书记部的部署要求，开办工人补习学校、创办工人刊物成为各地中国共产党人对工人进行宣传动员的基本项目，前文已有论及。他们还出版教材，如中国劳动组合书记部出版《劳动运动史》作为劳动学校教材；北方分部出版《五月一日》《京汉工人流血记》等指导工运的书籍；李六如接受毛泽东委派①，在对萍乡安源矿区进行调查的基础上，着手编写《平民读本》作为工人夜校教材，将日常知识启蒙与马克思主义宣传相结合。此外，他们还通过开办工人图书馆、创办工友读书会等形式对工人开展阶级教育。

二是深入工人群众，组织或改造工会。为打开工作局面，取得和工人群众建立广泛联系的条件和机会，中国共产党人自觉接受党的派遣，以多重身份深入工人群体。如当时上海的工厂企业中有青帮、洪帮活动，中国劳动组合书记部决定派党员加入其中。李启汉通过在工人补习学校学习的纺织工人的引荐加入青帮，逐渐在小沙渡、杨树浦等地纺织工人中扎下

---

① 毛泽东当时担任中共湖南支部书记、中国劳动组合书记部湖南分部主任。

根基。相当一批党团员接受北方分部派遣,到铁路、重要厂矿和城市担任特派员,如何孟雄到京绥路、游天洋到陇海路、王尽美到京奉路、安幸生到天津、李树彝到唐山等。陈潭秋、李书渠等人接受武汉分部派遣至粤汉路徐家棚车站,项英、包惠僧、林育南、施洋、陈潭秋等到京汉路江岸车站开展工作。随着活动的深入,工人组织在主要工业城市和各产业部门不断成立,中共中央开始考虑把这些分散的工会联合起来,以便统一领导、组织更大规模的工人运动。党的二大召开前夕,陈独秀在给共产国际的报告中提出,计划集中力量组织全国铁路工人、海员、电气工人、机器工人、纺纱工人五个大的产业组合以及上海、广东、武汉三个地方总工会。①按此要求,各地中国共产党人尽力于此,推动了湖北全省工团联合会、湖南全省工团联合会、汉冶萍总工会、京汉铁路总工会的成立。这些工团联合会、总工会下辖多个工会,覆盖会员数万人,使工人的联合程度与组织程度进一步提高。

与此同时,在中国共产党成立以前,各地各行业在不同势力的控制、不同思潮的影响下已成立了一些工人组织,有的是提倡阶级调和、劳资合作的招牌工会或黄色工会;有的是只主张谋求物质生活的改良、智识水平的提高,而对政治概不过问。这些工人组织的存在影响了党对工人阶级的组织领导以及党的活动的开展。中国共产党人按照党组织的部署,积极对旧工会进行争取和改造,努力促使其执行党的政治路线,转变为愿意接受共产党领导的革命工会。

三是积极参与或是主动谋划领导工人罢工运动。一方面,各地中国共产党人积极参与、影响工人自发的罢工斗争,帮助他们明确政治方向和具体目标。一战后帝国主义卷土重来,剥削与压迫日重,工人自发罢工的次数也逐渐增多。但这些罢工大多缺乏明确的指导思想,庞大的罢工队伍被动员起来却无力领导,无法准确表达自己的利益诉求。自党的一大将开展工人运动作为主要任务后,各地党组织密切关注工人动向,尽可能

---

① 参见孙武霞、许俊基编:《共产国际与中国革命资料选辑(1919—1924)》,人民出版社1985年版,第166页。

参与或影响工人自发的罢工斗争,帮助他们明确政治方向和具体目标,起草宣言、提出条件、制定策略方针,从而使工人罢工斗争有组织地开展起来。上海英美烟厂工人罢工、汉口租界人力车夫罢工、陇海铁路工人罢工、香港海员大罢工都是这样的情况。另一方面,中国共产党人开始有计划地领导、组织、推动、影响工人运动的发生和发展。从深入工人群体宣传动员到组织工会、准备革命力量的团结,再到发动工人罢工斗争,中国共产党人主动作为、深耕细作,第一次工人运动高潮中,北方、武汉、湖南、上海和广东等地形成了重点罢工区。作为公开领导工人运动的机关,中国劳动组合书记部以及各分部是当时中共中央领导下最活跃的部分,大多数的党团员都参与其中的实际工作。①邓中夏回忆,书记部的工作是万分忙碌,天天都有特派员派出,"遑遑于火车轮船道中"②。这是中国共产党人积极贯彻中共中央工人运动方针政策的生动注脚。

习近平总书记指出:"忠诚不是挂在嘴上、写在纸上的,而是要体现在实际行动上。"③中国共产党人始终以党的旗帜为旗帜、以党的意志为意志、以党的方向为方向,在思想上、行动上忠诚于党,不断扩大党的政治影响,对党忠诚的政治品格也在革命洪流中内化沉淀。

第二节　不负人民,赤子之心融入血脉

习近平总书记指出:"江山就是人民、人民就是江山,打江山、守江山,守的是人民的心。"④在中国共产党创建时期,中国共产党的先驱们在"我是谁"这一问题的探索中明晰党群关系,明确要做亲切于群众利益的忠实代表;在"为了谁"这一问题的追溯中,厘定"人民"范畴并在实践中切实维

---

① 参见刘明逵、唐玉良主编:《中国近代工人阶级和工人运动》第四册,中共中央党校出版社2002年版,第41页。

② 刘明逵、唐玉良主编:《中国近代工人阶级和工人运动》第四册,中共中央党校出版社2002年版,第40页。

③ 习近平:《在全国组织工作会议上的讲话》,人民出版社2018年版,第28页。

④ 习近平:《在庆祝中国共产党成立100周年大会上的讲话》,人民出版社2021年版,第11页。

护人民现实利益;在"依靠谁"这一问题的回答中呼唤劳工神圣,走与劳工为伍的群众路线,尊重人民主体地位、发挥人民主体价值,使不负人民成为中国共产党人矢志奋斗的价值旨归。

一、明晰"我是谁",开创性探索党群关系

要想回答"我是谁"这一问题,政党就要对自身的阶级属性予以明确规定,即对代表谁、为了谁进行清晰界定,这是涉及政党性质的根本问题。中国共产党是工人阶级的先锋队,同时是中国人民和中华民族的先锋队,矢志维护和实现最广大人民群众的根本利益,这一阶级属性和价值旨归在中国共产党创建时期即得以体现和彰显。早期中共对无产阶级政党与人民群众的关系作出了开创性的贡献,这是锻造不负人民崇高价值追求的重要前提。

(一)准确定位党的阶级属性,不断扩大党的阶级基础和群众基础

任何政党都有其阶级基础,代表着一定阶级的利益与意志。如前所述,建党时期中国共产党人反思中国现有政党,以世界大势律中国,逐步明确建党方向,即要建立一个像列宁领导的那样的布尔什维克党,即无产阶级政党。那么,基于马克思主义的建党原则,工人阶级中的先进分子应为无产阶级政党组成成分中主要的、大量的来源。

事实是,中共一大召开前的50余名早期党员,除武汉共产党早期组织成员郑凯卿是文华书院的工友外,其他几乎都是有产阶级的知识分子。但这并不能否定中国共产党工人阶级先锋队的性质。首先,由掌握了科学社会主义理论的知识分子在无产阶级政党创建过程中发挥主导作用,这是合乎规律的且是世界其他国家无产阶级政党创建的惯例。这是因为,囿于自身阶级地位和现实境况,"工人本来也不可能有社会民主主义的意识。这种意识只能从外面灌输进去"[①]。那么,由谁来产生这种意识,又由谁去灌输呢?列宁又指出:社会主义学说"是从有产阶级的有教

[①]《列宁选集》第一卷,人民出版社2012年版,第317页。

养的人即知识分子创造的哲学理论、历史理论和经济理论中发展起来"①。也就是说，"有教养"的知识分子群体的出现是无产阶级政党产生的桥梁和纽带，科学社会主义理论由其产生、由其传播、由其灌输于工人阶级。因此，并不能以社会成分否定中国共产党的无产阶级属性。其次，这些革命的知识分子，在掌握、传播马克思主义，在与工人运动相结合的过程中，思想情感与阶级立场逐渐发生转化。他们抛弃了原有的社会阶层，不再以有产阶级知识分子的身份进行活动，从事的也不是与工人阶级毫无关系的单纯的、孤立的知识讲学活动，而是自觉其政治身份与政治责任，以工人阶级的先觉者身份投身共产主义革命活动。因此，学理上的依据与事实上的应然都决定了中国共产党是工人阶级的先锋队组织，代表着无产阶级的利益与意志。

鉴于党的成员主要是知识分子，中国共产党人也注意到从工人阶级中吸收优秀分子加入党组织的重要性，力求把党的基础建立在无产阶级之上。党的一大纲领提出，要把工农劳动者和士兵组织起来；第一个决议对如何教育宣传、组织动员工人作出明确要求。②中共一大结束后，在党中央给共产国际的报告中也提到，要集中全部精力组织工人，并施以共产主义教育，从而把真正可靠的同志吸收进来。③中共二大召开前夕，在由陈独秀签署的给共产国际的报告中，将多吸收工人党员，力求占到党员总数的一半以上作为党务工作的重要目标。④党的二大通过的第一部党章还力求简化工人入党程序，不同于一般党员入党需经地方执行委员会、区执行委员会以及中央执行委员会的逐级审查，工人入党只须经地方执行委员会承认并报告给区执行委员会及中央执行委员会即可。⑤为此，李

①《列宁选集》第一卷，人民出版社2012年版，第317—318页。

② 参见中共中央文献研究室、中央档案馆编：《建党以来重要文献选编》第一册，中央文献出版社2011年版，第1、4—5页。

③ 参见中共中央文献研究室、中央档案馆编：《建党以来重要文献选编》第一册，中央文献出版社2011年版，第24页。

④ 参见孙武霞、许俊基编：《共产国际与中国革命资料选辑(1919—1924)》，人民出版社1985年版，第165页。

⑤ 参见中共中央文献研究室、中央档案馆编：《建党以来重要文献选编》第一册，中央文献出版社2011年版，第164页。

大钊、邓中夏等先驱者积极寻求工人阶级的先进分子,对其施加教育与影响,京奉铁路唐山制造厂的邓培、长辛店铁路机厂的史文彬、津浦铁路的王荷波、京汉铁路的林祥谦、武昌模范大工厂的项英等人,成为中国最早的一批工人党员。尽管此时工人阶级出身的党员仍未成为党员构成中的主体,如中共二大召开前夕,已有工人党员21人,占党员总数的10.7%,但一个不能忽视的事实是,这些工人党员在加入党组织之前大多是工人领袖,如邓培曾是京奉铁路唐山制造厂工会委员长;王荷波曾任南京浦镇机厂工会会长;史文彬曾在五四反帝爱国运动中担任长辛店各界救国联合会委员,还曾任救国十人团团长,赴北京参加声援山东惨案的请愿大会;项英曾领导武昌模范大工厂纺织工人开展罢工斗争,这亦是武汉纺织工人的首次罢工。这些工人领袖出身工人,深受工人信赖,在他们的组织和影响作用下,更多工人群众向党组织靠拢。这为后期改善党员队伍构成、提升工人党员比例、保证党组织的纯洁性奠定了基础。注重吸收工人党员,这是早期中共确保自身能够真正成为无产阶级先锋队的必然步骤。

与此同时,随着对社会性质、革命性质、革命任务等基本问题看法的改变,中国共产党人还意识到中国无产阶级只占中国全部人口的很少比例,如若实行关门主义,只凭无产阶级的孤军奋战,不可能推翻帝国主义和封建主义的统治。要承担起民族民主革命的领导责任,完成反帝反封建的革命任务,中国共产党就要深入到群众中组成一个大的群众党。为此,早期中共向能够主动抛弃其原有阶级立场,信奉马克思主义,拥护党的纲领和政策,并愿为共产主义革命事业矢志奋斗的社会各阶层中的优秀分子敞开大门,争取一切可能的同盟者,努力扩大党的阶级基础和群众基础。那么,谁"最有革命精神"?受压迫的劳苦群众是富有革命精神的。党的二大宣言对中国社会各阶级进行了质性分析,指出三万万的农民是革命中的最大要素,其中自耕农、佃农以及农业雇工至少占农民群体的95%。要想除去穷困与痛苦,唯有起来和工人阶级握手革命。作为世界资本主义侵入中国的中间物,新兴的资产阶级是幼稚的,是不可能通过自由竞争和自由发展而取得独立地位的。要想免除被压迫之境地,就要起来和世界资本帝国主义开展斗争。在外国商品的倾销下,手工业者、小店主、小雇主也日趋贫困、日趋无产阶级化,这些群体都是革命队伍的一部分。[①]在民主的联合战线决议案中,早期中共进一步指出,要组建一个集合工会、农民团体、商人团体、教职员联合会、学生会、妇女参政同盟团体、律师公会、新闻记者团体等在内的"民主主义大同盟"。[②]建设群众性的大党,吸收一切革命势力参加民族民主革命斗争,并不是对中国共产党阶级属性的否定,而是党坚实自身社会基础、建构广泛群众基础的重要内容。这表明,中国共产党不仅是工人阶级的先锋队组织,更是广大受剥削受压迫的中国人民的先锋队组织。

(二)准确定位党的价值逻辑,自觉党员政治身份与政治责任

政党政治目标的确立、政治纲领以及组织原则的制定、政治活动的开展,都是在自身特定的政党价值观引领下展开的。其中"为谁服务"是一个政党确立什么样的价值观的核心和精髓。无产阶级政党以马克思主义为指导思想与行动指南,作为历史唯物主义立场标识的群众史观参与构筑了无产阶级政党的基本价值遵循,即要为绝大多数人谋利益。

从党的一大纲领中规定以社会革命为政策的主要目的,到第一个对时局的主张中提出为无产阶级奋斗、为无产阶级革命,再到党的二大上重申要为无产阶级的利益而奋斗,在马克思主义的理论指引下,早期中共结合自身所处社会历史条件以及革命实践,为最广大人民群众的根本利益而奋斗成为中国共产党的核心价值观。这一核心价值观的确立蕴含着党处理同人民群众关系的三重意涵:

其一,中国共产党以人民群众的利益实现与需求满足为价值旨归。一方面,中国共产党所追求的不是某一群体、一时的、局部的利益,而是最广大人民群众整体的、长远的、根本的利益。这一思想在中国共产党人对工

[①] 参见中共中央文献研究室、中央档案馆编:《建党以来重要文献选编》第一册,中央文献出版社2011年版,第131—132页。

[②] 参见中共中央文献研究室、中央档案馆编:《建党以来重要文献选编》第一册,中央文献出版社2011年版,第140页。

人阶级的教育宣传与组织动员中有着直接的体现。如1921年,毛泽东在湖南劳工会成立一周年之际,撰写《所希望于劳工会的》一文,文中强调劳工组织的目的不仅在于要以罢工的方式增加工资、缩短工时,更重要的是要养成无产阶级的阶级自觉,以全阶级的大团结来谋取阶级的根本利益。①又如1922年,针对津浦路司机傅长工无缘无故被开除的控诉,王尽美在《山东劳动周刊》上号召全体工友赶快觉悟,不仅要为自己争人格,更要为大家谋利益。②这就意味着,共产党带领无产阶级所要争取的不是少数人的利害,而是"要使人人都得其所","不许一人逾其分"的整体利益;③不是一时的经济改良、生活改善,而是要与资本家展开斗争,获得政权并由工农群众掌握政权,从而从根本上帮助无产阶级摆脱剥削与压迫,获得彻底解放,实现真正的自由与发展。另一方面,中国共产党除了工人阶级和广大人民群众的利益,从来没有自己的私利,也就是说,中国共产党没有异于无产阶级利益的利益。"共产党所逐的利,营的私,并非共产党人一己的利一己的私,乃是适于全劳动界的利、的私"④。建党时期的中国共产党人是党的具象化存在,从中国共产党人对自身政治身份的认同中,亦可以窥见中国共产党是没有任何自己的特殊利益。他们曾指出,有觉悟的知识阶级当前所处的地位是"运动劳动的运动"⑤,要与劳动界携手,而不能置身于劳动运动之外。"共产党的人必须是劳动阶级或同化于劳动阶级的。……必须了然于同阶级人彼此利害的共同,且认除此共同的利害,别无利害。"⑥这就是说,共产党人是劳动阶级的一部分,与劳动阶级的利益是一致的。这些认识成为全心全意为人民服务这一根本宗旨的早期表达。

其二,中国共产党自觉把自己视为人民群众利益实现与需求满足的工具,这是与资产阶级政党的显著区别。作为资本主义代议政治的产物,政党争取群众的真实意图在于夺取、掌握、巩固政权,以维护特定阶级的

---

① 参见《毛泽东文集》第一卷,人民出版社1993年版,第6页。
② 参见孟醒:《谁主沉浮》,人民出版社2009年版,第7页。
③《张申府文集》第1卷,河北人民出版社2005年版,第50页。
④《张申府文集》第1卷,河北人民出版社2005年版,第45页。
⑤《谭平山文集》编辑组编:《谭平山文集》,人民出版社1986年版,第191页。
⑥《张申府文集》第1卷,河北人民出版社2005年版,第50页。

利益和需求。也就是说，群众是政党满足其政治目的的手段和工具，是捞取政治利益的资源或是筹码。相反，无产阶级政党的职责与使命是要维护人民群众的根本利益，它以纲领、政策、决议等是否与群众相适应，是否满足群众的需要来检验自身政策的有效性，同时努力将群众诉求上升为党的革命斗争目标与任务。在这一过程中，人民群众是政党一切活动的价值旨归，而政党是人民利益获得与实现的工具。对此，中国共产党人也有着深刻认识。1922年，高君宇在听了江亢虎的讲演之后，批驳了其认为的俄国不是无产阶级专政，而是五十万共产党人对"一万万"人民的专政这一错误论调，旗帜鲜明地指出："共产党就是替工人阶级做事的政党"①。同年高君宇、张太雷借鉴印度革命运动的经验教训，且专门研究了由印度革命新分子中的社会主义者所提出的国民革命纲领，进而提出革命党是要"为了群众利益而革命——非为了革命来找群众"②的。旅欧早期共产主义者在探讨建党思想时也指出，一个公开的、强有力、极有训练、万众一心的共产党是劳动阶级的代表、是劳动阶级的先驱。③中国共产党人的这些认识，点明了无产阶级政党的工具性，即中国共产党是无产阶级革命运动的先锋队、指导者，担负着彻底改造中国社会、彻底解放中国无产阶级和广大人民群众的历史重任。

其三，中国共产党认识到，只有在为人民群众谋利益的过程中无产阶级政党才能彰显自身价值，否则，政党就会失去活力、失去其存在的意义。这是因为，任何群体都要维持群体生存与发展的利益，而这一群体利益是否得到满足与实现，关乎群体对政党的政治态度和认可程度，进而影响组织的存续与发展。列宁基于苏俄革命和建设的实践经验，曾对无产阶级政党对群众这种倚赖的政治关系做过阐述，他强调："在人民群众中，我们毕竟是沧海一粟，只有我们正确地表达人民的想法，我们才能管理。否则共产党就不能率领无产阶级，而无产阶级就不能率领群众，整个机器就要

---

① 《高君宇文集》，人民出版社2011年版，第62页。
② 《高君宇文集》，人民出版社2011年版，第86页。
③ 参见《胡适等之政治主张与我们》，《少年》1922年第2期。

散架。"①在党的二大通过的共产党组织章程决议案中,早期中共指出自己不是知识分子所组成的马克思主义研究组织,也不是脱离群众的空想社会团体,而是一个为无产阶级利益而奋斗且革命运动离不开群众的群众党。②革命组织作为革命势力的先锋军,如果不旗帜鲜明地彰显为群众利益而奋斗,是无法召集群众势力的,是无法引起群众"亲切的了解和感发"的。"惟有亲切于群众利益的革命党,才不会在革命的群众前落伍!"为了群众利益而奋斗,这是"革命的立脚"所在。③早期中共的这些认识表明,他们已经关注到,无产阶级以及其他深受剥削与压迫的人民群众是建党初期党的阶级基础和群众基础,是党的根基所在。只有以人民的利益为利益,时刻以人民利益的维护和实现为党的一切实践活动的出发点和落脚点,才能不断得到人民的拥护与支持,永葆生机与活力。这是一种良性循环的政治互动,即党维护人民利益,人民支持拥护党,党日益扩大自身的组织基础与社会影响力,进而人民利益的维护与实现就有了更加坚实的组织保障,这种政治互动推动忠诚为民的崇高价值追求落地有声。

二、明了"为了谁",实质性关照工农权益

建立一个群众的党,仅仅树立为民情怀、宣传有利于群众的理论与主张是远远不够的,还必须从行动上、事实上为民众谋取实际的利益。那么,这里的"人民"到底是哪些群体? 为了这些群体的何种利益而奋斗? 如何为这些群体的利益奋斗? 只有厘清这些问题,才能鲜明呈现中国共产党人是如何淬炼了不负人民的伟大建党精神。

(一)正确认识"人民"范畴,明确不负人民的价值所指

"不负人民"的主体已明确,那么,作为客体指向的"人民"到底是哪些人? 只有正确认识和明确"人民"的范畴,才能让中国共产党人"不负人

---

① 《列宁选集》第四卷,人民出版社2012年版,第695页。

② 参见中共中央文献研究室、中央档案馆编:《建党以来重要文献选编(1921—1949)》第一册,中央文献出版社2011年版,第162—163页。

③ 参见《高君宇文集》,人民出版社2011年版,第92页。

民"这一崇高情怀更加象化。"人民"是中国共产党的核心政治话语,中国共产党创建时期,中国共产党人基于马克思主义的原理阐释、共产国际的话语体系以及中国社会的现实语境,不断建构"人民"这一概念的丰富内涵,形成了中国共产党话语体系中"人民"的最初样态。

首先,什么样的群体可以界定为"人民"呢? 这里涉及厘定"人民"的依据问题。在马克思、恩格斯看来,不能无差别地、笼统地使用"人民"这一概念,不能"用它来抹杀各个阶级之间的差别,而是用它来概括那些能够把革命进行到底的一定的成分"①。因此,《共产党宣言》提出"全世界无产者,联合起来"的口号;从阶级的视角重新言说巴黎公社,认为"它实质上是工人阶级的政府"②。马克思、恩格斯在定义"人民"概念时凸显了鲜明的阶级性。在此基础上,列宁形成"劳动人民""被剥削的劳动群众"等基本概念。以人们的社会经济地位判定其阶级属性及其人民身份,这是马克思主义经典作家界定"人民"范畴的基本出发点。

对于"人民"群体的界定标准,中国共产党人与马克思主义经典作家的理解是一致的。他们逐一分析了中国社会各阶级阶层的经济状况。中国资产阶级外受外国资本的倾轧、内受封建军阀官僚的诛求,"简直没有发展的希望";"小工厂主小商人"由于外国资本主义的商品倾销以及大资本的挤压,"渐次坠入了无产阶级";手工业工人在机器化大生产的时代背景下被驱逐,"大半流为失业游民";农民因物价上涨,难以维持生计,"渐次将自种地卖给地主";而无产阶级和半无产阶级则在连年的军阀混战中甚至丧命。③即便是中产之家,"能自给其生活,教养其子女,而不感穷困者"④亦寥寥无几。在中国共产党人看来,这样饱受国际帝国主义以及本国封建军阀剥削与压迫的群体是"人民"。第一次劳动大会发表的宣言,号召"全世界劳动者和被压迫人民联合起来";党的第一个对于时局的主

---

① 《列宁选集》第一卷,人民出版社2012年版,第636页。
② 《马克思恩格斯文集》第三卷,人民出版社2009年版,第158页。
③ 参见中共中央党史和文献研究院、中央档案馆编:《中国共产党重要文献汇编(1922年)》第二卷,人民出版社2022年版,第151—152页。
④ 《蔡和森文集》上,人民出版社2013年版,第82—83页。

张指出,中国人民"受了外来的政治力经济力压迫";党的二大宣言提出,帝国主义列强的协同侵略使"中国人民是倒悬于他们欲壑无底的巨吻中间"。①也就是说,经济地位成为中国共产党人判断"人民"群体的依据。

那么,哪些群体属于"人民"的范围呢? 马克思、恩格斯实现了对资产阶级人民话语的颠覆,"人民"不再是抽象的存在,而是与资产阶级相对立的无产阶级。当然,这并不意味着只强调无产阶级而排斥更广泛的人民,如《共产党宣言》鲜明指出无产阶级运动的人民利益方向,蕴含着人民话语的思想因子。列宁将农民与工人阶级相提并论,进一步丰富和拓展了"人民"的内涵和外延。这些认识是中国共产党人在界定"人民"范畴时的逻辑起点。

以俄为师的中国共产党的先驱们,尝试运用马克思列宁主义的"人民"概念来观察、审视中国革命的主体力量来源。他们抛弃了民国初年的"国民"概念,批评西方资产阶级话语体系中"人民"的超阶级含义,认为西方民主政治对"人民"的定义"很是暧昧,很是含混",是在"僭用'人民'的名义以欺人"。②如陈独秀在与区声白讨论无政府主义以公众意见代替法律时,就曾提及在"人民到底是些什么人多少人"这些问题不确定的情况下,"野心家烂仔都可随时以人民的名义修改于自己不便的法律"。③缺乏生产资料与自由,饱受剥削与压迫的工人阶级自然属于"人民"范畴。在此基础上,中国共产党人基于中国阶级成分复杂的实际情况以及革命任务的实际需要,积极推动"人民"概念的本土化转换。如1919年,李大钊号召中国青年向俄罗斯青年一样深入农村,因为"中国是一个农国,大多数的劳工阶级就是那些农民"④。将农民阶级划入"无产阶级",这就拓展了"人民"的内涵与外延。又如,毛泽东在《民众的大联合》一文中指出,"农夫,工人,学生,女子,小学教师,警察,车夫"等群体在剥削与压迫下是

---

① 中共中央党史和文献研究院、中央档案馆编:《中国共产党重要文献汇编(1922年)》第二卷,人民出版社2022年版,第114、150、217页。
② 中国李大钊研究会编注:《李大钊全集》第四卷,人民出版社2013年版,第103—104页。
③《陈独秀文集》第二卷,人民出版社2013年版,第199页。
④ 中国李大钊研究会编注:《李大钊全集》第二卷,人民出版社2013年版,第422—423页。

"一片哀声"，①他们都是"民众"的范畴。1920年领导湖南运动时，他明确"最大多数人民"是"种田的农人""做工的工人""转运贸易的商人""殷勤向学的学生""其他不管闲事的老人及小孩子"。②工人、农民、学生构成了毛泽东早期"人民"概念的共同成分。再如，1921年，在给陈独秀的信中，蔡和森基于马克思主义的阶级分析方法，认定"中国完全是个无产阶级的国"。蔡和森的这一判断意味着除了"极少数的军阀、财阀、资本家以外"，都是"人民"的范围。③尽管中国共产党人对"人民"概念具体指向的界定不尽相同，但在阶级分析理论的指导下，对其具体成分的认定渐趋一致。1922年6月的《中国共产党对于时局的主张》一文指出，中国人民不能脱离帝国主义以及本国封建军阀加在其身上的痛苦，后又陈述了中国实业家、小工厂主小商人、手工业工人、农民、工人等群体在上述双重势力压迫下的悲惨处境。即使其未明确指明但隐含着这些群体是属于"人民"范畴的。及至党的二大，宣言中已明确指出中国人民的范畴是资产阶级、工人和农民。将民族资产阶级纳入"人民"的范畴之中，这是中国共产党人对马克思列宁主义关于"人民"概念的重大创造，是从中国革命性质与目标任务出发作出的适宜判断。建党时期中国共产党人建构了以农民、工人等为主要涵盖对象的"人民"范畴。

当然，"人民"是一个历史范畴，随着党在各个历史时期面临历史任务的不同以及中国社会各阶级阶层的变化，党对"人民"群体的界定标准不断变化，经济地位、政治倾向抑或阶级性、民族性等都是厘定依据。故此，不同历史时期"人民"的内涵与外延不尽相同。由于对马克思主义的理解还不够深入、对中国国情的把握和认知还不够全面，中国共产党人所建构的"人民"概念不可避免地具有时代局限性。但不可否认的是，由社会经济地位决定的以工农为核心的"人民"指涉对象的确立，彰显了无产阶级

---

① 中共中央文献研究室、中共湖南省委《毛泽东早期文稿》编辑组编：《毛泽东早期文稿（1912—1920）》，湖南人民出版社2013年版，第345页。

② 中共中央文献研究室、中共湖南省委《毛泽东早期文稿》编辑组编：《毛泽东早期文稿（1912—1920）》，湖南人民出版社2013年版，第458页。

③ 参见《蔡和森文集》上，人民出版社2013年版，第82—83页。

政党的性质和根本宗旨,促使中国共产党人不断明了为谁革命、为谁而奋斗,并成为党在不同历史阶段调整与完善的"人民"概念的文本基础和逻辑主线。

(二)想工农之所想,切实维护工农现实利益

建党时期中国共产党人不仅厘定了以工农为核心的"人民"范畴,更重要的是在实际的政治实践中切实地为工农群众谋取事实上的利益。应该说,不同时期人民群众的利益与需求是历史的、具体的。中国共产党人从20世纪20年代工农群众的现实状况和目前利益出发,着手改善工农状况。

近代以来的中国工人阶级承受着极为残酷的剥削与压榨,经济困窘。与同行业的国内外工人工资存在巨大悬殊,就是外国资本在中国开设的企业中,同样的工作也不能得到同等的工资,如在香港的外国海员工资是中国海员的五倍。即使是这样微薄的工资收入,还要被中外资本家以各种名目的罚款、"存工"、储蓄等形式进行盘剥。工人生活的窘迫可想而知,如当时开滦矿工的住房条件极差,"讲究的猪窝,也比他好"①。因此,这种不堪忍受的生活情形决定了中国工人群体最紧急、最切要的利益诉求就是要摆脱赤贫与饥饿,寻求经济待遇的改良。与此同时,工人的政治自由与权利深受践踏。如选举权是公民基本的政治权利之一,但中华民国颁布的选举法有着年龄、性别、受教育程度、财产状况等诸多限制,这无疑是事实上剥夺了广大工人阶级的选举权。再如,罢工是工人阶级维护自身权益的重要手段,但1914年北洋政府制定的《治安警察条例》严厉禁止一切工人的结会及行动,且对罢工的组织者和参与者给予残暴镇压。工人在由资本家主导的各种厂规、矿约的制约下,饱受压迫和苛待,时常遭受鞭笞等体罚,人身权利毫无保障。

经济上"争生存"、政治上"争自由""争人格",成为当时工人群体的共同诉求。对此,中国共产党人有着清醒的认识,切实开展了维护工人现时

---

① 陈独秀主编:《红藏 进步期刊总汇(1915—1949)新青年 11》,湘潭大学出版社2014年版,第209—210页。

权益的斗争。党的一大后,中国劳动组合书记部及其各地分部即组织领导罢工斗争,如在1921年10月的粤汉铁路武长段工人罢工中,武汉分部的林育南、施洋指导罢工工人提出"改良待遇的十五条件",后为避免罢工后资本家借机报复,又指示工人代表提出不得因罢工开除工人、增添开除工人不得由总管擅专,须经得职工联合会分会领袖同意等条件,军阀当局对此一概应允。1921年12月的汉口人力车夫工人罢工,施洋等亲自参与起草罢工宣言和各种传单,提出打消加租议案、允许成立车夫工会等议解条件,罢工坚持7日,取得完全胜利。在中国共产党领导或参与的上海英美烟厂工人罢工、陇海铁路工人罢工,都提出了类似的利益诉求并取得斗争胜利。这些工运实践表明,中国共产党人在指导工人斗争过程中既提出了经济改善的要求,又注重成立工会组织并要求得到北洋军阀以及资方认可。因为工会是保护工人阶级切身利益并为工人利益而奋斗的战斗团体,成立工会组织并要求对其存在合法性予以认同,这是当时中国共产党人对北洋军阀禁止同盟罢工、禁止工人结社等规定事实上的反击,是为工人阶级争取政治自由的重要步骤。

党成立后一年间的斗争实践,促使早期中共对工人权益的认识更加全面、具体。党的第一个对时局的主张、党的二大宣言以及通过的工会运动与共产党决议案、党对目前实际问题之计划以及劳动立法运动等,都对工运作出了更为务实、具体的方针政策。其中对工人权益的维护呈现生存权益与发展权益的双重兼顾,即不仅对工人的工作待遇、工作时长、工作环境等提出明确目标要求,还努力为工人争取劳动保险、劳动实习教育、劳动管理等发展权益。对工人权益的维护还呈现改良生活的经济权益维护与反对封建军阀争取政治自由的政治权益保障同时并提的特点。如1922年9月的粤汉铁路罢工宣言公开喊出"解除压迫""维持团体""改良生活""增高人格""为生存而奋斗,为人格而奋斗"的口号。安源路矿工人提出17项罢工条件,不仅有改良待遇、增加工资之生存性诉求,还有对工人休假制度、工会建设等发展性诉求;除了经济权益,还提出工会有代表工人向路矿两局交涉之权。经过5日斗争,迫使当局签订13条协议,工人获得许多不曾有过的直接利益,罢工取得完全胜利。中国共产党人还通过改组和健全工会组织、打破包工制、创办工人消费合作社这一工人利益自卫组织等方式巩固罢工成果,为工人争得实际权益。从中可以看出,党维护工人阶级的权益进一步细化,努力实现工人目前利益的满足与实现。

不可否认,建党初期,开展工人运动、维护工人权益是党的重点工作。但还有一部分中国共产党人,他们将目光转向农村和农民,开始深入农村,以实际举措维护农民权益。那么,农民的利益需要是什么?千百年来,农民虽是作为从事实际生产的主要阶级,但没有一天不是在饥饿、压迫与无智中度过的,因此要为农民争取政治、经济以及社会权益。正如《海丰总农会临时章程》所提出的农会纲领:"图农民生活之改造。图农业之发展。图农民之自治。图农民教育之普及。"①

其一,敢于向封建剥削制度挑战,在一定程度上减轻农民经济负担。在沈玄庐等中国共产党人的领导下,萧山县衙前村农民协会领导本村会员开展平籴米价、减租缓税的斗争,提出"减租四折"的要求。后经多方协商,地主被迫同意按六折交租。彭湃领导的赤山农会针对地主加租易佃的行为定出条例,规定农会会员不得在未经农会批准的情况下认耕这些易佃耕地,农会会员如若被地主加租强行收回耕地,农会会设法援助。这就使得地主的加租行为受到抑制,不敢随意对农会会员进行加租。及至海丰总农会成立后,虽然农会章程没有明确提出阶级斗争的口号,但并不是说彭湃等先驱者没有意识到要开展反封建剥削的斗争,而是当时采取了一种内外有别的宣传口号和斗争策略,对内的口号是"减租",并清醒认识到当时开展减租斗争条件仍不够成熟,提出预备经过五年的训练后实行,为后期减租运动的开展做好了思想动员。其二,开办农民学校,增进农民智识。在沈玄庐的支持下,宣中华、杨之华等人兴办衙前农村小学,控诉有产阶级对无产者受教育权的剥夺,免费接收农民子弟入学,向旧的教育制度宣战。学校不仅教授文化知识,还向农民开展阶级教育,宣传减租减息、抗捐抗税。海丰总农会打出"农民教育"的口号,免费教农民记

①《彭湃文集》,人民出版社2013年版,第18页。

数、写信、珠算,写饲料和农具等常用字,有了一定文化的农民既可不受地主的欺骗,又能出来为农会办事。其三,在一定程度上将乡村政治权力由绅士土豪转移至农会。如1923年初成立的海丰总农会是中国第一个县农会,总农会内设卫生部、教育部、庶务部、交际部、财政部、仲裁部、宣传部、农业部、文牍部等部门,实际上已经是农村革命政权的雏形。①总农会曾带领农民将由绅士土豪或庙祝所掌握的市场管理权、市场收入收归农会;总农会所辖农业部发动和组织农民植树造林、增加收入;总农会所辖卫生部主管农民医药房,农会会员若发生疾病,无论门诊外诊,概不收费,药费仅收取一半;总农会所辖仲裁部,致力于排解农民内部纠纷、解决诸多纠葛。这就是说,农会实际行使着乡村的政治权力,且农会实行民主集中制,农民有了参与、决定自身事宜的权利。

应当承认,当时中国共产党还处于幼年时期,对中国国情特别是工农群众与帝国主义、军阀官僚地主之间的实力差距,对工农群众的生存状况缺乏深入细致的调查研究,一些维护工农权益的主张和要求脱离于中国当时的生产力发展水平和经济条件,但中国共产党人始终秉持为崇高理想奋斗与"诚恳与永恒地为劳动群众"②利益奋斗相一致的坚定信念,坚持完成党的任务与实现人民群众利益相一致的执着行动,不断改善工农状况,不断为人民造福。

三、明确"依靠谁",实践中践行群众路线

不负人民,不仅仅是单向的为民呼、为民谋,更重要的是焕发人民群众的主体意识和主动革命精神,在维护和实现自身政治权利和经济要求、在争取民族解放的斗争过程中躬亲入局、主动担当。那么,人民群众重要吗?在社会历史发展进程中是什么样的地位?早期中共首先从思想认识上阐释了人民的主体地位,进而在斗争实践中引领人民群众走到历史舞台中央,彰显主体价值。

---

① 参见广州农民运动讲习所旧址纪念馆编:《广东农民运动资料选编》,人民出版社1986年版,第600页。

② 《高君宇文集》,人民出版社2011年版,第194页。

(一)科学判断与凸显人民主体地位,推动人民群众从社会边缘化状态走到历史前台

人民群众是推动人类历史发展的决定性力量,这是历史唯物主义的基本命题。然而长期以来,中国人民在政治上没有任何民主自由,处于失声状态。在很大程度上,这是封建君主专制制度长期束缚与封建思想禁锢的结果。统治者禁止人们谈论国家政治问题,如"在茶馆或是饭馆里,常常碰到'莫谈国事'的告示"①。人民群体的思想与活动受到极大限制,普遍在政治上缺乏感觉力与组织力,人民群体的力量鲜为人们所感知与认可。

然而,俄国十月革命成功后平民政权的建立,带给中国先进分子以觉醒,他们认识到,不是只有官僚政客等上层社会力量才能够左右国家与民族的前途,被动员起来的下层民众亦可以影响历史的方向与进程。那么,中国民众有这样的力量吗? 五四运动从最初的知识分子的呐喊,到6月5日三罢斗争局面的形成,再到6月10日曹、章、陆被罢免,6月28日拒签和约,这是"平民"奋起救国、人民力量的胜利。中国先进分子深感一种力量,即工人阶级这些"向来为所谓'上等社会'的老爷先生们所瞧不起"②的社会群体,投身革命洪流同样可以释放出深厚的历史伟力;深感一种迫切,即开展民众运动与动员民众力量的重要性。即是说,深受剥削与压迫的底层民众要想获得真正的解放与自由,唯有依靠自己的力量。毛泽东在《民众的大联合》中指出:"陆荣廷的子弹,永世打不到曹汝霖等一班奸人,我们起而一呼,奸人就要站起身来发抖,就要舍命的飞跑"③。底层民众,特别是工人阶级这一"武器的批判"在政治斗争中显示出的现实物质力量,以及五四运动后马克思主义的广泛传播,促使中国共产党人日益清

---

① 中共中央文献研究室、中央档案馆编:《建党以来重要文献选编(1921—1949)》第一册,中央文献出版社2011年版,第8页。

② 《邓中夏全集》下册,人民出版社2014年版,第1353页。

③ 中共中央文献研究室、中共湖南省委《毛泽东早期文稿》编辑组编:《毛泽东早期文稿(1912—1920)》,湖南人民出版社2013年版,第314页。

醒地意识到底层广大民众对于革命的深刻意义，越来越清楚地认识到只有人民，才是中国革命最坚实的根基、最强大的力量、最深厚的资源，马克思主义的群众观点被认同、被推崇。

其一，突出彰显人民的权力主体地位。马克思、恩格斯指出："共产党人的最近目的是和其他一切无产阶级政党的最近目的一样的：使无产阶级形成为阶级，推翻资产阶级的统治，由无产阶级夺取政权。"①赋予无产阶级以政治权力，这是马克思主义者的一贯主张，亦是中国共产党人的政治追求。如蔡和森在给毛泽东的信中谈道："苏维埃"是无产阶级革命后的政治组织形式，要建设"工厂的""地方的""邦的以至全国的"苏维埃，且在这样的政治组织中只有工人阶级能参与其中。②这就指明了工人阶级是政治权力的主体。1920年，陈独秀对这一问题的认识也逐步清晰化、明确化。同年5月，他在上海船务栈房工界联合会发表演说，提出劳动者的觉悟分为两步，第一步要求经济待遇的改良为"讨饭吃"；第二步要求管理权则为"做饭吃"，因为这一阶段的"油、盐、柴、米、菜蔬、锅、灶、碗、碟等"都掌握在工人阶级自己手里。③也就是说，只有做工的劳力者居于管理者的治人地位，他们的各项权利才得以稳固。同月，他又在南洋公学发表《我的解决中国政治方针》的演说中总结古代、现代以至将来各国政权转移的趋势，指出将来是"社会革命后第四阶级（即无产劳动阶级）执政"④。同年9月，他在《谈政治》一文中直接提出，在中国建设劳动阶级的国家为现代社会的第一需要。⑤李达在《共产党》月刊创刊号上抨击资产阶级的民主政治、代议政治都是资本家用来欺骗劳动者的，与劳动阶级无关。马克思主义者的信条就是"一切生产工具都归生产劳动者所有，一切权都归劳动者执掌"⑥。不仅如此，中国共产党人还把这种权力主体意识传递给劳工阶级，如1921年毛泽东在湖南劳工会成立周年纪念时发表文

①《共产党宣言》，人民出版社2018年版，第41页。

②参见《蔡和森文集》上，人民出版社2013年版，第56—57页。

③《陈独秀文集》第二卷，人民出版社2013年版，第11页。

④《陈独秀文集》第二卷，人民出版社2013年版，第23页。

⑤参见《陈独秀文集》第二卷，人民出版社2013年版，第39—40页。

⑥汪信砚主编：《李达全集》第一卷，人民出版社2016年版，第28页。

章,高呼:"全世界都是劳动者的!"①

"劳农主义""无产阶级的平民政治""劳工专政""劳动阶级专政"等,开始成为中国共产党人对于建设一个什么样的国家,以及由谁来掌握、行使国家权力这一问题的回答。尽管对无产阶级专政这一思想的提法各有不同,且仅限于理论研究与阐释阶段,但以工人、农民等劳动阶级为主体的人民是政治权力的所有者这一重大政治命题的提出,是中国以往未曾有过的。

其二,尊重人民的实践主体地位。人民是政治权力的行使主体,那么,由谁将这一权力移交到人民手中呢? 马克思、恩格斯指出:"历史活动是群众的活动"②。列宁认为:"生气勃勃的创造性的社会主义是由人民群众自己创立的"③。这就是说,要尊重人民群众的历史主体作用,承认人民群众是历史的创造者。五四运动后,中国的先进分子逐渐认识到,上层的社会力量微不足道,只有到下层社会寻找推动中国革命发展的真正力量,只有将人民群众中蕴藏的力量释放出来,才会产生惊天动地、无坚不摧的历史伟力。在李大钊看来,"一切过去的历史,都是靠我们本身具有的人力创造"④,将来的历史亦是如此。陈独秀形象地将做工的人比作台柱子,认为他们才是"最有用最贵重"⑤的。五四运动左翼骨干更是在运动中对人民群众的内在力量有着切身的体悟。毛泽东指出,摧陷和廓清社会腐朽、民族颓败的责任不在少数官僚政客武人,而在于全国人民的努力,如此才能将其连根拔起。⑥虽然此时的毛泽东还没有完全站到马克思主义的立场,而是在号召人民开展自治运动,但对民众的重视与组织表明他已经开始不自觉地运用马克思主义唯物史观开展革命活动。高君宇则从国家主人翁的高度概括人民群众对历史发展的巨大作用,指出主

---

① 《毛泽东文集》第一卷,人民出版社1993年版,第7页。
② 《马克思恩格斯文集》第一卷,人民出版社2009年版,第287页。
③ 《列宁全集》第33卷,人民出版社2017年版,第57页。
④ 中国李大钊研究会编注:《李大钊全集》第三卷,人民出版社2013年版,第280页。
⑤ 《陈独秀文集》第二卷,人民出版社2013年版,第10页。
⑥ 参见中共中央文献研究室、中共湖南省委《毛泽东早期文稿》编辑组编:《毛泽东早期文稿(1912—1920)》,湖南人民出版社2013年版,第438页。

人翁对于国家的一切事务都有过问的权利。①董必武、吴玉章、林伯渠等老同盟会会员从资产阶级民主主义革命道路到共产主义革命道路的转向，充分说明他们已然认清走上层革命路线，不与工农发生联系，革命会在反动势力的反扑中软弱无力、土崩瓦解。对此，吴玉章有这样回忆："总以为革命只能依靠少数知识分子职业革命家，没有看到广大人民中所蕴藏的伟大革命潜力"②，而革命的新方法就是要依靠工人阶级和下层民众。

从被视为最无用、下贱的人到推动人类社会发展的最有力的阶级，从被漠视到受到高扬与讴歌，中国共产党人基于马克思主义群众史观以及中国社会阶级状况实际，高度肯定了人民群众在推动中国革命发展、推进社会进步中的主体作用。

（二）发挥人民主体价值，使得曾经一盘散沙式的底层民众获得新生

人民群众是权力的主体、是实践的主体，其现实的政治处境、经济地位以及生活状况使得他们具有强烈的革命愿望，必然会为自身的生存权、发展权参与到革命斗争活动中来。中国共产党敏锐地捕捉到人民群众的革命诉求，组织动员民众投身共产主义革命事业，彰显人民群众主体价值。

无产阶级作为"劳苦群众中的最进步和最能战斗的部分"③，自然是中国共产党人的运动主体。在党的领导、影响与推动下，中国工人阶级实现了从自在阶级向自为阶级的转变，于1922年1月至1923年2月，掀起了中国第一次工人运动高潮，开展罢工100余次，参加人数达30万人以上。此间，与罢工同时勃兴的是工会组织的发展。在中国共产党人看来，工会是工人阶级开展阶级斗争、与资本家和反动政府斗争的机关，是罢工的组

---

① 参见《高君宇文集》，人民出版社2011年版，第45页。
② 中国社会科学院近代史研究所《近代史资料》编译室主编：《五四运动回忆录》，知识产权出版社2013年版，第9页。
③ 中共中央党史和文献研究院、中央档案馆编：《中国共产党重要文献汇编（1922年）》第二卷，人民出版社2022年版，第245页。

织者。对此,早期中共付出巨大努力,绝大多数的罢工斗争都是先组织工会然后再开展罢工的。"据不完全统计,工会组织总数已在一万个以上,会员达到八十万人以上。"①全国主要大城市、大工厂等工人聚集区,铁路、矿山等产业工人群体中大多建立了工会组织。这就意味着,中国的工人阶级不再是散沙式的存在,而是开始形成一股有组织的力量活跃于中国政治舞台。如1922年9月的安源罢工,1.3万余路矿工人参加斗争,这与中国共产党人深入细致的群众动员工作密不可分。毛泽东曾数次来安源调查,后安排李立三来此开辟工作,筹建安源路矿工人俱乐部,积极培养工人运动骨干。再如,1922年10月的开滦五矿工人罢工,5万余人坚持罢工20余天,这也是早期中共深入工人群体组织发动的结果。中共北京区委、中国劳动组合书记部北方分部曾多次向唐山地区派出干部,从"唐山工人图书馆""工余补习社"到唐山矿工人夜校"大同社",从唐山京奉路制造厂职工会到开滦五矿工人俱乐部,早期中共为开展大规模的群众性斗争准备了基础。

　　与此同时,中国共产党人亦积极引领农民投身革命活动。在浙江萧山衙前成立了中国首个新型农会组织。以衙前农民协会为榜样,萧山其他村庄以及绍兴、曹娥的几十个村庄先后建立了80个农会组织。在广东海陆丰地区,1922年7月,赤山六人农会秘密成立。农会成立后,彭湃在张妈安和林沛的带领下深入农村宣传,耐心细致地动员农民加入农会。加入农会的农民由最初每星期新加入不过2人,到9月间每日平均10人,再到10月间每日平均20人,"由赤山约而平岗约、银镇约、青湖约、河口约、西河约、公平约、旧墟约……十余约,都成立了约农会,把县城东西南北都包围起来了"。短短半年时间,至1923年初海丰总农会成立时,加入农会会员已达2万户,管辖人口10万人,占全县人口的四分之一。②

　　除了唤醒工农投入革命洪流,随着中共二大建立民主主义联合战线方针的确立,早期中共还积极动员社会各界力量投身反帝反封建的民族

---

① 沙健孙主编:《中国共产党史稿(1921—1949)》第二卷,中央文献出版社2006年版,第38页。
② 参见《彭湃文集》,人民出版社2013年版,第129、131—133页。

民主革命。如1922年,蔡和森、缪伯英、范鸿劼、高君宇等北京党组织成员发起成立了民权运动大同盟。至1923年初,该组织在全国各地成立,如贺昌在太原,袁玉冰、方志敏、赵醒侬等人在南昌都成立了民权运动大同盟。这是早期中共利用公开的群众运动的形式开展党外联合战线工作,动员社会各界人士加入反帝反封建革命斗争的有益尝试。再有,早期中共尤为注重青年力量,依托社会主义青年团,动员青年知识界开展反帝反封建斗争。例如,1922年初,在社会主义青年团的倡议和推动下,北京、上海青年学生首先发起了非基督教运动;在1923年1月的"驱彭挽蔡"斗争中,党团组织帮助青年学生认识到"驱彭""挽蔡"这些都是枝节问题,根本上是要推翻封建军阀的反动统治。也就是说,中国共产党人开始"从一般的学生运动引导青年学生到反对军阀反对帝国主义的国民运动"①。1923年二七惨案后,党团组织与北京学生联合会等团体组织领导北京千余名学生举行提灯示威游行,声讨军阀,援助工人,引领青年进一步与工农群众相结合,与反帝反封建的民族民主革命相结合。

从少数革命上层力量的孤军奋斗到真正群众力量的动员,从工农群体的发动到全国一切革命力量的联合,这是早期中共的历史性贡献。他们不仅厚植忠诚为民的情怀,在革命洪流中为人民利益计;更为重要的是,促使人民群众认识到自身的力量与价值,认识到只有奋起抗争,才能真正维护和捍卫自身权益,主体意识由此日渐觉醒。特别是工农群体在实际斗争中开始抛弃宿命论思想,不再认为政治与自己相去甚远、毫不相关,而是不断萌发阶级意识、产生行为主动。如1922年8月京汉路长辛店的工人罢工,中段和南段的工人并未参与其中,然而却得以增加工资,享受罢工胜利的条件。毫无疑问,这使全路工人深刻体悟到同阶级是利益的共同体,产生了命运与共、休戚相关的深刻认识。这就为京汉铁路工人大罢工前,全路工人不惧军阀的阻挠与破坏,也要成立总工会的坚毅行动埋下了伏笔。又如,安源路矿大罢工胜利后,在上工宣言中高呼:"从前是'工人牛马',现在是'工人万岁'",所受痛苦不可能一次解决,要继续"结

---

① 《张太雷文集》,人民出版社2013年版,第84页。

紧团体,万众一心,为我们自己权利去奋斗"①。人民群众在为自身权益而奋斗与为实现社会主义和共产主义崇高理想而奋斗的道路上日益彰显主体价值,也更加相信自己有力量,这是中国共产党人不负人民崇高价值追求的更深一层意涵。

综上,中国共产党在定位政党性质的过程中,即认识到党与人民群众之间这种休戚与共、生死相依的关系,党是最广大人民群众根本利益的代表,只有彰显人民群众利益,党才能不断巩固自身阶级基础、不断扩大自身政治影响。有了这样的思想认识前提,中国共产党人积极探索"人民"的客体所指,并在实际斗争中切实以人民利益为关照,使得忠诚为民的价值追求不再是中国共产党人思想意识深处看不见、摸不着的"抽象存在",而是更加务实与落地,转化为民众能够实际体悟到的切身利益的实现。更为可贵的是,在中国共产党人看来,人民不是历史中一味为统治力量所左右的被动存在,而是变革社会的主体力量。在宣传人民主体地位的同时中国共产党人更于实践中发挥人民的主体价值,从而引导人民群众把握历史主动。中国共产党人正是在"我是谁""为了谁""依靠谁"一系列问题的回答中,逐步淬炼了不负人民的崇高价值追求。

对党忠诚与不负人民,这是对中国共产党人党性立场的高度概括,两者从来都是一致的。中国共产党的先驱们在伟大的建党实践坚持了党性与人民性的统一,无论是对党的信仰的忠诚、对党的组织的忠诚抑或是行动中对党的方针政策路线的忠诚,都是为了能够担负改造中国的政治责任,为最广大人民群众谋利益;坚守人民立场、坚持对人民负责,代表人民、为了人民、依靠人民,在赢得人民的支持与拥护中持续不断地扩大党的政治基础、厚植合法性来源,诠释了对党的最大忠诚。忠于党、忠于人民,这是中国共产党的先驱们百余年前推进伟大建党实践的动力之源、实践归宿,亦是百余年来中国共产党能够生存、发展、壮大,发生历史性变革、取得历史性成就的关键。

---

① 长沙市革命纪念地办公室、安源路矿工人运动纪念馆编:《安源路矿工人运动史料》,湖南人民出版社1980年版,第160—161页。

第六章　伟大建党精神的历史地位与
　　　　传承弘扬

　　在"七一"讲话之前,对于建党时期中国共产党人的精神状态有过多种表述和提法。其中,红船精神的影响最大且一直被视为中国革命精神之源。在建党百年的庆祝大会上,习近平总书记对伟大建党精神的历史地位作出了科学判断,即伟大建党精神是中国共产党的精神之源。那么,伟大建党精神何以成为"精神之源",又该如何界定其与红船精神之间的关系? 作为源头的伟大建党精神,有着深厚的历史底蕴,孕育生成于百年前,当前经济社会状况都已发生巨大变化,在新时代又该如何弘扬与传承? 这些都是需要进一步厘清的问题,如此才能深刻认识伟大建党精神丰富内涵提炼的合理性、科学性、深刻性,深刻理解建党百年之际伟大建党精神提出的重大理论与现实意义。

第一节　伟大建党精神是中国共产党的精神之源

　　伟大建党精神是中国共产党的精神之源。这是习近平总书记在庆祝中国共产党成立100周年大会上对伟大建党精神历史地位作出的科学判断。回答这一源头问题,需要将伟大建党精神置于百余年来中国共产党人的精神谱系中去考量,置于民族精神的宏大视野下去审视,置于党百年奋斗的生动实践中去探讨。

一、伟大建党精神是中国共产党人精神谱系的根与魂

　　百余年来,中国共产党在创造伟大社会发展成就的同时,亦高度关注中国共产党人精神世界的培育与成长、总结与弘扬,在长期奋斗中构建起

彰显时代特征、标识政党特质的中国共产党人精神谱系。中国共产党人的精神谱系是对不同历史时期淬炼生成的党的系列精神样态的抽象概括，且是随着党的政治实践的开展不断丰富拓展的开放集合体。谱系一般指家族的代际传承与联结，而之所以能形成谱系，一是同"根"，即是有同一的先人、祖宗；二是同"魂"，即有着家族的血脉传承，家族成员内部流淌着共同的血脉基因。党的一系列伟大精神之所以能够建构起精神谱系，必有时间序列上的"源"与"根"，又有精神内核上的"本"与"魂"。伟大建党精神是中国共产党人精神孕育发展史上的第一环，彰显马克思主义政党特质与共产党人政治品格，完成了自身的整体性建构，成为中国共产党人精神谱系的根与魂。

从精神序列来看，伟大建党精神是中国共产党人精神谱系的源与根。在百余年的奋斗征程中，中国共产党人锻造熔铸了一系列伟大精神。如新民主主义革命时期的红船精神、井冈山精神，社会主义革命和建设时期的抗美援朝精神、焦裕禄精神，改革开放和社会主义现代化建设新时期的改革开放精神、特区精神，进入新时代的伟大抗疫精神、脱贫攻坚精神等。每个历史阶段培育的具体精神样态，都围绕着党在革命、建设、改革以及新时代伟大征程中的主要任务，彰显着这一时期的时代特点。也就是说，中国共产党人的精神世界与党的奋斗历程交相辉映，党的奋斗实践是连续的，这就决定了中国共产党人的精神体系不会出现分离与断裂，而是连续连贯的，在时间序列上构筑起与党的奋斗征程高度一致的精神谱系。中国共产党的创建是中国共产党的历史起点，伟大建党精神孕育产生于中国共产党的先驱们开展组党建党活动的全过程，是对整个中国共产党创建时期中国共产党人进行革命活动所体现出来的精神状态的集中概括。因此，从这个意义上来讲，伟大建党精神不是脱离于精神谱系之外的独立存在，而是中国共产党人精神谱系的第一环，实现了中国共产党人精神品格从无到有的突破。

不能忽视的是，伟大建党精神提出之前，红船精神长期以来被视为中国革命精神之源。红船精神之外再提建党精神，表明它们具有各自独立存在的价值意义。对伟大建党精神与红船精神之间的关系作一探讨与说明,才能深刻把握伟大建党精神何以成为中国共产党的精神之源。应该说,伟大建党精神与红船精神的实践指向具有同一性,两者都是以党的创建为依据,都是对中国共产党的先驱们建党活动精神状态的反映。但也要看到其中的差异性。红船精神聚焦南湖会议,南湖会议确立了党的名称,通过了党的第一个纲领和第一个决议,产生了党的中央领导机构,宣告了中国共产党的诞生。也就是说,红船精神意味着中国共产党开始出发之时的精神秉持,尤其侧重对红船起航这一历史性时刻的精神表征,是对中国共产党的诞生这一"开天辟地的大事变",中国历史从此开启新篇章的精神概括。而伟大建党精神是对这一涉及多人、覆盖多地、横跨多年的整个组党建党活动中中国共产党人风貌的集中概括。虽然红船精神的提出与阐释早于伟大建党精神,但从精神孕育生成的事实看,伟大建党精神早于红船精神。因此,从时序上来说,伟大建党精神是中国共产党精神谱系的源头。

从精神特质来看,伟大建党精神是中国共产党人精神谱系的本与魂。伟大建党精神之所以成为中国共产党人精神谱系的源头,不仅仅因其是党的伟大精神的开端,更重要的是伟大建党精神自身构成了一个逻辑严密、相互作用的有机整体,集中体现了中国共产党人的鲜明品格以及无产阶级政党特质。正如前文论及,伟大建党精神是对中国共产党的先驱们信仰信念、行为指向、实践品性与党性立场的集中概括,四个层面的基本内涵不是彼此脱节的孤立存在、不是简单地机械罗列,而是共同聚焦于伟大建党实践,完成了自身的整体性建构,即在真理的指导与理想的牵引下,锚定初心、肩负使命,在坚定意志品质的支撑下,矢志为无产阶级和人民根本利益而奋斗。这就从正面回答了中国共产党人的奋斗实践"信什么""干什么""靠什么""为了谁"等一系列问题,深刻阐明了中国共产党人的实践基石、实践指向、实践风貌以及实践归宿。换言之,伟大建党精神建构了中国共产党人鲜明的政治品格,涵盖了中国共产党作为马克思主义政党在理想信念、宗旨价值、意志品质、组织纪律、政治立场等方面的精神基因和密码。尽管一代代中国共产党人所面临的历史环境各异、所要完成的历史任务不同、所锻造的精神样态不一,但都不会超出理想信念、宗旨价值、政治立场等伟大建党精神所建构的范畴,其所蕴含的丰富内涵构建起中国共产党人精神谱系的基因与内核。

"坚持真理、坚守理想"是对中国共产党人一以贯之的马克思主义信仰以及矢志不渝的社会主义和共产主义信念的精神表征,构建起中国共产党人精神谱系的理论品格。20世纪20年代,中国的先进分子在比较鉴别中确立信仰,在广泛传播中传递信仰,在主义论争中坚守信仰,这份坚持归根到底是因为马克思主义能够解决当时中国面临的历史性课题。从此,中国共产党人始终以马克思主义作为理论武器,观察、思考、解决中国问题,且在与中国具体实际相结合、同中华优秀传统文化相结合的过程中,积极推进马克思主义中国化时代化。革命年代,中国共产党人走出了一条由从农村到城市的革命新道路,淬炼了以"坚定执着追理想"为首要特质的井冈山精神;长征途中坚持真理、修正错误,锻造了以"马克思主义基本原理同中国具体实际相结合"为鲜明特点的遵义会议精神。改革开放新时期,中国共产党人积极探索中国特色社会主义发展道路,生成了以"解放思想、实事求是"为主要特质的改革开放精神。一代又一代中国共产党人手握真理,审视中国、改造中国,在追求远大理想的过程中树起一座又一座精神丰碑。

"践行初心、担当使命"是对中国共产党人以行践知,为民族复兴与人民幸福矢志奋斗不渝的精神表征,构建起中国共产党人精神谱系的实践品格。1920年前后,中国是主权沦丧、分裂割据,人民是极端困苦、生活难以为继。救国拯民于水火是中国共产党创建之时即已明确的奋斗目标。这样的初心和使命为中国共产党人所传承并发扬。抗日战争期间,中国共产党带领中国人民进行神圣的民族解放战争,成为抗战的中流砥柱,彰显了"天下兴亡、匹夫有责的爱国情怀"。为摘掉新中国"贫油"的帽子,铁人王进喜带领石油工人发出"宁肯少活二十年,拼命也要拿下大油田"的誓言,在环境恶劣的荒原上施工作业,书写了以"为国争光、为民族争气的爱国主义精神"为核心的大庆精神。中国共产党的先驱们为国为民的初心使命穿越时空,在百余年的精神谱系中不断得到再塑和升华。

"不怕牺牲,英勇斗争"是对中国共产党人应对各种困难与风险挑战时所展现出来的意志品质的精神表征,构建起中国共产党人精神谱系的斗争品格。建党时期中国共产党人以行践知的革命实践是与帝国主义、与封建军阀的对抗与较量,唯有葆有"越是艰险越向前"的大无畏精神,才能越过激流险滩、跨过惊涛骇浪。革命年代一定有战火硝烟,建设年代亦有生死抉择。当以美国为首的"联合国军"将战火烧至中朝边界,中国人民志愿军以"钢少气多",锻造了"英勇顽强、舍生忘死的革命英雄主义精神",创造了人类战争史上的奇迹。1998年,在党的领导下,全国军民紧急行动,开展了艰苦卓绝的抗洪抢险斗争,谱写了"万众一心、众志成城,不怕困难、顽强拼搏,坚韧不拔、敢于胜利"的抗洪精神。走过百余年风雨征程,中国共产党人不畏难、不畏险的意志品质始终在血液中流淌,奏响一曲曲胜利凯歌。

"对党忠诚、不负人民"是对中国共产党人对党和人民葆有赤诚情怀的精神表征,构建起中国共产党人精神谱系的政治品格。没有这份忠诚与赤子之心,面对灵魂与肉体的双重考验,雨花英烈们就不会在被捕后依然开展狱中斗争,视死如归、坚决保守党的秘密;没有这份忠诚与赤子之心,面对来势汹汹的新冠肺炎疫情,就不会出现"我是党员我先上"的抗疫最强音;没有这份忠诚与赤子之心,就不会有脱贫攻坚战中"一个都不能少"的郑重承诺。雨花英烈们怀有"崇高理想信念、高尚道德情操、为民牺牲的大无畏精神",党和人民一道铸就"生命至上,举国同心,舍生忘死,尊重科学,命运与共"的伟大抗疫精神,"上下同心、尽锐出战、精准务实、开拓创新、攻坚克难、不负人民"的脱贫攻坚精神,这些伟大精神都深深印刻着中国共产党人的忠诚品格与人民情怀。中国共产党人内心深处的这份忠诚、这种情怀,始于建党,后亦从未缺席。

从精神序列上,伟大建党精神孕育形成于中国共产党创建之时,这是党百年征程的起点;从精神特质上,伟大建党精神建构出中国共产党人精神谱系的基因与内核,成为百余年来中国共产党人精神谱系的源头。

二、伟大建党精神是中国共产党团结带领中国人民实现精神主动的鲜明界碑

进入近代以来,中华民族从所谓的"天朝上国"的神坛跌落。为了找回逝去的时光和曾经的荣耀,实现中华民族的伟大复兴,中国人民开始以西为师,进行了执着的探索与不屈的抗争。然而,当这些探索与抗争并未改变民族沉沦的现实,救国无门的人们陷入了绝望与彷徨之中,精神上无所归依、陷入被动,甚至还产生了自卑情绪。中国共产党的诞生、伟大建党精神的孕育生成彻底改变了这一状况,成为中华民族精神复兴的新起点。

伟大建党精神重新建构了中国人民的信仰体系,重新塑造了中华民族的前途命运。近代以来,人们选择某种思想文化是以能否解决中国问题为根本导向的。中国的先进分子在俄国十月革命胜利的影响下,在五四运动的浪潮中,在试验各种改良方案均以失败而告终的情况下,认定只有革命的社会主义才能指导中国的革命斗争。这就意味着人们不再是亦步亦趋地跟随西方脚步,而是开始瞩目世界东方,以俄为师,以马克思列宁主义作为观察国家命运、分析中国社会实际的工具。同时,选择了马克思主义,就决定了必然以社会主义和共产主义为国家发展方向。中国共产党人坚持马克思主义真理,重构人们的信仰体系;坚守共产主义理想,重塑中华民族的前途命运。这就标志着中国人民的救国拯民有了科学理论的指导,有了对社会发展规律的理性洞察和自觉把握,进而重新燃起救国拯民的斗志与希望。正如毛泽东在《论人民民主专政》一文中所说:"自从中国人学会了马克思列宁主义以后,中国人在精神上就由被动转入主动。"[1]

伟大建党精神重新唤醒了中华民族血脉深处流淌着的爱国主义精神。千百年来,中华民族形成了以爱国主义为核心的民族精神。但进入近代以来,各派政治势力,从清王朝的封建统治者到北洋军阀的袁世凯及

---

[1]《毛泽东选集》第四卷,人民出版社1991年版,第1516页。

分裂后的各派军阀首领，为了各自利益充当帝国主义的统治工具，沦为其代理人，长期打压中国人民为争取民族独立、人民解放所进行的抗争，爱国主义精神受到压制，难以得到充分彰显。再加之西方资本—帝国主义为摧毁、麻痹中国人民的民族自尊心与自信心，长期宣传殖民主义奴化思想，进行文化渗透，爱国主义的精神热血被逐渐消磨。中国共产党人怀有深刻的历史自觉，矢志为中国人民谋幸福、为中华民族谋复兴。同时，他们在对中国国情理性分析的基础上，深刻揭露帝国主义与封建军阀互相勾结、祸国殃民的罪行，明确提出反帝反封建的民主革命纲领，这就让中国人民的爱国有了方向、有了行动的着力点。同时，中国共产党从其诞生之时就向世人宣告，自己是整体利益党，而且除了工人阶级和广大人民群众的利益，从来没有任何自己的私利。这与近代以来各方政治力量进行探索抗争的目的截然不同，虽然他们内心也潜藏着救国拯民、挽救神州陆沉的爱国意识，但从根本上说，无论是农民阶级还是地主阶级，抑或是资产阶级改良派、革命派，他们的目的都是为了维护少数人的利益。中国共产党彰显的爱国爱民的初心使命为人们所认可与推崇，从而中国人民愿意选择与中国共产党一道，为国为民奋斗不渝。

伟大建党精神再次激活了中国人民的斗争精神。中国人民有着敢于斗争的优良传统，这是国家与民族历经磨难而生生不息的强大精神支柱。正如陈独秀所言，我们的祖先"披荆斩棘，拓此宏疆"，"若绝无抵抗力，则已为群蛮所并吞"。①面对主权沦丧的屈辱，中国人民奋起抗争，但由于封建统治集团的腐败无能和丧权辱国，这些抗争屡遭失败，敢于斗争、敢于胜利的民族血性与民族活力被严重扼杀。1915年，陈独秀谈及当时国人的精神状态道："退缩苟安，铸为民性，腾笑万国，东邻尤肆其恶评。"他发出哀叹，国民之抵抗力，"从根断矣"。②中国共产党的诞生彻底改变了中国人民意志消沉的精神现象，中国共产党人敢于在帝国主义与北洋政府的残酷打压下高扬马克思主义和共产主义的信仰信念，坚守舆论宣传

---

① 《陈独秀文集》第一卷，人民出版社2013年版，第117页。
② 《陈独秀文集》第一卷，人民出版社2013年版，第115、117页。

阵地;敢于创建一个无产阶级政党,向现有社会制度发起挑战;敢于发动底层民众与帝国主义、封建军阀进行正面对抗,并在斗争中让民众认识自身的力量与价值。"不怕牺牲、英勇斗争"即是中国共产党人带领中国人民拼搏奋斗精神状态的生动概括,中国人民的斗争精神被再次唤醒,轰轰烈烈的第一次工人运动高潮即是最好的例证。

伟大建党精神再次唤起中国人民的历史主动精神。从战国时期孟子的"民贵君轻",到唐朝李世民的"水可载舟亦可覆舟",中国传统文化形成了以民为本的文化心理。中国共产党继承了中国传统的民本思想,但又将其提升到一个新的高度,"不负人民"中的"民"不再是与君主相对应的存在,而是历史的创造者,是推动社会发展进步的动力;"民"不再是君主维护自身统治的一种资源或工具,而是目的,中国共产党是以无产阶级和最广大人民群众的整体利益、根本利益的实现和维护为价值旨归的。这是中国共产党人对传统民本思想的创造性转化和创新性发展。基于此,长期在政治上处于失声状态的底层民众开始依靠自身力量争取自身权益,要求改变国家命运、自身命运的历史主动精神不断迸发。同时,中国共产党人为坚守初心使命彰显出的信仰忠诚、组织忠诚与行为忠诚,让人们感受到这个无产阶级政党与民国时期那些专注党私、组织涣散的政党有着根本的不同。自身的特质、对人民的尊重,使得中国共产党源源不断地获得了人民的支持与拥护,这种追随不是靠外力或强力取得的,而是对党在革命中领导地位合法性的高度认同,是一种自觉而主动的选择。

伟大建党精神虽然在中国共产党成立100周年之际被凝练概括,但其丰富内涵在中国共产党人组党建党的过程中就已孕育生成并开始重塑近现代以来中国人民和中华民族的精神体系。在伟大建党精神的引领下,中国人民重新具备了强大的精神主动性,他们以精神主动推动了历史主动,赢得了历史主动。

三、伟大建党精神是中国共产党百年奋斗取得历史性成就的精神支撑

伟大实践孕育伟大精神,伟大精神引领伟大事业。理论一经掌握群

众,就会变成推动社会发展进步的物质力量。百余年来,中国共产党带领中国人民创造历史伟业的背后,伟大奋斗是根基,伟大精神便是动力。正如习近平总书记所指出的,"唯有精神上达到一定的高度,这个民族才能在历史的洪流中屹立不倒、奋勇向前"①。伟大建党精神所内涵的坚定的理想信念、如磐的初心使命、坚强的意志品质以及崇高的政治品格,贯穿于党的百年奋斗征程之中,成为党带领中国人民取得历史性成就的精神支柱。

坚定的信仰信念是党带领中国人民取得历史性成就的精神支柱。中国共产党一经成立就旗帜鲜明地以马克思主义为指导,纵然有过教条化、经验化的马克思主义曾一度在革命进程中占据主导地位,"左"的错误、右的错误影响革命的进程,但马克思主义始终是中国共产党信奉和尊崇的科学真理。对马克思主义信仰的忠诚和坚守,始终是中国共产党人如磐的根、不变的魂。正如毛泽东所指出的:"谢谢马克思、恩格斯、列宁和斯大林,他们给了我们以武器。这武器不是机关枪,而是马克思列宁主义。"②在真理的指引下,中国共产党不仅指明了实现社会主义和共产主义的伟大奋斗目标,还指出了中国革命的对象与动力、革命的策略与手段,解决了近代以来长期斗争方向不清、革命力量难以组织等问题。当中华人民共和国成立,党带领人民实现民族独立、人民解放的历史任务,更加增进了人们对马克思主义真理性与科学性的认同与推崇。对信仰信念的不懈追求成为蕴涵于人们内心深处持久深厚的力量,进而转化为革命、建设、改革中的强大内生动力,烛照奋斗之路。

如磐的初心使命是党带领中国人民取得历史性成就的动力源泉。为人民谋幸福、为民族谋复兴、为世界谋大同的初心使命,始终激励着中国共产党人奋斗不渝。源于这份初心使命,早期共产主义者满腔热情投入中国共产党的筹备和创建工作,在帝国主义统治时代敢于在中国高扬共产主义的旗帜,向世人宣告反帝反封建的民主革命纲领;宣告革命不是为了一己私利而革命,而是为了广大人民群众的利益而革命。纵然有大革

---

① 习近平:《在纪念红军长征胜利80周年大会上的讲话》,人民出版社2016年版,第9页。
②《毛泽东选集》第四卷,人民出版社1991年版,第1469页。

命失败后的白色恐怖、第五次反"围剿"失利后的战略转移等革命低潮时期，但面对国民党统治之下，中国的社会性质依然没有改变，民族独立、人民解放的历史任务依然没有完成的社会现实，中国共产党人丹心从来系国家，点燃了井冈山的星星之火，用脚步书写革命理想高于天的壮志豪情。源于这份初心使命，新中国成立后，中国共产党领导中国人民完成社会主义改造，在占世界人口四分之一的东方大国确立了社会主义制度，实现了中国历史上最伟大最深刻的变革。源于这份初心使命，"文化大革命"结束后，果断停止以阶级斗争为纲的口号，站在新的历史起点上探索发展新路，作出改革开放的伟大决策，努力缩小中国与世界先进国家的差距，探索出一条中国特色社会主义道路。源于这份初心使命，在中国经济总量稳居世界第二、综合国力显著提升的情况下，为不断提升人民的获得感、幸福感，中国共产党始终牢记实现共同富裕这一社会主义的本质要求，梯次推进、循序渐进地开展脱贫攻坚与全面建成小康社会，取得全面胜利。源于这份初心使命，从"改造中国与世界"，到"中国应当对于人类有较大的贡献"，再到"为人类谋进步、为世界谋大同"，为人类作出更大贡献的国际担当在一代代中国共产党人手中执着接力。在这一过程中，中国共产党的国际主义精神得到彰显，世界大党形象得以塑造，为百年来历史性成就的取得提供了重要外部条件。中国共产党人在险恶的政治环境中艰苦奋斗、在生死考验中顽强奋斗、在排除万难中长期奋斗、在机遇与挑战并存的新时代合力奋斗，这一切都源自于中国共产党创建时期即深藏于中国共产党人内心深处的初心使命。

坚强的意志品质是党带领中国人民取得历史性成就的力量保证。革命年代是筚路蓝缕、生死考验。如大革命失败后数十万共产党员和革命群众被杀害；风雨如磐的长征路，同敌人进行600余次战役战斗；整个新民主主义革命时期，中国共产党先后召开七次全国代表大会，在选举产生的170名中央委员和中央候补委员中，约占总数三分之一的委员为革命献出生命。面临革命的绝境险境，正是中国共产党人视死如归、不怕牺牲的革命气节，使得中国革命历经挫折却又不断奋起、浴火重生。建设年代，虽然远离了战火销烟，但面对满目疮痍的国家，中国共产党人继续"保持过去革命战争时期的那么一股劲,那么一股革命热情,那么一种拼命精神,把革命工作做到底"①。顺利完成民主革命遗留任务,恢复发展国民经济,开展"三反""五反"运动,为社会主义革命和建设赢得了相对稳定的国内外环境。改革开放初期,党既要解决十年动乱造成的种种经济社会问题,纠正"左"倾错误,又要使党和国家从危难中重新奋起,没有逢山开路、遇水架桥的意志品质是难以开创改革开放新局面的。进入新时代,中国从未像今天这样如此接近民族复兴的伟大梦想,但党亦深知伟大复兴绝不是轻轻松松、敲锣打鼓就能实现的,所面临的风险与挑战更加纷繁复杂。中国共产党带领中国人民发扬斗争精神,取得脱贫攻坚、全面建成小康社会、疫情防控等重大胜利。百余年来,党在应对重大困难和风险挑战的过程中不仅有实力上的对垒,更有意志上的角力。中国共产党人在危机困难与矛盾冲突中始终保持顽强斗争意志,带领中国人民跨过艰难险阻、闯过荆棘险滩,促使中国发生历史性变革。

崇高的政治品格、不变的价值追求是党带领中国人民取得历史性成就的政德之基。中国共产党之所以能为历史和人民所选择,与其自身所具备的特质密不可分。与民国时期政党成员的朝秦暮楚形成鲜明对比的是,中国共产党创建初期即要求党员在思想上忠实于党的纲领政策、组织上忠实于党的纪律、行动上忠实于党的事业。政党成员忠诚于组织,很大程度上能够提高组织的凝聚力与战斗力。这就为党领导人民与强大的反动势力进行斗争提供了坚强的组织保障。随着党所处历史环境以及任务的不断变化,对党忠诚的定义和要求亦不断嬗变,如大革命失败后,不吐露党的消息、不指认同志、不出卖组织是党员"唯一的忠诚与责任"②。因此,严守党的纪律、保守党的秘密,成为政治忠诚的突出要求。再如,党执政后通过的首部党章直接提出"不隐瞒和歪曲事实真相"③,也就是说,对

　　①《毛泽东著作选读》下册,人民出版社1986年版,第800—801页。
　　② 中共中央文献研究室、中央档案馆编:《建党以来重要文献选编(1921—1949)》第五册,中央文献出版社2011年版,第793页。
　　③ 中共中央文献研究室编:《建国以来重要文献选编》第九册,中央文献出版社1994年版,第321页。

党坦白、如实反映情况成为特别要求。无论如何变化,中国共产党创建之时形成的对党忠诚要求的基本轮廓成为贯穿其中的一条红线,成为中国共产党能够始终成为人民领导核心的重要保障。与此同时,在"我是谁""为了谁""依靠谁"一系列问题的回答中,中国共产党明确了政党与群众的关系、明确了政党的价值旨归、明确了政党的力量之源,从此"不负人民"的价值立场与价值追求萦系于一代代中国共产党人的心中。尽管不同历史时期,中国共产党对"人民"概念的界定不尽相同,"人民"概念的范畴也会发生变化,但相同的是始终是以劳动者为主体的社会中的绝大数人,始终坚定人民是历史的创造者、是推动社会发展的动力。百余年来,中国共产党对人民加以组织团结和力量整合,并将自己视为人民利益与人民主体价值实现的工具,在波澜壮阔的历史征程中绘制了一幅党代表人民、为了人民、依靠人民,人民信党、爱党、为党的生动政治画卷,携手共建,铸就了彪炳千秋的历史伟业。

百年来,伟大建党精神已深深融入中国共产党人的血脉深处,而且没有随着时间的推移而褪色,其内涵的坚定的信仰信念、如磐的初心使命、坚强的意志品质以及崇高的政治品格和价值追求,始终激励全党不断奋勇向前、发展壮大,书写波澜壮阔的历史篇章。进一步讲,百年来,中国共产党团结带领中国人民所进行的一切奋斗、牺牲与创造,就是实现中华民族伟大复兴这一主题。而实现中华民族的伟大复兴是中国近代以来全部历史的主题,这个伟大梦想是承载着近代以来中华民族和中国人民整体利益的梦想。也就是说,党的百年奋斗主题与中华民族近代以来的伟大梦想是高度一致的。从这个意义上讲,伟大建党精神亦是近代以来中国取得历史性成就的精神支撑。

第二节　在新征程上传承发扬好伟大建党精神

习近平总书记在"七一"讲话中指出:"要继续弘扬光荣传统、赓续红色血脉,永远把伟大建党精神继承下去、发扬光大。"①此后,在纪念辛亥革命110周年大会、2022年春节团拜会上,习近平总书记多次就伟大建党精神传承赓续的时代价值作出深刻阐述,指出这是推进党的建设新的伟大工程,推进中华民族伟大复兴历史伟业的重要内容。那么,如何继承发扬呢? 精神要想深入人心,成为一种稳定的心理结构,大多经历了一个由了解引发理性思考与情感触动,进而产生行为自觉的过程。因此,伟大建党精神的传承赓续,要以研究阐释为基础,不断提升理性认知;要以讲述呈现为依托,让践行伟大建党精神的历史记忆被再次唤醒,让时代表达为人们所认可与推崇;要以实践养成为导向,催生践行伟大建党精神的行为自觉,从而走好新的赶考之路,确保中国共产党始终成为中国人民和中华民族事业发展的主心骨。

一、以研究阐释为基础,提升人们对伟大建党精神的理性认知

继承发扬伟大建党精神的价值向度是永葆中国共产党的先进性和纯洁性,确保中国共产党始终成为推进中国特色社会主义事业发展、引领中华民族实现伟大复兴的坚强领导核心。要想让伟大建党精神为人们所熟稔,浸润到人们的思想根部,强化学理阐释、获得理性认知是前提和基础。

在宏观层面上,这种研究阐释要积极回应人们思想上的疑惑。当前学术界从历史背景与生成条件、丰富内涵与内在结构、历史地位与历史功能、传承弘扬与时代价值等多方面进行了考察与论述,已经形成对伟大建党精神研究的整体框架,逐步构建起以伟大建党精神为核心的概念体系。同时,这种学理研究的深化还要与人们思想上的困惑点相联结,从而为传承与弘扬伟大建党精神做好思想上与心理上的准备。具体来讲,其一,系统考察伟大建党精神的形成背景,关键是要阐释清楚精神产生背后的原动力,即实现中华民族的伟大复兴这个一贯的主题。这就从根本上回答了为什么伟大建党精神是在民族沉沦、国家衰败、人民蒙难的历史困境中孕育生成的,且在百余年后仍需弘扬伟大建党精神这一思想困惑。其二,

---

① 习近平:《在庆祝中国共产党成立100周年大会上的讲话》,人民出版社2021年版,第8页。

伟大建党精神的内涵阐释

深入分析伟大建党精神的生成条件,重点是要讲清楚这一精神样态源于人们有目的的改造社会的实践,源于伟大的建党实践,如此才能让人们深刻认识到精神的孕育生成以及精神的丰富内涵不是人为设定的,不是无本之木、无源之水,而是历史的产物、实践的反映。其三,深刻理解伟大建党精神的丰富内涵和内在结构,核心是要历史地呈现中国共产党的先驱们是以什么样的思想抉择和行为选择彰显了坚定的理想信念、如磐的初心使命、"越是艰险越向前"的坚毅品质以及崇高的政治品格这些精神气质的。同时,厘清这些精神气质又是如何彼此支撑、相互作用,从而形成一个内部逻辑严密的有机统一体,这是正向回应伟大建党精神何以能够成为中国共产党精神之源的重要内容。其四,全面认识伟大建党精神的功能价值,一方面,要基于历史维度,以史实为支撑,引导人们认识到"中国共产党为什么能"背后贯穿始终的精神力量;另一方面,立足时代要求,从推进党的建设的现实需要出发,阐释清楚伟大建党精神内涵的精神气质如何能够增强党的自我净化、自我革新能力,从而使党成为中国特色社会主义事业、民族复兴伟业的领导力量。这就从历史脉络和时代需要两个维度回应了为什么伟大建党精神具有永恒价值的问题。解决了这一思想困惑,才能促使人们自觉而主动地传承与弘扬伟大建党精神。

在微观叙事层面上,对伟大建党精神的研究阐释还需从活动主体、活动地域等方面不断拓展深化。首要的是不断挖掘党的先驱者,追寻他们的奋斗足迹,从而丰富伟大建党精神的建构主体、充实伟大建党精神的建构基础。中国共产党的诞生是马克思主义科学真理同中国工人运动紧密结合的产物,而中国共产党人即是实现这一"紧密结合"的重要力量。中国共产党的创建,是他们奋力实践、探索奋斗的结果,伟大建党精神更是他们合力锻造与淬炼的精神丰碑。陈独秀、李大钊是成立全国性共产党的主要推动者,聚集在他们周围的革命青年和知识分子大多成为建党骨干,这些群体在中国共产党的创建过程中起到了不可替代的独特作用,同时亦是伟大建党精神的主要缔造者。但中国共产党的创建是一个艰辛而又辉煌、宏伟而又复杂的历史过程,将研究视阈集中于此,很难呈现中国共产党人筚路蓝缕、矢志不渝的历史全貌。本书尽可能扩大对建党时期中国共产党人的考察范围,呈现他们开天辟地、奠基立业组党建党过程中所展示出的精神风貌和崇高品格,但相较于建党时期投身共产主义革命活动的群体来说,是远远不够的。因此,有必要进一步深入挖掘这一时期投身创建党活动的先驱者。如谢文锦、汪寿华、宣中华、王一飞、张秋人、叶天底、梁柏台、庄文恭、傅彬然、夏衍、查猛济等人,曾在中国共产党创建时期活跃于浙江、上海一带,从事马克思主义思想的传播以及党团组织筹建等活动。再如,武汉地区不仅有董必武、陈潭秋等人开展革命活动,还有黄负生、刘子通、王尚德、李求实、蔡树藩等人参与其中,宣传新思想、开展工人运动。这些人都曾在中国共产党创建时期躬身入局,在他们的思想言说与行为选择中亦展示着崇高的精神品格,孕育着伟大建党精神的底色。此外,还需要不断挖掘拓展中国共产党人开展建党活动的地域范围,且在一定地域范围内,重点关注知识分子较为集中的学校以及产业工人聚集的工矿企业等主要活动场所。对地域性建党活动的深度呈现能体现建党活动的全面性、广泛性,丰富伟大建党精神孕育生成的历史印记。

做好学理阐释,是普及传播和传承赓续伟大建党精神的基础和前提。人们对伟大建党精神独特的精神气质、"源头"地位、永恒价值有了清醒的理论认知和高度的理性认同,才能自觉主动地接纳、践行伟大建党精神。

二、以讲述呈现为依托,唤醒人们对伟大建党精神的情感认同

伟大建党精神不是抽象的概念化存在,而是表征于人们的思想、外显于人们的活动,是具象化的存在。只有讲好中国共产党的奋斗故事,呈现中国共产党人在革命、建设、改革以及新时代征程中坚守理想信念、践行初心使命、葆有坚毅品质、怀有崇高品格的历史记忆与时代彰显,才能不断激发人们的情感认同,进而增进传承发扬伟大建党精神的自觉性和主动性。

一方面,要唤醒历史记忆,将中国共产党人所展现的伟大建党精神带回到当下时空。这是因为,虽然伟大建党精神为一代又一代先进分子所认同、所践行,但尘封的历史如若不及时唤醒,就会被深藏于历史深处,随

着时间的推移被不断淡化与遗忘。因此,要充分挖掘历史典型,把对伟大建党精神的践行转化为人们能够感受得到的历史人物和历史事件,在历史本真的还原与回顾中赋予伟大建党精神以活力和生命力。

在挖掘历史典型的过程中,要注重选取历史关键时期,特别是当党处于逆境、困境之时,依然为党和人民事业不懈奋斗的历史典型。如大革命失败后,"要不要革命""敢不敢革命"拷问着每一个革命者。既要讲述夏明翰、陈延年、陈乔年、赵世炎等革命先驱以生命赴使命、用鲜血铸忠魂的英雄事迹,也要呈现贺龙、彭德怀、徐特立等人在危机时刻挺身而出、毅然走入革命队伍的重大抉择。面对第五次反"围剿"失利的被动局面,中国共产党人领导工农红军实行战略转移,长征路上有"九趾女红军"王定国唱着歌走完长征的革命理想高于天,有"绝命后卫师"陈树湘的断肠明志、镌刻忠诚,有遵义会议的坚持真理、修正错误。除了困境、逆境之时,还要关注历史转折时期的历史典型。如随着解放战争的胜利已成定局,毛泽东在七届二中全会上提出了"两个务必";党中央从西柏坡前往北京,毛泽东称之为"进京赶考",这背后包含着对中国共产党人能否继续坚守理想信念、继续践行初心使命的深刻忧思。选取这样的历史典型,讲述他们在历史关键时刻的思想取向与行为选择,呈现他们对伟大建党精神的弘扬与践行,对人们的思想和情感的冲击更大。

同时,要注重选取重要历史人物,因为他们是伟大建党精神的缔造者、传承者和践行者。追思与缅怀这些重要历史人物,对人们的教育引导更有说服力与感染力。对此,习近平总书记为我们提供了示范,他在纪念李大钊同志诞辰120周年、陈云同志诞辰110周年、朱德同志诞辰130周年、周恩来同志诞辰120周年、刘少奇同志诞辰120周年、毛泽东同志诞辰130周年、邓小平同志诞辰120周年等座谈会上都会发表讲话。这些讲话一个显著的特点是,既注重对历史本真的还原与回顾,追忆他们为党和人民的事业革命的一生、奋斗的一生,又注重对历史人物活动背后所体现出来的精神品格的挖掘与提炼。如习近平总书记指出,要学习李大钊同志"坚定的爱国主义精神""对马克思主义的坚定信仰""以科学态度学习和运用马克思主义理论""勇于献身的革命精神和无私奉献的高尚品德"。①
周恩来同志是"不忘初心、坚守信仰""对党忠诚、维护大局""热爱人民、勤
政为民""自我革命、永远奋斗""勇于担当、鞠躬尽瘁""严于律己、清正廉
洁"的杰出楷模。②刘少奇的一生是"不忘初心、对党忠诚""坚持真理、实
事求是""敢于担当、勇于创造""勤于学习、知行合一""心系人民、廉洁奉
公"的光辉榜样。③这些重要历史人物在伟大建党精神的引领与感召下，
以几十年如一日的奋斗，推动中国共产党从弱小走向强大，带领中国人民
在民族复兴的历史征程中创造彪炳史册的丰功伟绩。尽管历史方位发生
变化、时代环境各有不同，但这些重要历史人物身上所展示出的崇高精神
品格和道德风范，能够唤醒人们为党和人民事业永久奋斗的主体自觉，为
践行伟大建党精神提供路径遵循。

另一方面，要实现跨时空联动，讲述践行伟大建党精神时代楷模的故
事。这是因为，现实时空下的先进典型，更易引起人们的共鸣、共情、共
振。在时代楷模的选择上，要结合全面建成小康社会宏伟目标如期实现、
脱贫攻坚战取得全面胜利等伟大成就以及有效应对新冠肺炎疫情等风险
挑战，选树传颂脱贫攻坚楷模、改革先锋、抗疫英雄等，讲好他们在党有号
召之时、闻令而动、躬身入局的鲜活故事。如在脱贫攻坚工作中，数百万
扶贫干部倾情奉献，以行动履诺践诺，哪里贫困，他们就奔赴哪里；哪里有
需要，他们就战斗在哪里。毛相林带领村民在悬崖绝壁上凿出"绝壁天
路"，靠的是不畏艰难的斗争精神，想的是让乡亲们过上文明富裕的生活。
黄文秀主动选择返回家乡，扎根大山，背后是对初心使命的坚守与践行；
工作日志中亲手绘制的百坭村"贫困户分布图"，彰显的是一心为民的高
尚情怀。楷模总是给予人们前行的力量，楷模身上所体现的崇高的理想
信念、不渝的初心使命、坚毅的意志品质以及始终忠于党和人民事业的政

---

① 习近平：《在纪念李大钊同志诞辰120周年座谈会上的讲话》，《光明日报》2009年10月29日。
② 习近平：《在纪念周恩来同志诞辰120周年座谈会上的讲话》，人民出版社2018年版，第9—10、12—13、15—16页。
③ 习近平：《在纪念刘少奇同志诞辰120周年座谈会上的讲话》，人民出版社2018年版，第9—11、13—14页。

治品格,更能感召人们、哺育人们,进而激励人们在第二个百年奋斗征程上奋勇前进。

除了这些在党和国家事业发展关键时刻挺身而出的榜样、楷模,还有很多平凡英雄在各自岗位上默默坚守,成为践行伟大建党精神的时代典范。例如,在陕北佳县,路生梅秉持着同样的初心,从1968年响应国家号召来到陕北,五十多年来,始终致力于改变当地落后的医疗状况。当年作出的"为党工作50年,为佳县人民服务50年"的庄重承诺,虽已期满,但她依然奋斗在为民服务的路上,诠释着一名共产党员的忠诚与担当。年过八旬的老中医李伯藩,退休后拒绝大城市的高薪聘请,坚持留在县城开展义诊十余年,并且以一个人带动了一批人加入义诊行列,用医者仁心展现中国共产党人的奉献精神与为民情怀。因此,要主动挖掘、积极建构、言说阐释每一个鲜活个体,让这些有关信仰、忠诚的故事为人们所熟知、所推崇、所追求,在情感的共鸣、共情与共振中自觉产生传承发扬伟大建党精神的主动精神。

唤醒历史记忆、讲述时代典范,将践行伟大建党精神的鲜活个体彰显于人们面前,在同化、模仿、感染等心理机制的作用下触发情感,实现潜移默化的育人效果,这是传承与赓续伟大建党精神的必要过程。当然,也要对丧失理想信念、背弃初心使命、叛党投敌等反面人物予以揭露与抨击,如革命年代的张国焘、陈公博等人,近几年查处的周永康、薄熙来、郭伯雄、徐才厚、令计划等人,剖析其走向反革命、走向腐化堕落的原因,阐明他们为历史、为人民所唾弃的人生结局,以及给党和国家事业发展带来的挫折与损失,进而从正向激励人们做伟大建党精神的坚定传承者和弘扬者。

三、以实践养成为导向,催生践行伟大建党精神的行为自觉

在研究与阐释中获得理性认识,在讲述与呈现中激发情感认同,传承与弘扬伟大建党精神,更重要的是实践导向,催发人们产生践行伟大建党精神的行为自觉。中国共产党的先驱们是伟大建党精神的孕育者和创造者,百余年来一代又一代中国共产党人又是这一精神气质的继承者和弘

扬者。因此,当前伟大建党精神的传承赓续同样需要中国共产党人率先垂范,以自身的言语示范、行为示范发挥对民众的鼓舞和引领作用。

夯实思想根基,自觉成为马克思主义的坚定信仰者和积极传播者。中国共产党历来重视党员的理论学习与教育,党的十八大以来,又组织开展多次党内集中学习教育。中国共产党人要及时进行自我检视,以先进为标杆、以反面为镜鉴,坚决避免理想信念的动摇与滑坡。在夯实自身思想根基的基础上,中国共产党人,特别是教育工作者、理论宣传工作者,要自觉肩负理论阐释与普及传播的责任,积极立言发声,教育引导人们认识到走过革命年代的漫漫征途、建设时期的荆棘坎坷、改革初期的纷繁复杂以及应对新时代的风险挑战,党之所以能够在各种错综复杂的政治局势中始终把握正确的斗争方向、葆有强大的政治定力,促使中国发生历史性变革、取得历史性成就,是因为中国共产党人有着共同的思想基础,那就是马克思主义;有着共同的理想信念,那就是对共产主义的崇高理想和对中国特色社会主义的坚定信念。这种宣传普及、教育引导要以事实为依据,讲清讲透马克思主义是如何指引中国共产党百年奋斗之路的,讲精讲准社会主义制度是如何在中国确立、发展并展现蓬勃生机的,从而增进历史自觉和历史自信,滋养人们的信仰信念。

激励责任担当,自觉成为中国式现代化的有力推动者、第二个百年奋斗目标实现的积极参与者。从革命到建设再到改革,中国共产党人始终奋斗在最前沿,矢志践行为人民谋幸福、为民族谋复兴的初心使命。进入新时代,第一个百年奋斗目标已经实现,第二个百年远景目标已经擘画,中国共产党人更要怀有深刻的历史主动精神,在各自工作领域和工作岗位上主动谋划、积极推进;更要怀有事情一件接着一件办,一年接着一年干的永久奋斗姿态,奋力实践在创新发展的前沿、乡村振兴的一线、保障和改善民生的具体岗位上。中国共产党从来没有自己的私利,初心使命是中国共产党人一切活动的动力源泉。他们的行为选择自然会产生示范效应,前文所论及的路生梅,她以为国为民的初心使命赢得人们的尊重,2024年9月被授予"人民医护工作者"国家荣誉称号,这是对她信守承诺的肯定,亦是为广大党员干部树立的光辉旗帜和先进楷模。因此,弘扬"践行初心，担当使命"的伟大建党精神，中国共产党人的行为引领至关重要。

砥砺斗争意志，自觉成为重大困难和风险挑战的敢于斗争者和有力应对者。远离战火硝烟、褪去贫穷落后、建成全面小康，更加接近民族复兴的伟大梦想，但并不意味着这一梦想的实现是轻轻松松、敲锣打鼓就能完成的。美国挑起经贸摩擦，西方借台湾、香港等干涉中国内政，国内改革进入深水区和攻坚期，摆在党和人民面前的都是难啃的"硬骨头"，中国共产党人只有磨砺意志、提升本领，才能积极应对越来越复杂的斗争形势和斗争内容。而要淬炼斗争品格，中国共产党人首先要在历史中汲取精神力量和斗争智慧，因为中国共产党诞生于北洋军阀统治时期，为了能够在中国各方政治势力中立足，从其创建之时起就要不断斗争，因此积累了丰富的斗争经验。同时，更要聚焦当下，深刻把握世情国情党情，既要有效应对风险挑战、阻力矛盾，又要注意防范和化解各种风险考验，敢于斗争、敢于胜利。中国共产党是中国特色社会主义事业的领导核心，中国共产党人的精神品格直接影响中国人民的意志品质，因此，只有锻铸坚毅的斗争品格，才能不断激发全国人民的奋斗豪情，凝聚起巨大力量。

厚植忠诚品格，自觉成为党和人民事业的忠诚守护者和利益维护者。政党对于人民群众而言是一种政治力量，而政党成员则是具象的存在。政党成员的行为选择在很大程度上决定着人们对政党的态度。进入新时代，中国共产党人仍然要保持建党之时即已确立的忠诚品格和人民情怀，增强"四个意识"、坚定"四个自信"、做到"两个维护"、牢记"国之大者"，忠诚于党的信仰、忠诚于党的组织、忠诚于党的理论和路线方针政策；站稳人民立场，尊重人民主体地位，积极践行以人民为中心的发展理念，着力解决人民群众急难愁盼的问题，不断为人民的美好生活而奋斗。只有这样，才能在人民群众中树立良好党员形象，进而将这种认可上升为对中国共产党领导地位的高度认同。如此，党的领导地位的确立就有了合法性来源，就获得了更为广泛的执政基础，对伟大建党精神的传承和弘扬自然成为自觉选择。

结　语

　　伟大建党精神是一种客观的、历史的存在,反映与彰显的是中国共产党创建时期中国共产党人的精神风范与特质。这种精神底蕴体现于中国共产党人的思想与行为之中,不因其提出时间的早晚而褪去精神的底色及坐标性意义。作为中国共产党精神谱系的最新话语表达,无论是宣传阐释,还是弘扬赓续,首要的是要对这一话语的合乎历史性、事实性进行诠释与例证。也就是说,要回到整个中共创建史这一时空中去探源伟大建党精神丰富内涵是如何孕育生成的。这是本书研究的初衷,亦是行文的起点。

　　伟大建党精神是对伟大建党实践的精神表征。中国共产党的诞生,是近现代中国历史发展的必然产物,是鸦片战争后中国人民在救亡图存的顽强斗争中上下求索的必然产物,是实现中华民族伟大复兴的必然产物。因此,伟大建党精神的萌发是在一个较长的历史时间段内、承接连续性的社会运动和思想运动的必然产物,有着深厚的历史土壤、理论逻辑、实践根基以及文化养分。伟大建党精神的丰富内涵,也是在中国共产党人承接鸦片战争以降中国先进分子救亡图存、寻求中华民族伟大复兴历史使命的背景下,在推进中国共产党创建的历史进程中积淀生成的。呈现建党时期中国共产党人的思想理论、情感认知以及实践选择,洞察其中所蕴含和彰显的精神品格,回归伟大建党精神深刻内涵的本源性、历史性,将进一步提升伟大建党精神的话语力量和话语优势,是新时代赓续弘扬伟大建党精神的重要基础。

　　当然,中国共产党的创建是一个从酝酿到初具雏形,再到最终完成建立的复杂的历史过程,不是某一个人或是某一部分群体活动的结果,也不是朝夕之间一蹴而就的,有着丰富的人格载体和实践载体。伟大建党精神丰富内涵的形成与淬炼是中国共产党人在伟大建党实践中合力书写的。这就意味着,只有最大限度地呈现中国共产党人及其当时的思想轨迹、行为选择,才能为揭示伟大建党精神丰富内涵提供话语支撑。本书在研究过程中,始终将在中国共产党创建之时,从事马克思主义传播、开展工农运动等实际建党工作的群体列为言说对象,审视与剖析这些中国共产党人的知情意行,而无论其是否具有党员这一政治身份。但由于史料占有有限,且由于自身的知识基础、认识能力以及研究视阈的限制,对相关史料的解读与挖掘不够深入,导致未能呈现中国共产党人思想、情感与行为的全貌,因此对伟大建党精神内蕴的历史厚重性有待进一步探研,这是笔者今后继续努力的方向。

还要提及的是,伟大建党精神与伟大建党精神的提出是两个不同的范畴。前者是一种事实存在,具有历史回顾价值,需要察其细,增进其历史厚重感。后者体现了中国共产党人在唤醒历史记忆、建构自身形象、追求精神主动、把握历史主动的高度政治自觉,具有现实指导意义。具体来讲,中国共产党的先驱们创建了中国共产党,这是开天辟地的大事变,这是百余年来我们取得一切成就的前提和基石。历史记忆需要唤醒,否则无论成就多么伟大都会被尘封与遗忘。对伟大建党精神的凝练即是一种唤醒,可以引导人们在历史的回望中坚信是历史和人民选择了中国共产党。走过百余年,中国共产党是近现代以来革命、建设、改革的领导力量,那么,这个百年大党具有何种独特气质,可以成为救国、兴国、富国、强国之路上的主心骨?

对伟大建党精神的概括即是一种建构,塑造了百年大党坚定理想信念、永葆初心使命、不惧艰难险阻、矢志为民奋斗的光辉形象,引导人们在新时代新征程上继续坚定不移听党话、跟党走。走过百余年,中国共产党不仅深刻地影响了历史的走向与进程,还形成了中国共产党人的精神谱系,深刻改变了中华民族和中国人民的精神风貌。但如果不能清晰回答这一谱系的来源为何,则不能称之为谱系。对伟大建党精神的提炼体现了一种精神主动,对中国共产党创建精神的历史回溯与整体建构,使得中国共产党人的精神链条更加完整、精神谱系有了源头和存续的前提基础。

走过百余年,中国共产党依然风华正茂,在中华民族伟大复兴的主题牵引下,矢志续写政党、民族与国家新的荣耀与辉煌。

对伟大建党精神的阐释体现了一种历史主动,旨在使其成为新时代中国共产党人团结带领中国人民奋进新征程的旗帜引领、迎接新挑战的精神武器。应该说,伟大建党精神的提出,体现了中国共产党人的政治自觉,蕴含着中国共产党的政治意蕴与政治逻辑。这就要求切实推动伟大建党精神在全党、全社会的大力弘扬与传承赓续,使其成为全党全国各族人民奋进第二个百年奋斗目标、以中国式现代化推进中华民族伟大复兴征程中的强大精神动能。对伟大建党精神传承赓续话语资源、话语方式等方面的研究,亦是笔者今后着力的方向。

参考文献

一、文献资料类

(一)选集、文集、全集

1.《马克思恩格斯文集》,人民出版社2009年版。

2.《列宁选集》,人民出版社2012年版。

3.《毛泽东选集》,人民出版社1991年版。

4.《毛泽东文集》第一、二、三卷,人民出版社1993、1993、1996年版。

5. 中共中央文献研究室、中共湖南省委《毛泽东早期文稿》编辑组编:《毛泽东早期文稿(1912—1920)》,湖南人民出版社2013年版。

6.《习近平谈治国理政》第一、二、三卷,外文出版社2018、2017、2020年版。

7. 中共中央纪律检查委员会、中共中央文献研究室编:《习近平关于严明党的纪律和规矩论述摘编》,中央文献出版社、中国方正出版社2016年版。

8. 中国李大钊研究会编注:《李大钊全集》,人民出版社2013年版。

9.《陈独秀文集》,人民出版社2013年版。

10.《董必武选集》,人民出版社1985年版。

11.《谭平山文集》编辑组编:《谭平山文集》,人民出版社1986年版。

12.《何孟雄文集》,人民出版社1986年版。

13. 中共四川省委党史工作委员会《吴玉章传》编写组编:《吴玉章文集》,重庆出版社1987年版。

14.《谢觉哉文集》,人民出版社1989年版。

15. 董必武文集编辑组编:《董必武统一战线文集》,法律出版社1990年版。

16.《杨贤江全集》,河南教育出版社1995年版。

17.《杨匏安文集》,中央文献出版社1996年版。

18. 中共中央文献研究室、南开大学编:《周恩来早期文集(1912.10—1924.6)》,中央文献出版社1998年版。

19.《罗亦农文集》,人民出版社2011年版。

20.《张申府文集》,河北人民出版社2005年版。

21.《高君宇文集》,人民出版社2011年版。

22.《向警予文集》,人民出版社2011年版。

23.《王尽美文集》,人民出版社2011年版。

24.《彭湃文集》,人民出版社2013年版。

25.《赵世炎文集》,人民出版社2013年版。

26.《蔡和森文集》,人民出版社2013年版。

27.《张太雷文集》,人民出版社2013年版。

28.《邓恩铭文集》,人民出版社2013年版。

29.《瞿秋白文集(政治理论编)》,人民出版社2013年版。

30.《恽代英全集》,人民出版社2014年版。

31.《邓中夏全集》,人民出版社2014年版。

32.《林育南文集》,人民出版社2014年版。

33. 汪信砚主编:《李达全集》,人民出版社2016年版。

34.《项英文集》,人民出版社2019年版。

35.《孙中山选集》,人民出版社2011年版。

36. 尚明轩主编:《孙中山全集》,人民出版社2015年版。

37. 中共中央文献研究室编:《毛泽东书信选集》,中央文献出版社2003年版。

38. 中共中央文献研究室编:《任弼时书信选集》,中央文献出版社2014年版。

(二)年谱、日记、回忆录

1.中共中央文献研究室编:《毛泽东年谱(1893—1949)修订本》,中央文献出版社2013年版。

2.杨琥:《李大钊年谱》上、下,云南教育出版社2020年版。

3.唐宝林、林茂生编:《陈独秀年谱(1879—1942)》,上海人民出版社1988年版。

4.中共中央文献研究室编:《刘少奇年谱(1898—1969)》,中共中央文献研究室1996年版。

5.周均伦主编:《聂荣臻年谱》,人民出版社1999年版。

6.《董必武年谱》编纂组编:《董必武年谱》,中央文献出版社2007年版。

7.中共中央文献研究室编:《任弼时年谱(1904—1950)》,中央文献出版社2014年版。

8.《谢觉哉日记》,人民出版社1984年版。

9.《林伯渠日记》,湖南人民出版社1984年版。

10.中共中央文献研究室第二编研部编著:《刘少奇自述》,国际文化出版公司2009年版。

11.中国社会科学院近代史研究所《近代史资料》编译室主编:《五四运动回忆录》,知识产权出版社2013年版。

12.中国社会科学院近代史研究室编:《五四运动回忆录(续)》,中国社会科学出版社1979年版。

13.知识出版社编:《一大回忆录》,知识出版社1980年版。

14.何长工:《勤工俭学生活回忆》,工人出版社1958年版。

15.《吴玉章回忆录》,中国青年出版社1978年版。

16.人民出版社编:《回忆蔡和森》,人民出版社1980年版。

17.湖北省社会科学院编:《回忆陈潭秋》,华中工学院出版社1981年版。

18.聂元素、陈昊苏、周祖羲等编:《陈毅早年的回忆和文稿》,四川人民出版社1981年版。

19.《革命回忆录》九,人民出版社1983年版。

20.《包惠僧回忆录》,人民出版社1983年版。

21.《肖劲光回忆录》,解放军出版社1987年版。

22.刘林松、蔡洛编:《回忆彭湃》,人民出版社1992年版。

23.李龙如主编:《为苏维埃流尽最后一滴血——忆何叔衡》,岳麓书社2000年版。

24.李涛编:《亲历者忆——建党风云》,中央文献出版社2001年版。

(三)资料汇编

1.中共中央文献研究室、中央档案馆编:《建党以来重要文献选编(1921—1949)》,中央文献出版社2011年版。

2.中共中央党史和文献研究院、中央档案馆编:《中国共产党重要文献汇编》,人民出版社2022年版。

3.《中共中央关于党的百年奋斗重大成就和历史经验的决议》,人民出版社2021年版。

4.中共一大会址纪念馆编:《中共一大代表早期文稿选编(1917.11—1923.7)》,上海人民出版社2011年版。

5.中国社会科学院现代史研究室、中国革命博物馆党史研究室选编:《"一大"前后——中国共产党第一次代表大会前后资料选编》一、二、三,人民出版社1985、1985、1984年版。

6.中共中央组织部、中共中央党史研究室、中央档案馆编:《中国共产党组织史资料》,中共党史出版社2000年版。

7.王建英编:《中国共产党组织史资料汇编——领导机构沿革和成员名录》,红旗出版社1983年版。

8.中共中央党史研究室第一研究部编:《共产国际、联共(布)与中国革命文献资料选辑(1917—1925)》,北京图书馆出版社1997年版。

9.孙武霞、许俊基编:《共产国际与中国革命资料选辑(1919—1924)》,人民出版社1985年版。

10.中国社会科学院现代史研究室组织选编:《马林在中国的有关资

料(增订本)》,人民出版社1984年版。

11.《红藏　进步期刊总汇(1915—1949)》,湘潭大学出版社2014年版。

12.中国革命博物馆、湖南省博物馆编:《新民学会资料》,人民出版社1980年版。

13.清华大学中共党史教研组编:《赴法勤工俭学运动史料》第1、2、3册,北京出版社1979、1980、1981年版。

14.中国社会科学院近代史研究所编:《五四运动文选》,生活·读书·新知三联书店1959年版。

15.中共中央马克思恩格斯列宁斯大林著作编译局研究室编著:《五四时期期刊介绍》第一、二集,人民出版社1958、1959年版。

16.张允侯、殷叙彝、洪清祥等编:《五四时期的社团》,生活·读书·新知三联书店1979年版。

17.天津历史博物馆、南开大学历史系《五四运动在天津》编写组编:《五四运动在天津(历史资料选辑)》,天津人民出版社1979年版。

18.广州农民运动讲习所旧址纪念馆编:《广东农民运动资料选编》,人民出版社1986年版。

19.中国革命博物馆编:《北方地区工人运动资料选编》,北京出版社1981年版。

20.长沙市革命纪念地办公室、安源路矿工人运动纪念馆编:《安源路矿工人运动史料》,湖南人民出版社1980年版。

21.中共萍乡市委《安源路矿工人运动》编纂组编:《安源路矿工人运动》,中共党史出版社1991年版。

22.中国人民政治协商会议石家庄市委员会文史资料委员会编:《正太铁路史料集》(《石家庄文史资料》第十三辑),石家庄市政协文史资料委员会1991年版。

(四)报刊

1.《新青年》

2.《共产党》

3.《每周评论》

4.《民国日报》副刊《觉悟》

5.《劳动周刊》

6.《少年》

二、研究成果类

(一)专著

1.杜艳华、刘学礼主编:《先驱精神》,中共党史出版社2017年版。

2.胡传章、哈经雄:《董必武传记》,湖北长江出版集团、湖北人民出版社2006年版。

3.胡建成等:《红船精神及其当代价值》,浙江人民出版社2011年版。

4.金冲及主编:《周恩来传(1898—1976)》,中央文献出版社2008年版。

5.李小三:《中国共产党人精神研究》,中央文献出版社2008年版。

6.林健柏、李致宁编:《李启汉》,广东人民出版社1984年版。

7.《林伯渠传》编写组编:《林伯渠传》,红旗出版社1986年版。

8.刘明逵、唐玉良主编:《中国近代工人阶级和工人运动》,中共中央党校出版社2002年版。

9.吕延勤、赵金飞主编:《红船精神》,中共党史出版社2017年版。

10.彭明:《五四运动史(修订本)》,人民出版社2022年版。

11.沙健孙主编:《中国共产党史稿(1921—1949)》,中央文献出版社2006年版。

12.邵维正、刘晓宝:《红船映初心》,人民出版社2018年版。

13.邵维正:《谱系之源:伟大建党精神》,江西美术出版社2024年版。

14.唐宝林:《陈独秀全传》,社会科学文献出版社2013年版。

15.王永昌、李佳威、李学敏:《马克思主义政党理论新发展》,中国社会科学出版社2022年版。

16.吴德刚主编:《伟大建党精神:孕育与形成》,中共党史出版社2023年版。

17.吴德刚主编:《伟大建党精神:弘扬与发展》,中共党史出版社2023年版。

18.肖力、邢洪儒:《中国共产党精神建设研究》,光明出版社2011年版。

19.徐信华:《中国共产党早期报刊与马克思主义大众化》,人民出版社2013年版。

20.晏东:《浙江籍早期共产主义知识分子群体的形成研究》,湖北人民出版社2015年版。

21.杨林香:《中国青年的马克思主义信仰生成研究(1919—1949)》,人民出版社2019年版。

22.《俞秀松传》编委会编:《俞秀松传》,浙江人民出版社2012年版。

23."浙江省红船精神研究"课题组:《红船精神:历史地位、当代意义及永恒价值》,浙江人民出版社2016年版。

24.中共中央党史研究室:《中国共产党历史》第一卷,中共党史出版社2002年版。

25.中共中央文献研究室:《中国共产党的一百年(新民主主义革命时期)》,中共党史出版社2022年版。

26.中共党史人物研究会编:《中共党史人物传(精选本)》,中共党史出版社2010年版。

27.中央文献研究室编:《毛泽东传》,中央文献出版社2011年版。

28.朱志敏:《李大钊传》,红旗出版社2009年版。

29.[美]埃德加·斯诺:《西行漫记》,董乐山译,东方出版社2010年版。

30.[美]罗斯·特里尔:《毛泽东传》,何宇光、刘加英译,中国人民大学2010年版。

31.[美]莫里斯·迈斯纳:《李大钊与中国马克思主义的起源》,中共北京市委党史研究室编译组编译,中共党史资料出版社1989年版。

32.[日]石川祯浩:《中国共产党成立史》,袁广泉译,中国社会科学出版社2006年版。

33.[英]迪克·威尔逊:《毛泽东传》,中共中央文献研究室《国外研究毛泽东思想资料选辑》编辑组编译,中央文献出版社2008年版。

34.[英]迪克·威尔逊:《周恩来传》,封长虹译,国际文化出版公司2011年版。

(二)期刊论文

1.白显良:《基于四重逻辑深刻把握中国共产党伟大建党精神》,《学校党建与思想教育》2021年第13期。

2.鲍金:《赓续红色血脉 深入阐释伟大建党精神——首届高校中国共产党伟大建党精神学术研讨会综述》,《思想理论教育导刊》2021年第12期。

3.李亮:《中共"一大"代表群体思想结构研究》,《求索》2014年第3期。

4.曹景文:《历史·理论·阶级·实践:伟大建党精神形成的四重逻辑》,《思想政治课研究》2022年第4期。

5.曹景文:《伟大建党精神是中国共产党的精神之源》,《思想理论教育》2021年第8期。

6.柴宝勇、黎田:《伟大建党精神政治功能研究——基于政党理论视角的分析》,《政治学研究》2022年第3期。

7.陈丹:《五四运动与中国共产党建党的精神方向》,《广西社会科学》2021年第8期。

8.陈胜锦:《生成逻辑·内涵解析·实践理路:中国共产党伟大建党精神的三维探赜》,《西北民族大学学报(哲学社会科学版)》2021年第6期。

9.陈水林:《论"红船精神"》,《红旗文稿》2011年第11期。

10.代玉启:《中国共产党伟大建党精神的三重逻辑》,《求索》2021年第5期。

11.邓纯东:《在弘扬伟大建党精神实践中锤炼鲜明政治品格》,《人民论坛·学术前沿》2021年第22期。

12.丁俊萍:《伟大建党精神的内在逻辑》,《思想理论教育导刊》2021年第7期。

13.段治文:《"红船精神"与伟大建党精神关系探析》,《国家治理》2021年第40期。

14. 高福进:《红船精神与建党精神的内在逻辑关联》,《人民论坛》2019年第36期。

15. 高正礼:《论伟大建党精神的内在特质》,《中国特色社会主义研究》2021年第5期。

16. 耿磊:《伟大建党精神的基本内涵、生成逻辑与时代价值》,《毛泽东研究》2021年第5期。

17. 耿云志:《〈新青年〉同人分裂过程中的一个重要细节》,《广东社会科学》2018年第5期。

18. 龚书铎、黄兴涛:《胡适与李大钊关系论》,《史学月刊》1996年第1期。

19. 郭国祥、彭岩松:《中国共产党创始人问题研究的回顾与思考》,《云梦学刊》2019年第5期。

20. 郭国祥、覃雅兰:《论伟大建党精神的生成逻辑》,《江汉论坛》2022年第4期。

21. 郭国祥、肖昭:《中共第一位女党员缪伯英的精神风范及当代价值》,《武汉理工大学学报(社会科学版)》2021年第3期。

22. 郭国祥、覃雅兰:《建党精神内涵新探》,《湖北社会科学》2021年第6期。

23. 郭国祥、覃雅兰:《伟大建党精神研究的回顾与思考》,《毛泽东思想研究》2022年第2期。

24. 何虎生、张林:《论伟大建党精神与中国共产党人精神谱系的内在逻辑关系》,《思想理论教育导刊》2022年第2期。

25. 胡为雄:《赴日留学生与"日本马克思主义"在中国的早期传播》,《马克思主义与现实》2015年第3期。

26. 黄金凤:《从学生运动到工农运动:中共早期动员策略再探讨》,《党史研究与教学》2018年第5期。

27. 贾凯、殷娅娴:《从留法勤工俭学生到中共留法勤工俭学群体的心灵轨迹——基于日记、书信和回忆录的考察》,《上海党史与党建》2023年第1期。

28. 金民卿:《伟大建党精神的发生逻辑及历史展开》,《中共中央党校

（国家行政学院）学报》2024年第6期。

29.金民卿：《建党时期蔡和森的精神风范及其当代启示》，《广东社会科学》2021年第4期。

30.康来云：《从建党精神到精神谱系：中国共产党伟大精神的源与流》，《学习论坛》2022年第1期。

31.康晓强：《伟大建党精神的基本品格》，《科学社会主义》2021年第4期。

32.雷厚礼：《伟大建党精神：第二个百年再创辉煌的四重密码》，《理论探索》2021年第6期。

33.雷厚礼：《伟大建党精神百年三个维度的延伸和展开》，《贵州社会科学》2022年第4期。

34.李斌雄、魏心凝：《伟大建党精神的内涵特质、形成机理与实践理路》，《新疆师范大学学报（哲学社会科学版）》2022年第1期。

35.李丹阳：《李汉俊日本留学情况的实证研究（下篇）》，《中共创建史研究》2018年辑刊。

36.李海青：《马克思主义使命型政党的伟大建党精神——基于中国共产党特质的分析视角》，《马克思主义理论学科研究》2021年第7期。

37.李捷：《弘扬"红船精神"是实现"中国梦"的必然要求》，《嘉兴学院学报》2013年第4期。

38.李捷：《继承党的光荣传统 赓续伟大建党精神——兼论伟大建党精神与红船精神的关系》，《四川师范大学学报（社会科学版）》2021年第6期。

39.李捷：《毛泽东对伟大建党精神的开创性贡献》，《毛泽东思想研究》2022年第1期。

40.李良明：《略论中国共产党创建史的若干问题》，《江汉论坛》2006年第7期。

41.李萍、张冠：《早期中国共产党人接受马克思主义的历史契合点及其当代启示——20世纪初"社会主义论战"的再审视》，《北京师范大学学报（社会科学版）》2022年第2期。

42.李思学:《伟大建党精神的价值意蕴和时代薪传》,《探索》2021年第5期。

43.李维汉:《回忆新民学会》,《历史研究》1979年第3期。

44.李学勇:《弘扬伟大建党精神培养担当民族复兴大任的时代新人》,《党建》2021年第8期。

45.李征、刘建军:《新时代弘扬伟大建党精神的逻辑前提、内在根据与实践要求》,《中共中央党校(国家行政学院)学报》2021年第6期。

46.林志友:《建党初期毛泽东对中国革命对象的认识理路》,《毛泽东邓小平理论研究》2021年第8期。

47.刘红凛:《伟大建党精神的形成过程、科学内涵与赓续发展》,《马克思主义研究》2021年第12期。

48.刘建军:《深化理解伟大建党精神的几点哲学思考》,《思想理论教育导刊》2022年第3期。

49.刘卫琴:《伟大建党精神的内涵、特征及时代价值》,《理论导刊》2022年第11期。

50.刘小花:《中共创建时期的经费来源情况考察》,《红广角》2011年第8期。

51.龙新民:《中国工运史上的光辉篇章——水口山工人运动》,《中共党史研究》2021年第2期。

52.马报、王建华:《中国共产党伟大建党精神的生成逻辑、结构维度及实现路径》,《新疆师范大学学报(哲学社会科学版)》2022年第1期。

53.梅萍、杨浩英:《伟大建党精神融入高校思想政治教育的理论逻辑、现实审视与优化路径》,《黑龙江高教研究》2024年第8期。

54.欧阳康:《新时代中国共产党人的精神升华——学习习近平总书记"七一"重要讲话,弘扬伟大建党精神》,《学校党建与思想教育》2021年第13期。

55.欧阳奇:《以伟大建党精神引领铸牢中华民族共同体意识的理论思考》,《中州学刊》2025年第1期。

56.欧阳哲生:《新发现的一组关于〈新青年〉的同人来往书信》,《北京大学学报(哲学社会科学版)》2009年第4期。

57.潘男:《伟大建党精神的话语构建与现实转化》,《湖湘论坛》2021年第6期。

58.蒲清平、何丽玲:《伟大建党精神的内涵特征、时代价值与弘扬路径》,《重庆大学学报(社会科学版)》2022年第1期。

59.齐卫平、陈冬冬:《伟大建党精神:中国共产党建设话语的创新表达》,《中国浦东干部学院学报》2021年第6期。

60.齐卫平:《把认识党的百年历史与感悟伟大建党精神相结合》,《中国井冈山干部学院学报》2022年第3期。

61.齐卫平:《论伟大建党精神与"红船精神"的逻辑关系》,《国家治理》2022年第5期。

61.齐卫平:《新时代新征程弘扬伟大建党精神的使命任务》,《思想理论教育》2023年第1期。

63.齐卫平:《中国共产党建党精神研究的若干问题思考》,《中国浦东干部学院学报》2020年第6期。

64.饶武元、罗邹贤、刘健光:《互构·相融·共强:伟大建党精神与中国共产党大党形象的关联逻辑》,《江西师范大学学报(哲学社会科学版)》,2024年第1期。

65.任丹丹:《伟大建党精神的科学内涵、演进脉络和实践路径》,《理论导刊》2023年第2期。

65.任茜、陈殿林:《中国共产党早期报刊中内蕴的伟大建党精神探源——基于历史与文本的考察》,《理论导刊》2022年第11期。

67.邵维正:《中共早期组织在建党进程中的历史地位》,《北京党史》2010年第5期。

68.邵雍:《毛泽东与伟大建党精神》,《上海党史与党建》2022年第3期。

69.佘双好、王惠:《伟大建党精神传承赓续的内在机制与路径探析》,《新疆师范大学学报(哲学社会科学版)》2022年第6期。

70.沈传亮、张成乐:《伟大建党精神:特质、内涵与传承》,《教学与研究》2021年第10期。

71.宋俭、刘力维:《中国共产党早期组织的理论学习和理论教育活动——以武汉早期党组织成员为中心的考察》,《华中农业大学学报(社会科学版)》2021年第4期。

72.宋友文、黄文燕:《伟大建党精神的提出背景、内涵意蕴及弘扬路径》,《北京航空航天大学学报(社会科学版)》2021年第6期。

73.孙珊:《马克思主义早期传播与伟大建党精神话语体系建构》,《思想理论教育》2024年第12期。

74.谈思嘉、陈挥:《伟大建党精神的丰富内涵和重要意义》,《党的文献》2021年第5期。

75.谈思嘉:《从陈望道早期革命实践理解伟大建党精神》,《红色文化学刊》2021年第3期。

75.唐皇凤、郭世军:《伟大建党精神对共产党人政治品格的塑造及优化路径》,《广西大学学报(哲学社会科学版)》2022年第1期。

77.唐颖华、杜力:《浙江籍共产党早期组织成员沈泽民革命精神探析》,《中国纪念馆研究》2016年第1期。

78.田丹:《施存统〈非"孝"〉释读》,《鲁迅研究月刊》2021年第8期。

79.田凯华、齐卫平:《中国共产党建党精神生成的三重逻辑》,《当代世界社会主义问题》2020年第4期。

80.田子渝:《李汉俊的"民党""革命党"指的是无产阶级政党——答复叶累先生》,《上海党史研究》2000年第2期。

81.万昭迎、郭永虎:《以红色家书涵养伟大建党精神初探》,《长白学刊》2022年第5期。

82.汪谦干:《国共两党在实现"党内合作"前的协作》,《安徽史学》1993年第2期。

83.王炳林、马雪梅:《伟大建党精神与中国式现代化》,《山东大学学报(哲学社会科学版)》2023年第3期。

84.王炳林、胡一凡:《毛泽东对伟大建党精神形成和传承弘扬的杰出贡献》,《北京师范大学学报(社会科学版)》2023年第6期。

85.王炳林、马雪梅:《弘扬以伟大建党精神为源头的中国共产党人精神谱系》,《中国青年社会科学》2022年第6期。

86.王炳林、张雨:《伟大建党精神和中国共产党精神谱系的关系探析》,《中国高校社会科学》2021年第5期。

87.王俊涛:《伟大建党精神的百年贡献与时代价值彰显理路》,《思想理论教育》2022年第1期。

88.王钦双:《中国共产党早期组织的北京渊源——基于中共早期组织成员与北京关系之实证分析》,《北京党史》2021年第2期。

89.王树荫、马二杰:《伟大建党精神是党的先进性纯洁性之源》,《思想理论教育》2022年第4期。

90.王相坤、黄亚楠:《中共创立时期共产党人的初心解读——李大钊篇》,《党史文苑》2018年第2期。

91.王晓丽、徐鑫钰:《中国共产党伟大建党精神的价值意蕴》,《广东社会科学》2022年第1期。

92.韦明:《〈共产党〉月刊作者、译者笔名考述》,《上海党史与党建》2018年第2期。

93."伟大建党精神研究"课题组、吴德刚:《中国共产党的精神之源——学习习近平总书记关于伟大建党精神的重要论述》,《中共党史研究》2021年第4期。

94.伍小涛:《中共"一大"前党员的知识谱系学考察》,《中国井冈山干部学院学报》2015年第2期。

95.忻平、韦博:《论中共二大与伟大建党精神的正式形成》,《苏区研究》2023年第1期。

96.熊秋良:《"寻找无产者":五四知识分子的一项社会调查》,《近代史研究》2020年第4期。

97.徐光寿:《论伟大建党精神的形成历程与内在构成》,《思想理论教育》2022年第1期。

98.徐光寿:《全面研究中国共产党创建史的若干维度》,《毛泽东邓小平理论研究》2021年第1期。

99.徐行:《中共第一代留俄生述论》,《中共党史研究》1997年第

1 期。

100.徐元宫:《中共建党初期活动经费来源的历史考察》,《当代世界社会主义问题》2013 年第 1 期。

101.颜晓峰:《弘扬伟大建党精神》,《红旗文稿》2021 年第 18 期。

102.颜晓峰:《伟大建党精神与党的精神历程》,《马克思主义理论学科研究》2021 年第 8 期。

103.燕连福、周祎:《中国共产党建党精神的形成基础、核心要义与鲜明特征》,《陕西师范大学学报(哲学社会科学版)》2021 年第 5 期。

104.杨奎松:《共产国际为中共提供财政援助情况之考察》,《社会科学论坛》2004 年第 4 期。

105.杨奎松:《关于早期共产党人"马克思主义中国化"问题——兼谈中共"一大"纲领为何没能联系中国实际》,《史林》2021 年第 1 期。

106.杨婷:《论伟大建党精神传承的红色记忆机制与实践图景》,《湖南社会科学》2022 年第 6 期。

107.杨晓伟:《基于意象思维的"红船精神"命名中共建党精神的合理性》,《毛泽东思想研究》2017 年第 6 期。

108.杨梓楠:《李大钊与伟大建党精神》,《中国档案》2022 年第 4 期。

109.余伯流:《苏区精神新解读》,《党史研究与教学》2008 年第 4 期。

110.俞祖华、王疆辉:《早期中国共产党人的民族复兴话语析论》,《河北学刊》2022 第 6 期。

111.袁超乘、冯玲:《中共建党前后的"马克思学说研究会"考辩(1920—1923)》,《党史研究与教学》2019 年第 6 期。

112.臧运祜:《王尽美精神与红船精神——兼论第一代中国共产党人的初心》,《嘉兴学院学报》2019 年第 3 期。

113.张登德:《早期中国共产党人的初心使命与中华民族伟大复兴(1921—1927)》,《山东社会科学》2019 年第 11 期。

114.张戈:《中共第一代留日学生群体探析》,《北京党史》2011 年第 1 期。

115.张会芳:《新世纪以来中共创建史研究综述(续)》,《中共党史研究》2021 年第 4 期。

116.张际发:《有关王右木与〈新四川〉、〈人声〉旬报的几件史料》,《民国档案》1990年第1期。

117.张静如、王峰:《中国共产党早期组织群体特征考察》,《史学月刊》2011年第7期。

118.张明:《伟大建党精神与中国共产党人的精神谱系关系研究》,《新疆师范大学学报(哲学社会科学版)》2022年第1期。

119.张瑞芬:《论伟大建党精神的实践基础》,《党政研究》2022年第2期。

120.张士海、张宏旭:《中国共产党建党精神生成逻辑的三维考察》,《陕西师范大学学报(哲学社会科学版)》2021年第5期。

121.张永:《家庭伦理与革命伦理:中国共产党早期党员的伦理归属抉择》,《东南学术》2020年第3期。

122.张志丹:《伟大建党精神的多维诠释》,《马克思主义理论学科研究》2021年第7期。

123.赵凤欣、忻平:《建党精神的生成逻辑与时代意蕴》,《思想理论教育》2021年第4期。

124.赵凤欣:《伟大建党精神与中国共产党人精神谱系的逻辑关系研究》,《思想理论教育》2021年第8期。

125.赵妍杰:《烦闷因家庭而生:"五四"前后家庭革命的一个情感面相》,《社会科学战线》2020年第1期。

126.赵耀宏:《"红船精神"是实现中华民族伟大复兴的动力之源》,《红旗文稿》2018年第15期。

127.赵振辉:《中国共产党伟大建党精神的生成逻辑、内在特征及历史启示》,《理论导刊》2021年第11期。

128.曾林平:《浙江籍先进分子对中国共产党创立的特殊贡献》,《中共党史研究》2000年第6期。

129.中共中央党史和文献研究院:《伟大建党精神:中国共产党的精神之源》,《求是》2021年第14期。

130.周丹:《伟大建党精神的科学内涵与生成逻辑》,《哲学研究》2021年第9期。

131.周家彬:《灌输还是互动:中共初创时期革命理论转变的再认识》,《中共党史研究》2015年第4期。

132.[日]森正夫:《李大钊在早稻田大学》,韩一德、刘多田译,《齐鲁学刊》1987年第1期。

133.[日]石川祯浩:《李大钊早期思想中的日本因素——以茅原华山为例》,《社会科学研究》2007年第3期。

(三)学位论文

1.陈元:《"社会主义"概念在近代中国的变迁研究(1899—1921)》,南京师范大学博士学位论文,2021年。

2.丁红岩:《中国共产党创建初期马克思主义中国化研究》,哈尔滨师范大学博士学位论文,2021年。

3.刘向东:《中共"一大"至"五大"党员队伍发展壮大的历史考察》,郑州大学博士学位论文,2012年。

4.孙珊:《马克思主义在上海的早期传播研究(1899—1927)》,华东师范大学博士学位论文,2021年。

5.张旭:《中国共产党伟大建党精神研究》,吉林大学博士学位论文,2023年。

后 记

　　中国共产党的百年奋斗历程,也是不断生成淬炼其伟大精神的历程。走进中国共产党人的精神世界,能够更好地读懂中国共产党人的价值追求,更深刻地理解中国共产党为什么能。

　　在迎接中国共产党成立100周年之际,我有幸参加了导师姬丽萍教授的课题"赤子之心——永葆建党时中国共产党人的奋斗精神",并参与撰写专著《开天辟地 为创建中国共产党而奋斗》。在查阅中国共产党的先驱们文集、文稿、日记、回忆录、书信、自传等相关资料的基础上,我对中国共产党创建时期中国共产党人的思想认知、情感状态、行为选择有了越发深入的了解,对中国共产党的先驱们创业维艰的历史过程有了越发深刻的认识。在导师姬丽萍教授的指导下,我初步拟定以建党时中国共产党人的奋斗精神作为博士论文选题,以期从源头上了解中国共产党人的精神风貌,从源头上追溯历史和人民为什么选择了中国共产党。2021年7月1日,在庆祝中国共产党成立100周年的大会上,习近平总书记提出伟大建党精神,这是对建党时期中国共产党人整体精神状态与精神风貌的高度凝练与生动概括。这与前期的资料收集与论文准备高度契合,于是研究便聚焦于对伟大建党精神的内涵阐释与历史解读。作为党的创新理论成果的最新话语表达,还原可知、可感的伟大建党精神,呈现这一精神标识话语内容与意义的合乎事实性,对于增强伟大建党精神的话语力量、提升话语势能,其意义不言自明。

　　经过近两年的写作,我终于完成了这篇博士学位论文。

　　这其中,凝结着导师的付出与心血。师者匠心,止于至善。在博士论文写作过程中,从论文选题到框架搭建,从具体内容的把握到文字表达的润饰,导师给了我很多启发和指导。她既是我在求学之路上的学术导师,亦是我在生活之路上的人生导师。师者如光,微以至远。当自己陷于学业、教学以及育儿的恐慌交织时,导师是倾听者与引导者;当因未能按照预定时间完成论文而情绪低落时,导师是电话那头的疏导者与陪伴者;当导师知晓盲审结果时由衷的喜悦,我明白背后是她没有与我言说的担忧。南开博士学习生涯已经结束,但这份师生之缘仍未结束、师生之情也将历久弥深。师者如光,在未来思政课教学与育人工作中,我将努力追随光、成为光。

这其中,亦有同窗同行、同学共享的互助之乐。在论文开题、写作过程中,诸位同窗学友提出诸多建设性意见、给予无私的指导与帮助。在论文写作艰难之际,更是为我加油打气。这份同窗之情,我倍感珍惜。如今,我们又共同站在"中国近现代史纲要"课教学的讲台上,继续同向同行。有这些同行者,是我的荣幸。

这其中,还离不开亲朋莫大的支持与鼓励。2019年底,我从天津科技大学学生工作岗位转到马克思主义学院中国近现代史纲要教研部,有了思政课教师这个新身份;同年,也有了妈妈这个新身份。当"马小新"和"妈妈"交织在一起时,我感到莫大的压力与彷徨。课堂教学无法很好地与学生共情共振,心情是失落的,甚至是自我否定的;而当上课与备课成为重心,时间的天平无法倾向孩子后,心理又是愧疚的。在兼顾工作、学业与育儿的过程中,是父母的倾力付出、爱人的疏导陪伴、亲朋的鼓励支持,让我度过艰难时光。这份爱,我深记于心。

本书得以顺利出版,还要特别感谢天津科技大学社科专项资金的支持,感谢天津人民出版社的编辑老师在选题申报、书稿审校过程中付出的努力与心血。

这部书稿是我在中国共产党人精神谱系研究领域初步尝试的成果,希望我的认识能够对伟大建党精神的研究有所拓展与丰富,也希望各位专家学者不吝赐教。

谢 群

2024 年 11 月 25 日